"儒家文化与鲁班工匠精神传承与创新"
国家职业教育专业教学资源库配套教材

U0517763

主 编 董玉梅 蒋 华 阚晶晶

副主编 李 浩 刘 凯 侯庆娟 张 伟

蒙学悦读

MENGXUE YUEDU

中国教育出版传媒集团

高等教育出版社·北京

内容简介

本书是"儒家文化与鲁班工匠精神传承与创新"国家职业教育专业教学资源库配套教材。

本书在结构上分为《三字经》《百家姓》《千字文》《弟子规》《增广贤文》五部分,以每部分一部经典的设置,对我国传统蒙学经典进行了细致入微的介绍与导读。在栏目上,本书设计了经典简介、作者简介、作品影响、正文及全文注解,讲解全面、详细。本书是新形态教材,全书中以二维码的形式链接了精美、丰富的视频资源,学生可随时扫描获取,方便快捷。

本书适合作为高等职业院校公共基础课教材,也可作为有兴趣读者的案头读物。

图书在版编目(CIP)数据

蒙学悦读/董玉梅,蒋华,阚晶晶主编.—北京:
高等教育出版社,2022.7
ISBN 978-7-04-058811-8

Ⅰ.①蒙… Ⅱ.①董… ②蒋… ③阚… Ⅲ.①古汉语
-启蒙读物 Ⅳ.①H194.1

中国版本图书馆 CIP 数据核字(2022)第 105897 号

策划编辑	李光亮 周静研	**责任编辑**	周静研	**封面设计** 张文豪	**责任印制** 高忠富

出版发行	高等教育出版社	网　址	http://www.hep.edu.cn
社　址	北京市西城区德外大街 4 号		http://www.hep.com.cn
邮政编码	100120	网上订购	http://www.hepmall.com.cn
印　刷	江苏德埔印务有限公司		http://www.hepmall.com
开　本	787 mm×1092 mm　1/16		http://www.hepmall.cn
印　张	14		
字　数	304 千字	版　次	2022 年 7 月第 1 版
购书热线	010-58581118	印　次	2022 年 7 月第 1 次印刷
咨询电话	400-810-0598	定　价	30.00 元

编写委员会

总主编 孙志春

主　审 杨朝明

主　编 董玉梅　蒋　华　阚晶晶

副主编 李　浩　刘　凯　侯庆娟　张　伟

前　言

　　蒙学，也叫蒙馆，是中国旧时对儿童进行启蒙教育的学校，教育内容主要是识字、写字和伦理道德。中国传统蒙学的教材浓缩了中国历史、文化、社会、人生、地理、天文等多方面知识，重读古代蒙学经典，对于提高当代青少年的国学素养，促进其道德修养的提升及良好习惯的养成，仍大有裨益。

　　本教材从中国传统蒙学经典中选取了《三字经》《百家姓》《千字文》《弟子规》《增广贤文》五部广泛流传、具有代表性的经典作品，按照蒙学的进阶顺序编排，并对原文进行注释、解读，深入挖掘原典中的轶事典故，并知古鉴今，促进理解。教材力争做到集工具性、知识性、趣味性、修身性于一体，雅俗共赏，普适性较强，既可以作为普通高等职业院校教材，也可用作教育工作者和相关读者的参考用书。

　　本教材是国家级教学资源库"儒家文化与鲁班工匠精神传承与创新"标准化课程"蒙学悦读"的配套教材，可与"儒家文化与鲁班工匠精神传承与创新"教学资源库（http：//jnzyk.36ve.com/）和"蒙学悦读"课程（https：//jnzyk.36ve.com/CourseCenter/course/b-course-info?courseId＝bc609620-dc86-3ce2-ae8a-0b6fea6a23e5）配套使用。董玉梅负责统览全书，并负责《千字文》部分的编写；蒋华负责《三字经》部分的编写；李浩、刘凯负责《百家姓》部分的编写；侯庆娟、张伟负责《弟子规》部分的编写；阚晶晶负责《增广贤文》部分的编写。

　　限于水平，教材中不妥之处在所难免，恳请读者批评指正。

编　者

2022 年 6 月

资源导航

第一部分

三字经

作品简介

　　《三字经》是中国的传统启蒙教材，与《百家姓》《千字文》并称为三大国学启蒙读物，俗称"三百千"。在中国古代经典当中，《三字经》是非常浅显易懂的读本之一，是中华民族珍贵的文化遗产，它短小精悍、朗朗上口，千百年来，家喻户晓。《三字经》取材于经典，包括中国传统文化中的文学、历史、哲学、天文、地理、人伦义理等，而核心思想又包括了仁、义、诚、敬、孝等。由于历史原因，《三字经》中难免有一些精神糟粕、艺术瑕疵，但其独特的思想价值和文化魅力仍然为世人所公认，被奉为经典并不断流传。

　　《三字经》是学习中华传统文化不可多得的经典启蒙读物，正所谓"熟读《三字经》，可知千古事"。它在中国简直是家喻户晓，脍炙人口。《三字经》既是儿童最好的启蒙教材，也是成年人学习国学极好的启蒙读物。《三字经》以三字为一句，每两句押韵，语言平易浅近，无艰深、古奥、勉强拼凑之弊，读来朗朗上口，便于记诵。其内容则广博丰富，堪称"传统文化小百科"。《三字经》的内容分为六部分，每一部分都有一个中心：

　　从"人之初，性本善"到"人不学，不知义"，讲述的是教育和学习对儿童成长的重要性，后天教育及时，方法正确，可以使儿童成为有用之才；

　　从"为人学，方少时"至"首孝悌，次见闻"，强调儿童要懂礼仪，要孝敬父母、尊敬兄长；

　　从"知某数，识某文"到"此十义，人所同"，介绍的是生活中的一些名物常识，有数字、三才、三光、三纲、四时、四方、五行、五常、六谷、六畜、七情、八音、九族、十义等，方方面面，一应俱全，而且简单明了；

　　从"凡训蒙，须讲究"到"文中子，及老庄"，介绍中国古代的重要典籍和儿童读书的顺序，这部分列举的书籍有四书、六经、三易、四诗、三传、五子，基本包括了儒家的典籍和先秦诸子的著作；

　　从"经子通，读诸史"到"通古今，若亲目"，讲述的是从三皇至清代的朝代变革，一部中国史的基本面貌尽在其中；

　　从"口而诵，心而惟"至"戒之哉，宜勉力"，强调学习要勤奋刻苦、孜孜不倦，只有从小打下良好的学习基础，长大才能有所作为，"上致君，下泽民"。

　　《三字经》内容的排列顺序极有章法，体现了作者的教育思想。作者认为教育儿童重在礼义孝悌，端正思想，知识的传授则在其次，即"首孝悌，次见闻"。训导儿童要先从小学入手，即先识字，然后读经、子两类的典籍。经部、子部的书读过后，再学习史书，即"经子通，读诸史"。《三字经》最后强调学习的态度和目的。可以说，《三字经》既是一部儿童识字课本，同时也是论述启蒙教育的著作。

❀ 原典作者 ❀

伯昌卷里小蒙

关于《三字经》的成书年代和作者，历代说法不一，但是大多数学者的意见倾向于"宋儒王伯厚先生作《三字经》，以课家塾"。

王应麟（1223—1296），字伯厚，号深宁居士，又号厚斋，庆元府鄞县（今浙江省宁波市鄞州区）人，南宋著名学者、教育家、政治家。其博学多才，涉猎经史百家、天文地理，熟悉掌故制度，长于考证。南宋灭亡以后，他隐居乡里，闭门谢客，著书立说。王应麟晚年教本族子弟读书的时候，编写了一本融汇经史子集的三字歌诀，据传就是《三字经》。

王应麟是南宋人，《三字经》原著中的历史部分只截至宋朝。随着历史的发展，为了体现时代变迁，各朝代都有人对《三字经》不断地加以补充，故《三字经》在"叙史"部分，也已包含元、明、清、民国时期。

❀ 作品影响 ❀

《三字经》是我国古代蒙学教材中较具代表性的一部，是古代蒙学教材的典范之作，历来为人们所推崇，被历代学者誉为"袖里通鉴纲目"，是中华文化的有效载体，其独特的思想价值和文化魅力为世人所公认，现已被联合国教科文组织列入"世界儿童道德教育丛书"。

《三字经》作为中国传统的儿童启蒙读物，知名度极高。许多儿童都是通过背诵《三字经》来识字知理的。《三字经》用简洁通俗的文字将经史子集等各部类的知识糅合在一起，全文用典极多，全篇充满乐观精神，且三言形式，读起来轻松愉快，更符合儿歌的特点，深受广大儿童喜爱。明朝赵南星称其"句短而易读，殊便于开蒙"，故为"蒙学第一书"。历史学家周谷城曾评价：《三字经》对当时普通人所受的教育，以及他们通过教育而形成的自然观、神道观、伦理观、道德观、历史观，确实要比专属文人学士的书有着更加充分而鲜明的反映。

🪭 原文赏析

人之初，性本善。性相近，习相远。苟不教，性乃迁。教之道，贵以专。
昔孟母，择邻处。子不学，断机杼。窦燕山，有义方。教五子，名俱扬。
养不教，父之过。教不严，师之惰。子不学，非所宜。幼不学，老何为？
玉不琢，不成器。人不学，不知义。为人子，方少时。亲师友，习礼仪。
香九龄，能温席。孝于亲，所当执。融四岁，能让梨。悌于长，宜先知。
首孝悌，次见闻。知某数，识某文。一而十，十而百。百而千，千而万。
三才者，天地人。三光者，日月星。三纲者，君臣义，父子亲，夫妇顺。
曰春夏，曰秋冬。此四时，运不穷。曰南北，曰西东。此四方，应乎中。
曰水火，木金土。此五行，本乎数。十干者，甲至癸。十二支，子至亥。
曰黄道，日所躔。曰赤道，当中权。赤道下，温暖极。我中华，在东北。
寒燠均，霜露改。右高原，左大海。曰江河，曰淮济。此四渎，水之纪。
曰岱华，嵩恒衡。此五岳，山之名。古九州，今改制。称行省，三十五。
曰士农，曰工商。此四民，国之良。曰仁义，礼智信。此五常，不容紊。
地所生，有草木。此植物，遍水陆。有虫鱼，有鸟兽。此动物，能飞走。
稻粱菽，麦黍稷。此六谷，人所食。马牛羊，鸡犬豕。此六畜，人所饲。
曰喜怒，曰哀惧，爱恶欲，七情具。青赤黄，及黑白。此五色，目所识。
酸苦甘，及辛咸。此五味，口所含。膻焦香，及腥朽。此五臭，鼻所嗅。
匏土革，木石金，丝与竹，乃八音。曰平上，曰去入。此四声，宜调协。
高曾祖，父而身。身而子，子而孙。自子孙，至玄曾。乃九族，人之伦。
父子恩，夫妇从。兄则友，弟则恭。长幼序，友与朋。君则敬，臣则忠。
此十义，人所同。当师叙，勿违背。斩齐衰，大小功。至缌麻，五服终。
礼乐射，御书数。古六艺，今不具。惟书学，人共遵。既识字，讲《说文》。
有古文，大小篆。隶草继，不可乱。若广学，惧其繁。但略说，能知原。
凡训蒙，须讲究。详训诂，明句读。为学者，必有初。小学终，至四书。
《论语》者，二十篇。群弟子，记善言。《孟子》者，七篇止。讲道德，说仁义。
作《中庸》，子思笔。中不偏，庸不易。作《大学》，乃曾子。自修齐，至平治。
《孝经》通，四书熟。如六经，始可读。《诗》《书》《易》，《礼》《春秋》。号六经，当讲求。
有《连山》，有《归藏》，有《周易》，三易详。有典谟，有训诰，有誓命，《书》之奥。
我周公，作《周礼》。著六官，存治体。大小戴，注《礼记》。述圣言，礼乐备。
曰国风，曰雅颂。号四诗，当讽咏。《诗》既亡，《春秋》作。寓褒贬，别善恶。

三传者，有《公羊》，有《左氏》，有《穀梁》。经既明，方读子。撮其要，记其事。

五子者，有荀扬，文中子，及老庄。经子通，读诸史。考世系，知终始。

自羲农，至黄帝。号三皇，居上世。唐有虞，号二帝。相揖逊，称盛世。

夏有禹，商有汤，周文武，称三王。夏传子，家天下。四百载，迁夏社。

汤伐夏，国号商。六百载，至纣亡。周武王，始诛纣。八百载，最长久。

周辙东，王纲坠。逞干戈，尚游说。始春秋，终战国。五霸强，七雄出。

嬴秦氏，始兼并。传二世，楚汉争。高祖兴，汉业建。至孝平，王莽篡。

光武兴，为东汉。四百年，终于献。魏蜀吴，争汉鼎。号三国，迄两晋。

宋齐继，梁陈承。为南朝，都金陵。北元魏，分东西。宇文周，与高齐。

迨至隋，一土宇。不再传，失统绪。唐高祖，起义师。除隋乱，创国基。

二十传，三百载。梁灭之，国乃改。梁唐晋，及汉周。称五代，皆有由。

炎宋兴，受周禅。十八传，南北混。辽与金，皆称帝。元灭金，绝宋世。

舆图广，超前代。九十年，国祚废。太祖兴，国大明。号洪武，都金陵。

迨成祖，迁燕京。十七世，至崇祯。权阉肆，寇如林。李闯出，神器焚。

清世祖，膺景命。靖四方，克大定。由康雍，历乾嘉。民安富，治绩夸。

道咸间，变乱起。始英法，扰都鄙。同光后，宣统弱。传九帝，满清殁。

革命兴，废帝制。立宪法，建民国。古今史，全在兹。载治乱，知兴衰。

史虽繁，读有次。《史记》一，《汉书》二。《后汉》三，《国志》四。兼证经，参《通鉴》。

读史者，考实录。通古今，若亲目。口而诵，心而惟。朝于斯，夕于斯。

昔仲尼，师项橐。古圣贤，尚勤学。赵中令，读《鲁论》。彼既仕，学且勤。

披蒲编，削竹简。彼无书，且知勉。头悬梁，锥刺股。彼不教，自勤苦。

如囊萤，如映雪。家虽贫，学不辍。如负薪，如挂角。身虽劳，犹苦卓。

苏老泉，二十七，始发愤，读书籍。彼既老，犹悔迟。尔小生，宜早思。

若梁灏，八十二，对大廷，魁多士。彼既成，众称异。尔小生，宜立志。

莹八岁，能咏诗。泌七岁，能赋棋。彼颖悟，人称奇。尔幼学，当效之。

蔡文姬，能辨琴。谢道韫，能咏吟。彼女子，且聪敏。尔男子，当自警。

唐刘晏，方七岁。举神童，作正字。彼虽幼，身已仕。有为者，亦若是。

犬守夜，鸡司晨。苟不学，曷为人？蚕吐丝，蜂酿蜜。人不学，不如物。

幼而学，壮而行。上致君，下泽民。扬名声，显父母。光于前，裕于后。

人遗子，金满籯。我教子，惟一经。勤有功，戏无益。戒之哉，宜勉力。

全文注解

人之初，性本善。性相近，习相远。苟不教，性乃迁。教之道，贵以专。

【注释】

[1]初:开始,这里指人刚出生的时候。 [2]苟:如果,假如。 [3]乃:于是。
[4]迁:变化。

【解读】

人初生之时,本性都是善良的。善良的本性彼此都很接近,后来因为生活和学习环境的不同,差异越来越大。

如果从小不好好教育,善良的本性就会变坏。为了使人不变坏,最重要的方法就是专心致志地去教育孩子。

昔孟母,择邻处。子不学,断机杼。窦燕山,有义方。教五子,名俱扬。

【注释】

[1]孟母:孟子的母亲。 [2]择:选择。 [3]处:居住的地方。 [4]机杼:织布用的机器,这里指织的布。 [5]窦燕山:窦禹钧,家住燕山一带,所以又称窦燕山。 [6]义方:指良好的家训。

【解读】

从前,孟子的母亲曾经一连搬过三次家,是为了替孟子选择良好的学习环境。有一天,孟子逃学回家,正在织布的孟母十分生气,就把梭子折断,丢在了地上,让孟子知道半途而废将一事无成。

五代时,燕山地方有个名叫窦禹钧的人,教导孩子的方法非常好,因此他的五个孩子都很有成就,博得人们的赞誉,当时,没有人不知道他们。

知识锦囊

孟母三迁

孟轲是战国时期的著名思想家,父亲很早就去世了,家里十分贫穷,但母亲没有放弃对他的教育。他们最初住在墓地旁,孟轲就模仿做丧事。孟母很担心,搬到集市旁,与一家屠夫为邻,孟轲又模仿起杀牛羊。为此孟母又把家搬到一座学堂附近,从此孟轲就跟着专心学习礼仪。孟轲从小受到良好的教育,最终成为著名的思想家。

孟母三迁

知古鉴今

"橘生淮南为橘,生于淮北则为枳,叶徒相似,其实味不同。"环境的不同,会造成生长于其中的植物果实不同。同样,环境的不同,也会影响生活于其中的人的成长,正所谓"一方水土养一方人"。

环境对人成长的影响是潜移默化且深远的,是非常漫长且缓慢的过程,所以大多数人不易察觉,也就不会重视,日积月累,慢慢地被环境塑造,改变了为人处世之道,一旦习惯了所处的环境,人们就不大会去做出改变,向更好的环境迁移。环境的选择对人的成长至为重要,"与善人居,如入芝兰之室,久而不闻其香,即与之化矣。与不善人居,如入鲍鱼之肆,久而不闻其臭,亦与之化矣"。孟母三迁就是选择环境的经典例子。近朱者赤,近墨者黑。所以,为了更好地成长,我们应该慎重地选择所处的环境。

知识锦囊

孟母断机

孟母断机

有一天,孟轲读书厌倦了,就逃回家。正在织布的孟母十分生气,把梭子折断,扔在地上。孟轲很奇怪,问母亲为什么发火。孟母说:"一匹布要一根根、一寸寸地织,学习也像织布一样,只有不分昼夜才能有所成就。如今你学业未成就厌倦了,就像折断的梭子一样,还能织布吗?"孟轲听后恍然大悟,从此学习更用功,最终成为著名的思想家。

知古鉴今

学习必须持之以恒。俗话说"水滴石穿""一口吃不成胖子",半途而废、浅尝辄止,只会前功尽弃。

知识锦囊

五子登科

窦禹钧是五代后晋人,年轻时人品不好。一次他做梦,梦见父亲对他说,如果再心术不正,上天会惩罚他。醒后他十分害怕,再也不敢做坏事了,并开始帮助穷人,后来又梦见父亲对他说,他会有五个儿子,还能长寿。果然后来他生了五个儿子。他记住自己的教训,对儿子严加管教,后来他的五个儿子都品学兼优,先后登科及第,称"五子登科"。

五子登科后来成为中国传统吉祥图案,寄托了一般人家期望子弟都能像窦禹钧的五子一样有所成就的愿望。

燕山窦氏　广行善事　教子有方　五子登科

养不教,父之过。教不严,师之惰。
子不学,非所宜。幼不学,老何为?

【注释】

[1]教:这里有两个"教"字,第一个指父之教,第二个指师之教。　[2]惰:偷懒,怠惰,没有尽到责任。　[3]子:这里指为人子女者。　[4]不学:不肯读书学习。　[5]非

所宜：不应该如此。　　[6]为：作为，成就。

【解读】

做父母的有了子女后，只顾着去养活他们，而不去教育他们，这就是父母的过错。做老师的教育学生不够严格，不能使学生有所成就，这就是老师的怠惰。

为人子女者不肯好好学习，是非常不应该的。幼小时不肯好好学习，将来长大后，能有什么成就和作为呢？

知识锦囊

伤仲永

北宋时有一个神童叫方仲永，他在很小的时候就能写诗。很多人慕名登门造访，也有人重金请他写诗。方仲永的父亲看到写诗可以赚钱，就忙着带方仲永四处表演，而没有让他读书。就这样过去了七八年，方仲永变得和普通人一样，再也不能随随便便就能写出诗来了。

—— 知古鉴今

人的天赋固然重要，但没有良好的后天教育和刻苦的学习，有再高的天赋也不可能得到大的发展。正所谓"少壮不努力，老大徒伤悲""宝剑锋从磨砺出，梅花香自苦寒来"。

玉不琢，不成器。人不学，不知义。为人子，方少时。亲师友，习礼仪。

【注释】

[1]琢：雕饰，琢磨。　　[2]器：器皿，这里比喻成就。　　[3]义：理义，指做人做事的道理。　　[4]亲：接近。　　[5]师友：老师与朋友。　　[6]礼仪：泛指一切礼节、仪式。

【解读】

玉是一种可以用来当装饰品的美石，但如果不去打磨它，它是不能成为人见人爱的美器的。同样的道理，人如果不肯勤奋求学，是不会懂得礼节道义的。

为人子弟者，在年纪还小的时候，便要多多亲近好的老师及好的朋友，从而学会为人处世的基本礼节。

香九龄，能温席。孝于亲，所当执。融四岁，能让梨。悌于长，宜先知。

【注释】

[1]香：指黄香，东汉时的孝子。　　[2]温席：温暖枕席。　　[3]执：实际去做。　　[4]融：即孔融，孔子的第二十世孙，四岁便知道谦让之礼。　　[5]悌：尊敬兄长。　　[6]长：这里指兄长。　　[7]知：了解。

【解读】

黄香九岁的时候，便知道在冬天睡前先用身体温暖床上的枕席，再请父亲去睡觉。这种孝亲的行为，不但是他该做的，也是我们应效法力行的。

孔融四岁的时候,有人送来一筐梨,他已知道把较大的梨让给哥哥,自己挑较小的吃。他这种尊敬兄长的德行,也是我们从小便该知道的。

知识锦囊

扇枕温衾

黄香是东汉江夏人。黄香九岁的时候,就知道冬天睡觉前用自己的身体给父母暖被窝,夏天睡觉前用一把小扇子给父母扇枕头。他对父母能尽孝道,是为人子者的好榜样。

元代郭居敬曾将历史上二十四位孝子的感人故事编成了一本书,就是《二十四孝》,"黄香扇枕"就是其中的一个故事。

知古鉴今

孝是永不过时的文化主题,是传统文化的核心内容。我国历来崇尚"百善孝为先",孝心孝行的实践过程,本身就是传承、发扬道德文明的过程,也是自觉积累孝德、丰富孝德的过程。孝是社会和谐、家庭和美、邻里和睦的重要元素,培养孝德、践行孝道,又是道德链中的重要一环。"养老人方能教人,敬老人方可立身。""上慈下孝,左亲右爱"为人的修养要义,是家庭美满、社会和谐的基础条件。

知识锦囊

孔融让梨

孔融是东汉末年人,他四岁时,有人送来一筐梨,他和几个哥哥自己挑,孔融挑了最小的一个。有人问:"你怎么不拿大的?"他说:"哥哥年纪大,应该吃大的。"孔融这么小的年纪就已知道传统美德。

"仁爱孝悌"是中华民族美德中最具特色的部分。"仁"的核心是"爱人",即重视人、尊重人、同情人、关怀人。而在家庭生活中,"仁爱"以孝悌为根本,父慈子孝,兄友弟恭,形成一种浓浓的家庭亲情,对家庭和社会的稳定起了极为重要的作用。推己及人,即要形成"四海之内皆兄弟""人不独亲其亲,不独子其子"的社会风尚,并由此形成中华民族大家庭社会生活中浓烈的人情味。

从尊敬友爱兄弟姐妹开始,培养自己的爱心。以友善的态度对待他人,不计较个人得失,才会受到别人的尊敬和欢迎。如果同事之间、同学之间,都能在地位平等的前提下,像兄弟姐妹一样相处,就一定会促进社会的和谐与文明,这正是社会主义核心价值观中的"友善"二字在社会上的具体要求与体现。

首孝悌,次见闻。知某数,识某文。一而十,十而百。百而千,千而万。

【注释】

[1]首:首先,最先。　　[2]孝悌:孝顺父母,恭敬兄长。　　[3]次:接下来,其次。
[4]见闻:眼见与耳闻,指看到和听到的知识。　　[5]数:数目,数字。　　[6]文:文章。

【解读】

一个人必须懂得做人做事的道理,首先要孝顺父母、恭敬兄长,随后要学习各种常识,并且要了解基本的算术及认识字,才能够研读古人的文章。

天地万物的计算,都是从一开始的,一到十是最基本的数字,接着还有十到百,百到千,千到万,一直变化下去,没有穷尽的时候。

知 识 锦 囊

吴同盖房

吴同是明朝人,从小便跟着泥匠师傅学盖房子,但是吴同是个很懒惰的人,每次师傅交代他的事,他总是一拖再拖,然后草率地完成。他一心盼望自己的手艺能像师傅一样好,可是又不肯从最基本的手艺开始慢慢练习,所以学了几年,还是盖不了一间房子。这天,师傅决定考考他,便要他在七天之内盖好一间房子。吴同心想,这实在太容易了,只要把从师傅那里偷偷学来的技术用上就好了。于是,不到三天,吴同果真盖好了一间房子。第四天时,突然来了一场暴风雨,吴同盖的房子顿时倒塌,成了一摊烂泥。还没有让师傅看过,自己盖的房子就这么没有了,吴同既懊恼,又羞愧。从此,他下定决心要循序渐进地把盖房子的工夫学好,不再好高骛远了。

一个人无论是做一件事,还是学习更高的学问,都应该脚踏实地、循序渐进地进行,才能有好的成绩。急功近利,只会适得其反。

三才者,天地人。三光者,日月星。三纲者,君臣义,父子亲,夫妇顺。

【注释】

[1]三才:天才、地才、人才的总称。 [2]三光:日光、月光、星光的总称。 [3]纲:纲领,要领。 [4]义:凡事合宜。 [5]亲:亲切和睦。 [6]顺:和顺无争。

【解读】

三才组成了世界最主要的部分,什么是三才呢? 就是有雷、电、雨、雪、风、霜、云、雾的天空,有山、河、草、木、鸟、虫、鱼、兽的大地,以及作为万物之灵的人。此外,三光照射着大地,使生物得以生存。三光便是日光、月光和星光。

人与人之间要维持良好的关系,有三个非常重要的纲领,那就是君臣之间要讲义理,父子之间要亲睦,夫妻之间则要和顺,这样国家才能充满祥和安康的气氛。

日春夏,日秋冬。此四时,运不穷。日南北,日西东。此四方,应乎中。

【注释】

[1]日:说道,提到。 [2]运:循环,运转。 [3]不穷:没有终止的时候。 [4]应:对照,相应。 [5]中:中央。

【解读】

一年中有四季之分,从一月到三月是春季,四月到六月是夏季,七月到九月是秋季,十月到十二月是冬季。这四个季节不断地运转循环着,没有终止的时候。

在我们周围有四个方向,一个是南方,一个是北方,一个是西方,一个是东方。东西南北四个方向以中央为中心,有了中心,四方才有依据。

知识锦囊

指南车

相传远古时代的黄帝是个既能管天上,也能管地上万物的神。当时,有个东方部族的首领名叫蚩尤,由于他不服黄帝的指挥,黄帝决定率领军队攻打他。但是,蚩尤非常勇敢善战,他有八十一个兄弟,分别掌管八十一个部落,如今遭到黄帝的攻打,他们便团结起来对付黄帝,所以当两方交战时,黄帝的军队显得有些招架不住。这时,碰巧起了大雾,一片白茫茫中,蚩尤的军队分不出自己究竟在什么地方,所以他决定暂时收兵,等雾散之后,再继续战斗。黄帝使用新发明的指南车作战,这种车子的正前方有个铁娃娃,无论在哪里,娃娃的手指一定指着南方。于是,就靠着指南车,黄帝轻易地打败了蚩尤的军队。

日水火,木金土。此五行,本乎数。十干者,甲至癸。十二支,子至亥。

【注释】

[1]日水火,木金土:水、火、木、金、土是古人所说的五行。五行学说的核心就是"相生""相胜"。相生,指五行相互促进。相胜,指五行相互排斥。 [2]本:根本,本原。

[3] 本乎数：古人认为五行相生相胜，来源于运数。这一观点具有自发辩证法因素，对中国古代天文、历数、医学等的发展起了一定的作用。数，运数、天理。

【解读】

至于说到"五行"，那就是金、木、水、火、土。"十干"指的是甲、乙、丙、丁、戊、己、庚、辛、壬、癸，又叫"天干"，"十二支"指的是子、丑、寅、卯、辰、巳、午、未、申、酉、戌、亥，又叫"地支"。天干地支是古代记时的标记。

知识锦囊

天干和地支

天干和地支相传是黄帝制定的，主要用来计算年、月、日。以天干配上地支，如甲子就是第一年，一年一年地搭配，到了第六十年，干支全部配完了，再从甲子开始算，所以六十年就是一甲子。

十二生肖由十一种动物鼠、牛、虎、兔、蛇、马、羊、猴、鸡、狗、猪和传说中的龙所组成，十二生肖和十二地支结合起来用于纪年，顺序为子鼠、丑牛、寅虎、卯兔、辰龙、巳蛇、午马、未羊、申猴、酉鸡、戌狗、亥猪。

曰黄道，曰所躔。曰赤道，当中权。赤道下，温暖极。我中华，在东北。

【注释】

[1] 躔（chán）：星球在宇宙中运行的路线。　　[2] 中权：位于中央的要地。　　[3] 极：方向。

【解读】

地球围绕太阳运转，而太阳又围绕着银河系中心运转。太阳运行的轨道叫黄道，在地球中央有一个假想的与地轴垂直的大圆圈，这就是赤道。赤道地区温度最高，气候特别炎热，从赤道向南北两个方向，气温逐渐变低。我国位于地球的东北边。

寒燠均，霜露改。右高原，左大海。曰江河，曰淮济。此四渎，水之纪。

【注释】

[1] 燠：热。　　[2] 改：更改。　　[3] 江河：长江与黄河。　　[4] 淮济：淮河与济水。
[5] 渎：直接流入大海的河川。　　[6] 纪：代表。

【解读】

我国冷热均匀，霜期和露期会跟着季节而改换，右边是高原，左边是大海。

中国是个地大物博的国家，直接流入大海的有长江、黄河、淮河和济水，这四条大河是中国河流的代表。

曰岱华，嵩恒衡。此五岳，山之名。古九州，今改制。称行省，三十五。

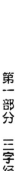

📖 【注释】

[1]名:代表。 [2]州:古代行政区域单位名称。 [3]制:制度,法度。 [4]行省:行政区域,简称省。

📖 【解读】

中国的五大名山称为"五岳",就是东岳泰山、西岳华山、中岳嵩山、南岳衡山、北岳恒山,这五座山是中国大山的代表。

《尚书·禹贡》记载天下分为九州:冀州、徐州、并州、兖州、青州、扬州、荆州、豫州、雍州。秦始皇统一中国后废九州,改成郡县,宋朝把郡县改成府,到元朝,中央设立中书省主持全国政务,各地区设行中书省,称为行省,简称省,全国共有省三十五个。

曰士农,曰工商。此四民,国之良。曰仁义,礼智信。此五常,不容紊。

📖 【注释】

[1]士:读书人,指知识分子。 [2]民:人民。 [3]良:栋梁,基础。 [4]仁:爱人。 [5]义:做应当做的事。 [6]礼:懂得人事礼节。 [7]智:有才识而明道理。[8]信:诚实,守信用。 [9]常:天道之常,即恒常不变的法则。 [10]五常:仁、义、礼、智、信五种基本德性。 [11]紊:紊乱,疏忽。

📖 【解读】

知识分子、农民、工人和商人是国家不可缺少的栋梁,称为四民,是社会重要的组成部分。

如果所有的人都能以仁、义、礼、智、信这五种不变的法则作为处事做人的标准,社会就会永葆祥和,所以每个人都应遵守这五种法则,不可怠慢疏忽。

地所生,有草木。此植物,遍水陆。有虫鱼,有鸟兽。此动物,能飞走。

📖 【解读】

除了人类,在地球上还有花草树木,这些属于植物,在陆地上和水里到处都有。

虫、鱼、鸟、兽属于动物,这些动物有的能在天空中飞,有的能在陆地上走,有的能在水里游。

知识锦囊

《山海经》

大约在两千年前,中国已有了许多关于花草树木、虫鱼鸟兽的奇妙神话。《山海经》是一本专门记载古代地理的书。书上说,有座招摇山,山上长了一种叫"祝余"的草,形状有点像韭菜,吃起来就像吃米饭一样,有很饱的感觉。另外还有一种树,树干上有一圈圈黑色的纹理,这种树有个奇怪的名字,叫"迷谷",如果把迷谷的一部分带在身上,就可以躲避妖魔鬼怪。有个神奇而又有趣的国家"黑齿国",住在这里的人民都长着一口黑牙。在黑齿国的一个山谷里有棵扶桑树,传说当时天上的十个太阳都会到这里来沐浴。这些多彩多姿又有趣的故事,虽然是编造出来的神话,但同时也表达了人类对这个世界的浓厚情感。

稻粱菽,麦黍稷。此六谷,人所食。马牛羊,鸡犬豕。此六畜,人所饲。

■ 【注释】

[1]稻:稻子。　[2]粱:谷子,去皮后称小米。　[3]菽:豆类的总称。　[4]麦:北方重要的粮食作物,有大麦、小麦、燕麦等。　[5]黍:黍子,去壳后叫黄米,比小米稍大,煮熟后有黏性。　[6]稷:高粱。　[7]马牛羊:属上珍三品。　[8]鸡犬豕:属下珍三品。　[9]饲:饲养。

■ 【解读】

六谷是人类维持生命、促进健康的主要粮食。什么是六谷呢? 就是稻米、谷子、豆类、麦子、黄米和高粱六种农作物。

六畜是饲养来挤奶、生蛋和供人食用的。什么是六畜呢? 就是马、牛、羊、鸡、狗和猪六种牲畜。它们本来都生长于野外,后来才被人饲养在家中。

曰喜怒,曰哀惧,爱恶欲,七情具。青赤黄,及黑白。此五色,目所识。

■ 【注释】

[1]喜:愉快,高兴。　[2]怒:愤怒,不快。　[3]哀:悲伤,哀愁。　[4]惧:害怕,恐惧。　[5]欲:思慕,贪求。　[6]具:具有,具备。　[7]赤:红色。　[8]识:分辨,识别。

■ 【解读】

每一个人都具有一些相当奇妙的感觉,有很愉快的喜,有很生气的怒,有很悲伤的哀,有很害怕的惧,有很喜欢的爱,有很讨厌的恶,有很渴望的欲。这喜、怒、哀、惧、爱、恶和欲,我们称为七情,七情是人们与生俱来的情感。

我国古代还有所谓的五色,这五色是古人所说的正统的颜色,包括青色、红色、黄色、黑色及白色。我们的眼睛能够很容易地把这五种颜色分辨出来。

酸苦甘,及辛咸。此五味,口所含。膻焦香,及腥朽。此五臭,鼻所嗅。

■ 【注释】

[1]甘:甜。　[2]辛:有刺激性的味道,比如辣味。　[3]膻:像羊身上的味道。[4]焦:东西煮或烧得过度所产生的气味。　[5]臭(xiù):气味。　[6]嗅:鼻子对各种气味的感觉。

■ 【解读】

我们平时所吃的食物,能用嘴巴分辨出来的,有酸、甜、苦、辣和咸这五种味道。

我们的鼻子可以闻出东西的气味,气味主要有五种,即羊膻味、烧焦味、香味、鱼腥味和腐朽味。

匏土革,木石金,丝与竹,乃八音。曰平上,曰去入。此四声,宜调协。

【注释】

[1]匏(páo):一种植物,类似葫芦,称为匏瓜,古代常用它做乐器。 [2]土:陶土,瓦器。 [3]革:皮革,指鼓。 [4]木:木制乐器。 [5]石:玉石之类做的乐器。 [6]金:铜锣、铜鼓等金属做的乐器。 [7]丝:丝弦乐器。 [8]竹:箫、笛之类的管乐器。 [9]平:现代汉语的第一声及第二声。 [10]上:现代汉语的第三声。 [11]去:现代汉语的第四声。 [12]入:短促的声音。

【解读】

古时候有八音之说,是八种乐器所发出来的声音。这八种乐器包括由紫竹制成的笙器——匏,由黏土制成的瓦器——土,由皮革制成的鼓——革,由木块制成的柷、敔——木,由玉石制成的磬——石,由铁制成的钟——金,由韧线制成的弦——丝,由竹制成的箫管——竹。说到语言的音调,也有四声之说,即平、上、去、入。这四声必须得到调和,听起来才会感觉舒畅愉快。

知识锦囊

俞伯牙摔琴谢知音

音乐不但可以调和身心,还可以缩短人与人之间的距离。在我国古书中,记载着许多中国传统的乐器,也记载了以琴会友的故事。春秋时代,有个名叫俞伯牙的人,他虽弹得一手好琴,却苦于找不到能与他分享的知音。有一天,他的琴声吸引了一位樵夫前来聆听,这位樵夫名叫钟子期,他被俞伯牙的琴声深深感动了。俞伯牙遇到了这位知音,心里好高兴,便和钟子期结为异姓兄弟。两人约定明年的今日,伯牙要到钟家村拜访钟子期,顺便让钟子期欣赏他的琴艺。时间过得很快,他们约定的时间到了,俞伯牙如期去拜访钟子期。没想到,钟子期竟然已经过世了。俞伯牙悲伤地来到钟子期坟前,对着钟子期的坟将琴摔个粉碎,并发誓从此再也不弹琴了。

高曾祖,父而身。身而子,子而孙。自子孙,至玄曾。乃九族,人之伦。

【注释】

[1]高:高祖父。 [2]曾:曾祖父。 [3]身:自己。 [4]玄:玄孙。 [5]曾:曾孙。 [6]九族:从高祖父到玄孙,一共九代的总称。 [7]人之伦:人们的尊卑长幼次序。

【解读】

高祖父生曾祖父,曾祖父生祖父,祖父生父亲,父亲生我自己,我自己生儿子,儿子生孙子,就这样一代一代地传递下去。

从自己的儿子、孙子,一直传到曾孙和玄孙,就是古人所说的九族。这是人们尊卑长幼的秩序,绝对不可混乱越礼。

父子恩,夫妇从。兄则友,弟则恭。长幼序,友与朋。君则敬,臣则忠。

【注释】

[1]恩:父慈子孝。 [2]从:顺从。 [3]友:友爱。 [4]恭:恭敬。 [5]序:秩序,次序。 [6]君:君主。 [7]臣:臣民。 [8]忠:尽己心力以待人处事。

【解读】

父亲与儿子间要注重慈爱与孝顺的恩情,夫妻之间必须和睦相处。身为兄姊的人必须友爱弟妹,而身为弟妹的人则要恭敬兄姊。

年长和年幼的人在一起相处,必须注重长幼尊卑的次序,不可越礼;朋友之间必须以诚相待,相互照顾。一国之君必须尊重他的臣民,爱护他的百姓,如能做到这一点,臣民们自然会对他效忠。

知识锦囊

赵孝争死

西汉末年有一对兄弟,哥哥叫赵孝,弟弟叫赵礼。有一年,天下饥荒,社会动荡不安。有一天,兄弟两个正在家里玩耍的时候,强盗破门而入,在家里乱翻。因为是灾荒年月,强盗希望能够抢到一点粮食,然而赵家没有一点油水,也没有一粒粮食。兄弟俩一看强盗冲进来了,吓得往门外跑,因为弟弟赵礼跑得比较慢,强盗就一把抓住了赵礼,想把赵礼吃掉。

哥哥赵孝本来是先跑出来的,回头一看弟弟被强盗抓住了,就跑回去,跪在凶恶的强盗面前,哀求说:"我弟弟有病,身体瘦弱,身上没有多少肉,而且他的肉也不好吃,你们把他放了。我身体好,我身体胖,你们就吃我吧。"哥哥赵孝争着替弟弟去死,强盗都愣住了,面面相觑,他们哪里见过有争着要被人吃的弟兄啊!

赵礼就在旁边说:"是我先被你们抓住的,我如果被你们吃了,那是我命中注定的,我哥哥已经跑了,他有什么罪过?你们为什么要吃我哥哥?"兄弟俩抱成一团痛哭。强盗很凶悍,但是也被这兄弟俩的友爱之情感动了,所以就撇下兄弟俩走了。

这件事情后来被皇帝知道了,下令褒奖,将事情昭示天下。这是兄友弟恭的典范。

此十义,人所同。当师叙,勿违背。斩齐衰,大小功。至缌麻,五服终。

【注释】

[1]十义:即父慈、子孝、夫和、妇从、兄友、弟恭、朋谊、友信、君敬、臣忠。 [2]师叙:照着去做,遵守。 [3]斩衰:父母去世时子女穿的丧服。 [4]齐衰:祖父母去世时孙子女穿的丧服。 [5]大功:为亲兄弟治丧时所穿的丧服。 [6]小功:为堂伯叔治丧时所穿的丧服。 [7]缌麻:为外祖父或表兄弟治丧时所穿的丧服。 [8]五服:死者的亲人依据和死者的亲疏关系穿的丧服分为斩衰、齐衰、大功、小功、缌麻五个等级。

【解读】

我国古人非常注重十义,认为是每个人都要遵从、不可疏忽的。什么是十义呢? 就是父慈、子孝、夫和、妇从、兄友、弟恭、朋谊、友信、君敬、臣忠十种美德。

治丧时应该遵从五服的礼节。五服就是当父母去世时应该穿斩衰的丧服,祖父母去世时应该穿齐衰的丧服,自己的兄弟去世时应该穿大功的丧服,堂伯叔去世时应该穿小功的丧服,外祖父或表兄弟去世时应该穿缌麻的丧服。

礼乐射,御书数。古六艺,今不具。惟书学,人共遵。既识字,讲《说文》。

【注释】

[1]礼:人与人往来应注意的礼节。 [2]射:射箭。 [3]御:驾驶马车。 [4]书:书法,写字。 [5]六艺:六种技艺,指礼、乐、射、御、书、数。 [6]不具:已经不存在了。 [7]《说文》:即《说文解字》。

【解读】

孔子讲究六艺,认为每个读书人都应该精通六艺,所谓六艺就是礼节、音乐、射箭、驾车、书法、数术六种技艺。古时精通六艺的人很多,但是今天已经不再见到了。

只有书法这门学问,直到现在还是每个读书人必须修学的课程。只有先识字,才能去研究东汉许慎所著的《说文解字》这本书,进而研究高深的学问。

有古文,大小篆。隶草继,不可乱。若广学,惧其繁。但略说,能知原。

【注释】

[1]古文:这里指甲骨文和金文。 [2]隶:隶书。 [3]草:草书。 [4]广学:多方面广泛地学习。 [5]惧:害怕,恐惧。 [6]繁:多。 [7]略:大略,大概。 [8]原:根本,原因。

【解读】

我国古代的文字类别很多,有甲骨文、金文、大篆、小篆、隶书和草书,在学习时,一定要把这些文字认清楚,以免混淆不清。

知识实在太丰富了,如果你想广泛地去学习,那是很不容易,也无从学起的。不过,如果能够大略地做个研究,还是能够了解其中基本的道理的。

凡训蒙,须讲究。详训诂,明句读。为学者,必有初。小学终,至四书。

【注释】

[1]训:教育,指导。 [2]蒙:小孩刚开始读书识字叫蒙。 [3]训诂:研究字的意义。 [4]句读:一句为句,半句为读。 [5]为学者:做学问的人。 [6]小学:研究字形、字音、字义的学问。 [7]四书:《论语》《孟子》《大学》《中庸》合称四书。

【解读】

凡是教导刚读书识字的学童,必须正确地讲解义理,考究实事,不可以马虎从事。首先必须让他们了解每个字的意义,接着再教他们了解句读,使他们懂得如何断句及朗诵。

研究学问,一定有起头的地方,把小学读完了,便可以开始念《大学》《中庸》《论语》《孟子》这四书了。

知识锦囊

句 读

做任何事都需要有好的开始,做学问也不例外,打好了基础,才能追求更高深的知识。研究字形及句读可以说是研究学问的基础。就句读来说,虽然称不上什么高深的学问,但是如果不认真学习,把标点符号放错了位置,就可能会造成许多麻烦。

唐朝有个员外,有一天,他请了一位新的管家,由于天性吝啬,就和新管家约定,限制他每日的伙食如下:"无鸡鸭也可以,无鱼肉也可以,青菜万万不可少,酒也不可。"但是员外立下这个条文时,条文中并没有标点符号。一年之后,管家在辞职时,向员外要求补偿他的伙食费。员外理直气壮地把当年立的条文拿出来,而这个管家立即拿笔将它改为:"无鸡,鸭也可以;无鱼,肉也可以;青菜万万不可,少酒也不可。"这下子,员外无话可说,只好赔钱了。这个故事充分说明了句读的重要性。

《论语》者,二十篇。群弟子,记善言。《孟子》者,七篇止。讲道德,说仁义。

【注释】

[1]《论语》:由孔子的弟子和再传弟子编成的儒家经典。 [2]记:记载。 [3]善言:好的言语。 [4]《孟子》:孟子及其弟子所著,儒家经典。

【解读】

《论语》这本书共有二十篇,是孔子的弟子和再传弟子对孔子和孔子的弟子曾说过的善言善语加以记载编辑而成的。

而《孟子》这本书共有七篇,整本书的主旨是谈道德仁义的道理。

作《中庸》,子思笔。中不偏,庸不易。作《大学》,乃曾子。自修齐,至平治。

【注释】

[1]《中庸》:儒家经典。 [2]子思:孔子的孙子,也就是孔伋。 [3]《大学》:儒家经典。 [4]曾子:即曾参,是孔子的学生之一。 [5]修齐:修身、齐家。 [6]平治:

治国、平天下。

【解读】

《中庸》这本书是孔伋所作，"中"的意思是不偏，而"庸"的意思是不改变。

《大学》这本书是曾参所作，内容则是从修身、齐家到治国、平天下的道理。

《孝经》通，四书熟。如六经，始可读。《诗》《书》《易》，《礼》《春秋》。号六经，当讲求。

【注释】

［1］《孝经》：传说是孔子所著，内容是阐述孝道。　［2］通：了解，明白。　［3］熟：熟悉。　［4］六经：《诗经》《尚书》《周易》《礼记》《乐经》和《春秋》合称六经。　［5］号：称为。　［6］当：应当。　［7］讲求：讲解和研究。

【解读】

把《孝经》和四书研习得熟透之后，便可以开始去研究六经了。

什么是六经呢？便是《诗经》《尚书》《周易》《礼记》《乐经》和《春秋》六部经典，记载着各种常识，我们应该仔细地研读、理解。

有《连山》，有《归藏》，有《周易》，三易详。有典谟，有训诰，有誓命，《书》之奥。

【注释】

［1］《连山》《归藏》：都是《易经》的一种。　［2］《书》：《尚书》。

【解读】

《连山》《归藏》和《周易》，三部书合称三易。这三易用卦来详细说明宇宙间万物变化的道理。

典、谟、训、诰、誓、命是《尚书》的文体。

我周公，作《周礼》。著六官，存治体。大小戴，注《礼记》。述圣言，礼乐备。

【注释】

［1］周公：姓姬，名旦，为周文王的第四子。　［2］《周礼》：周公所写的书。　［3］六官：即天官、地官、春官、夏官、秋官和冬官。　［4］治体：治理国家的体制。　［5］大小戴：大戴为西汉经学家戴德，小戴为戴德的侄子戴圣。　［6］备：完善。

【解读】

周文王的第四个儿子周公写作《周礼》，将当时辅政的六官——天官、地官、春官、夏官、秋官和冬官，以及治理国家的体制都详细记载、保留于《周礼》这本书内。

汉朝的戴德和戴圣两位学者都曾为《礼记》写过注释，以阐述先圣和先贤的言论、主张，使得后代的典章制度和礼乐规范有所遵循而完备。

曰国风，曰雅颂。号四诗，当讽咏。《诗》既亡，《春秋》作。寓褒贬，别善恶。

【注释】

[1]国风:各诸侯国民间歌谣的歌词。　[2]雅:正乐。　[3]颂:宗庙祭祀的乐曲。
[4]四诗:即国风、小雅、大雅、颂。　[5]讽咏:吟哦,朗诵。　[6]寓:包含。

【解读】

国风是当时俚俗的歌谣;雅有大小之分,多为朝廷礼仪的正乐;颂则为宗庙祭祀的乐曲。这几种诗经的体裁合称为"四诗",因为内容丰富、情感真切,所以实在是值得世人广为歌咏称颂的!

但自周天子势力衰弱后,《诗经》也就随之被冷落。孔子有感而发,写成《春秋》一书,书中隐含着对当时政治的称颂和斥责,并辨析各诸侯国的善恶行为。

三传者,有《公羊》,有《左氏》,有《穀梁》。经既明,方读子。撮其要,记其事。

【注释】

[1]三传:指《公羊传》《左传》《穀梁传》,为解释《春秋》之作。　[2]经:儒家经典。
[3]明:明白,清楚。　[4]子:诸子百家著作。　[5]撮:择取。

【解读】

所谓"三传"就是解释《春秋》的书,它们分别是《公羊传》《左传》《穀梁传》。

把圣贤所作、告诉我们为人处世道理的经典都熟读之后,才开始读诸子百家著作,并且要择取重点来读,牢记每一件事情的因果始末。

五子者,有荀扬,文中子,及老庄。经子通,读诸史。考世系,知终始。

【注释】

[1]五子:荀子、扬子、文中子、老子、庄子。　[2]诸史:历代流传下来的史书。　[3]考:考证,考察。　[4]世系:传承的顺序。

【解读】

所谓的五子便是指荀子、扬子、文中子、庄子和老子,其所著的书属于"子书",在书中他们五人各自陈述了对人、对事的看法和主张。

一旦经书和子书都熟读后,便开始研究历代流传下来的史书,详细考证各国朝代的世系,以明了其盛衰兴亡之因,从中吸取教训,免得重蹈覆辙。

自羲农,至黄帝。号三皇,居上世。唐有虞,号二帝。相揖逊,称盛世。

【注释】

[1]羲农:指伏羲氏和神农氏。　[2]三皇:伏羲、神农和黄帝。　[3]居:在。　[4]上世:远古时代。　[5]唐:尧的国号。　[6]虞:舜的国号。　[7]二帝:尧和舜两位君主。　[8]揖逊:将帝位让给别人,自己辞去帝位。

【解读】

在远古时代,伏羲氏、神农氏和黄帝有熊氏在位期间,皆能勤政爱民,体恤民意,所以被称为"三皇"。

黄帝之后便是唐尧、虞舜二位帝王。尧贤能开明,认为自己的儿子无才无德,不堪为一国之君,所以将帝位禅让给孝顺的舜。他们的睿智领导使得当时的社会安定富足,人人称颂。

知识锦囊

三贤禅让

尧、舜、禹的禅让过程,史称三贤禅让。

三贤禅让

尧是我国古代传说中著名的贤君。据说他当帝王后处处为人民着想,不享受特权,住的是简陋的茅屋,过着粗衣淡饭、节俭朴素的生活。尧一心为民办事,但他的儿子丹朱是个不肖之子。尧不传位给儿子,时常留心天下贤人,好把帝位禅让给他。后来,尧探知舜是位贤孝而又有才干的青年,就决定让位给舜。

舜名重华,是黄帝的七世孙,颛顼的五世孙。舜原先被封在虞,于是,又称为虞舜。舜天性笃厚,十分孝顺父母。舜在位长达几十年,深受人民的爱戴。舜也没有把王位传给整天只知道唱歌跳舞的儿子商均,而禅让给了治洪水有功的禹。

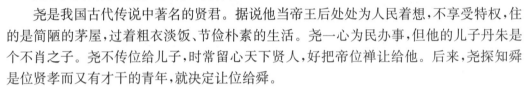

夏有禹,商有汤,周文武,称三王。夏传子,家天下。四百载,迁夏社。

【注释】

[1] 文武:指周朝的文王和武王。　[2] 三王:后人尊称夏禹、商汤和周文王、武王为三王。　[3] 夏传子:夏禹将帝位传给自己的儿子。　[4] 迁:更易,改换。　[5] 社:国家。

【解读】

大禹是夏朝的开国之君,汤则为商的开国贤主,周文王和周武王更是创立周朝太平盛世,由于他们才德兼备、亲政爱民,后人便尊称他们为"三王"。

自从夏禹将帝位传给自己的儿子,天下就变成一个世代传承的家族天下了。如此经过四百年,夏朝终究被商汤一举攻灭,结束了其统治的时代。

知识锦囊

大禹治水

上古时期,洪水泛滥,百姓深受其害。舜帝派大禹的父亲鲧去治水,由于方法不当,洪水越来越大,鲧因此被杀。大禹后来接替父亲,继续治水,并吸取父亲的教训,采取疏导法,终于成功治理水患。治水十三年,大禹三过家门而不入,其公而忘私的精神,受到历代人的称赞。

汤伐夏,国号商。六百载,至纣亡。周武王,始诛纣。八百载,最长久。

【注释】

〔1〕伐:讨伐。 〔2〕诛:诛灭。

【解读】

商汤讨伐夏桀,定国号为商,商朝存在了六百年左右,到纣王的时候商朝灭亡。

周武王起兵灭掉商朝,杀死纣王,建立周朝,周朝的历史最长,前后延续了八百多年。

周辙东,王纲坠。逞干戈,尚游说。始春秋,终战国。五霸强,七雄出。

【注释】

〔1〕辙东:都城东迁。 〔2〕王纲:君王号令天下的法令、政纲。 〔3〕坠:衰败,坠落。 〔4〕逞:不顾后果地放纵。 〔5〕干戈:战争。 〔6〕尚:崇拜。 〔7〕五霸:春秋五霸,即齐桓公、晋文公、楚庄王、秦穆公、宋襄公。 〔8〕七雄:战国七雄,即秦、楚、齐、燕、赵、魏、韩七个强国。

【解读】

周平王东迁之后,对诸侯的控制力就越来越弱了。各国之间时常发生战争,于是到各国去献计策、以游说为业,成为时代的主流。

从春秋时代开始,到战国为止,相继有齐桓公、宋襄公、晋文公、秦穆公、楚庄王五人成为天下霸主,合称"春秋五霸";而秦、楚、齐、燕、赵、魏、韩则是出名的"战国七雄"。

嬴秦氏,始兼并。传二世,楚汉争。高祖兴,汉业建。至孝平,王莽篡。

【注释】

〔1〕嬴:秦王的姓氏。 〔2〕传:传位。 〔3〕孝平:汉平帝在位时期。 〔4〕王莽:汉元帝王皇后的侄子,见平帝年幼可欺,于是谋夺王位,改国号为新。 〔5〕篡:谋夺帝王之位。

【解读】

到了战国末年,秦国利用连横政策,破坏六国的团结,不断地扩张势力,兼并其他小国,建立了秦王朝。可是传位到秦二世胡亥时,天下又开始纷扰不安起来,最后演变成楚汉两大强权争夺天下的局面。

汉高祖打败项羽后,建立汉代霸业,天下臣服,一直传位二百多年,直到平帝时,王莽见其年幼可欺,于是篡夺王位。

知识锦囊

千古一帝

秦始皇(前259—前210),首位完成中国统一的秦王朝的开国皇帝,后人称之为"千古一帝",姓嬴,名政,秦庄襄王之子。公元前247年,秦始皇12岁时即王位;公元前238年,秦始皇 21 岁时在故都雍城举行了成人加冕仪式，从此正式登基，亲理朝政；38 岁时终于完成了统一中国的历史大业，称帝。

前 247 年，秦王政即位时，因年幼，朝政由太后和相国吕不韦掌管。前 238 年，秦王政亲理朝政，除掉吕不韦、嫪毐等人，重用李斯、尉缭，自公元前 230 年至前 221 年，先后灭韩、赵、魏、楚、燕、齐六国，完成了统一全国的大业，建立了中国历史上第一个统一的多民族的专制主义中央集权制国家。秦王政自认为功劳胜过之前的三皇五帝，自称"皇帝"。其一生中有功也有过，与汉武帝并称为"秦皇汉武"。

知识锦囊

王莽篡汉

西汉自汉武帝以后，皆以外戚辅政，汉元帝皇后王政君，六十余年间为天下母，辅佐了四位皇帝。外戚王莽以姑母王政君为凭借，最初装出恭谨勤劳的样子，不知疲倦地工作。后来他广结名士和将相大臣，深得人心，凡是来投奔他的，不论地方远近、出身贵贱，他一概收用，让他们做官。为了收买人心，他把从自己封邑里收来的钱和粮都拿出来赠送给宾客，而自己却过着十分俭朴的生活，朝野上下皆赞王莽。汉哀帝死后，王莽官居大司马，借太后名义执掌军政大权，立汉平帝，并把自己的女儿嫁给汉平帝做皇后，渐渐在朝中大权独揽。公元 5 年，汉平帝死后，王莽指使同党向太皇太后王政君上书，要求让他代天子临朝。王政君无奈，只好顺从，由王莽摄政，称为"摄皇帝"。

公元 6 年，王莽改年号为居摄元年，立年仅两岁的刘婴为皇太子，号称"孺子婴"，以效仿周公摄政旧事，为代汉做准备。此后数年间，关于王莽代汉称帝的符命、图谶频繁出现。公元 8 年，梓潼人哀章制作铜匮，内藏《天帝行玺金匮图》与《赤帝行玺某传予黄帝金策书》，伪托汉高祖遗命，令王莽称帝。王莽便到高帝祠庙接受铜匮，然后戴上王冠觐见太皇太后，坐在未央宫前殿，即天子位，定国号为"新"。至此，西汉灭亡，王莽达到了他托古改制、篡汉自立的政治目的。

光武兴，为东汉。四百年，终于献。魏蜀吴，争汉鼎。号三国，迄两晋。

▌【注释】

[1]光武：光武帝刘秀。　[2]东汉：刘秀以洛阳为国都所建立的朝代。　[3]献：汉献帝，汉朝最后一位帝王。　[4]鼎：代表统治天下或国家。　[5]两晋：东晋与西晋。

▌【解读】

光武帝诛杀了荒淫无道的王莽，建立东汉，历经四百年，终因外戚、宦官作乱，而在汉献帝时灭亡。

继之而起的是魏、蜀、吴三国互争天下,形成三国鼎立的局面,如此纷扰不定,直到魏国大将军司马懿篡夺王位,建立晋朝,天下才再度统一,而晋朝又分东晋、西晋。

知识锦囊

光武中兴

西汉末年,王莽夺权,而后,光武帝刘秀光复汉朝,开创东汉,由于其政绩可嘉,汉朝重新呈现出欣欣向荣的社会景象,史称光武中兴。

中国古代的封建王朝,奉行的是一家一姓的"家天下"制度。古代把一个家族崛起从而建立国家叫作"兴",对于刘氏家族来讲,刘邦建立西汉叫作"兴",刘秀建立东汉叫作"再兴",即第二次兴起之意。刘氏是中国封建社会历史上唯一的出现"一姓之再兴"的家族。为表示日后刘氏江山在刘邦、刘秀之后能够一次又一次地兴起,东汉统治者把刘秀建立东汉王朝叫作刘氏江山的"中兴",即这不是刘氏的最后一次兴起。

宋齐继,梁陈承。为南朝,都金陵。北元魏,分东西。宇文周,与高齐。

【注释】

[1]南朝:刘宋、齐、梁、陈四朝的统称。 [2]都:建立国都。 [3]金陵:即现在的南京。 [4]元魏:指北魏。 [5]宇文周:宇文觉为南北朝时期北周第一位君主。 [6]高齐:高洋消灭东魏,建立北齐。

【解读】

刘裕灭东晋建立刘宋,传国六十年就被萧道成所灭,改国号为齐;齐二十三年后又被萧衍所灭,改国号为梁;梁享国五十六年,遭陈霸消灭,改国号为陈;三十三年后陈也灭亡。这四个朝代都建都金陵,统称南朝。

而在北方的魏也分成东魏和西魏,西魏被宇文护所夺,建立北周;东魏被高洋所夺,建立北齐。

第一部分 三字经

25

迨至隋,一土宇。不再传,失统绪。唐高祖,起义师。除隋乱,创国基。

【注释】

[1]迨:直到。 [2]隋:杨坚所建立的朝代称隋,其自封为隋文帝。 [3]一:合而为一。 [4]土宇:天下。 [5]统绪:纯正的道统。 [6]唐高祖:唐朝的开国之君,姓李名渊。 [7]义师:以弘扬仁义为号召的军队。 [8]除:平复。

【解读】

隋文帝杨坚兴兵结束南北朝混乱的局面,统一天下,可惜他的儿子隋炀帝无视人民疾苦,荒淫无道,终于使得隋朝走上灭亡之途。

李渊兴起仁义之师,要为天下百姓诛除暴虐的君主,最后平定隋朝各地的战乱,创立唐朝辉煌的基业,史称唐高祖。

二十传,三百载。梁灭之,国乃改。梁唐晋,及汉周。称五代,皆有由。

【注释】

[1]二十传:唐朝共二十位君王。 [2]梁:史称"后梁",由朱全忠篡唐建立。[3]乃:于是,才。 [4]五代:后梁、后唐、后晋、后汉、后周。 [5]由:理由,原因。

【解读】

唐朝自高祖起,共传位二十位帝王,享国三百年,到了唐昭宣帝时被朱全忠吞灭,改国号为后梁。

继后梁而起的有后唐、后晋、后汉、后周,这些便是史称的"五代",它们的兴衰都有一定的原因可寻。

炎宋兴,受周禅。十八传,南北混。辽与金,皆称帝。元灭金,绝宋世。

【注释】

[1]炎宋:宋朝。 [2]受:承受。 [3]禅:让位。 [4]传:传承帝位。 [5]混:纷乱,不安定。 [6]绝:灭亡。

【解读】

赵匡胤接受了后周皇帝"禅让"的帝位,建立宋朝,传国十八代,后因外族入侵,形成南北混乱的局势。

北方的辽人、金人和蒙古人都建立了国家,最后蒙古人灭了金朝和宋朝,建立了元朝,重又统一了中国。

—— 知 古 鉴 今 ——

爱国主义是中华民族精神的核心,激励着一代又一代中华儿女为祖国的发展、繁荣而不懈奋斗。

爱国之心,人皆有之。历朝历代,许多仁人志士都具有强烈的忧国忧民思想,以国家发展为己任,前仆后继,临难不屈,保家卫国,关怀民生,这种可贵的精神,使中华民族历经劫难而不衰。

少年兴则国兴,少年强则国强。青少年爱国不是停留在表面上的,而是要落实到一点一滴的行动当中去。要爱我们的领土、爱我们的同胞、爱我们的文化和制度。

舆图广,超前代。九十年,国祚废。太祖兴,国大明。号洪武,都金陵。

【注释】

〔1〕舆图:国土,领域。 〔2〕国祚:国家。 〔3〕太祖:指明太祖朱元璋。 〔4〕国:国号。 〔5〕号:年号。

【解读】

元朝有广阔的领土,其范围超越以前任何一个朝代,但只统治短短九十年就已灭亡。

明太祖朱元璋率兵讨伐,终于击败元顺帝,国号为明,年号为洪武,设国都于金陵。

迨成祖,迁燕京。十七世,至崇祯。权阉肆,寇如林。李闯出,神器焚。

【注释】

〔1〕迨:等到,直到。 〔2〕燕京:北京。 〔3〕权阉:有权势的官员和宦官。 〔4〕肆:胡作非为。 〔5〕寇:强盗。 〔6〕如林:形容数量相当多。 〔7〕李闯:即自称闯王的李自成。 〔8〕神器:帝王的宝座。

【解读】

到了明成祖登上帝位后,便迁都燕京,一直传位十七代,到崇祯皇帝时,国家便衰亡了。

由于权臣、宦官为非作歹,再加上社会到处一片混乱,闯王李自成的势力不断扩大,终于攻破京城,逼得崇祯皇帝上吊自杀,毁了明朝的天下。

清太祖,膺景命。靖四方,克大定。由康雍,历乾嘉。民安富,治绩夸。

【注释】

〔1〕膺景命:领受天命。 〔2〕靖:平定。 〔3〕克:达到。 〔4〕大定:完全平定。

【解读】

清兵入关后,清太祖即帝位,平定了各地的乱象,百姓生活安定下来。

康熙、雍正、乾隆、嘉庆四位皇帝在位的一百多年中,人民生活富足,国家也比较强盛。

道咸间,变乱起。始英法,扰都鄙。同光后,宣统弱。传九帝,满清殁。

【注释】

〔1〕道咸:道光和咸丰两位清朝皇帝。 〔2〕都鄙:京都。 〔3〕同光:同治和光绪两位清朝皇帝。 〔4〕殁:灭亡。

【解读】

清朝道光、咸丰年间,爆发了鸦片战争,英法联军进兵攻打北京。到了宣统皇帝时,国势已大不如以前,最后清朝被推翻。

革命兴,废帝制。立宪法,建民国。古今史,全在兹。载治乱,知兴衰。

【注释】

[1]帝制:君主专制政体。 [2]兹:这里,此处。 [3]治乱:太平与战乱。 [4]兴衰:兴旺与衰败。

【解读】

辛亥革命成功后,废除帝制,制定了国家宪法,建立了中华民国。

自上古伏羲氏到民国,历代帝王世系宗谱都详细记载在此处,太平与战乱、兴盛与衰败,都有始末根由可追寻。

史虽繁,读有次。《史记》一,《汉书》二。《后汉》三,《国志》四。兼证经,参《通鉴》。

【注释】

[1]繁:多。 [2]次:顺序。 [3]证经:查证经书。 [4]参:参考。 [5]《通鉴》:司马光所写的《资治通鉴》。

【解读】

史书虽然很多,但读的时候要按顺序:先读《史记》,再读《汉书》,然后读《后汉书》,最后读《三国志》。

读的时候要多查证其他的经书和《资治通鉴》,这样才能了解得更全面。

读史者,考实录。通古今,若亲目。口而诵,心而惟。朝于斯,夕于斯。

【注释】

[1]考实录:进一步研究历史资料。 [2]古今:历史的来龙去脉。 [3]惟:思考。 [4]斯:这些书。

【解读】

读历史的人应该更进一步地去翻阅历史资料,了解古往今来事情的前因后果,就好像是自己亲眼所见一样。只有早晚把精力都放在学习上,才能真正学好。

昔仲尼,师项橐。古圣贤,尚勤学。赵中令,读《鲁论》。彼既仕,学且勤。

【注释】

[1]昔:以前。 [2]师:求学。 [3]项橐:鲁国的神童。 [4]赵中令:赵晋,中令是官名。 [5]《鲁论》:《论语》的传本之一。 [6]既仕:做了官。

【解读】

孔子是个十分好学的人,当时鲁国有一位神童名叫项橐,孔子就曾虚心向他求学。像孔子这样伟大的圣贤,尚不忘勤学,何况我们普通人呢?

宋朝的赵晋也是位好学的人,他天天手不释卷地读着《论语》,即使已官至中书令,仍然勤学不倦。

孔子说:"三人行,必有我师焉。择其善者而从之,其不善者而改之。"能者为师,无分长幼。师者,传道授业解惑也。师道尊严,受人敬仰。但是师者也不是万能的,为人师者也需要不断学习,如此方不至于误人子弟,这正是我们需要向孔子学习的地方。

知识锦囊

赵普夜读

赵中令是指宋朝的中书令赵普,他出身比较贫苦,少年时期没有好好读书,后来就跟随赵匡胤打天下。宋朝开国后,赵普历任宋太祖赵匡胤和宋太宗赵匡义两朝的中书令,自称以半部《论语》帮助赵匡胤打天下,另外半部《论语》帮助赵匡义治理天下。赵普白天忙于处理国家政务,夜晚则读《鲁论》,《鲁论》就是鲁国通行的《论语》二十篇。据说每当遇到重大问题,赵普总是说:"明天再做决策。"晚上回家以后,他从箱子里面拿出一本书仔细地读,第二天准能够提出很高明的见解。时间久了大家都很奇怪,觉得赵普家里一定藏有什么秘籍宝典,于是买通他的家人打探这个秘密。有一天,家人趁他不在家把书拿出来一看,原来是《论语》。可是谁也不相信,怎么可能是人人皆知的《论语》呢? 赵匡胤得知此事,亲自到他家来探问,赵普就把那本《鲁论》拿了出来。赵匡胤说:"此为朕幼年所习,如今卿家还在读吗?"赵普回答说:"齐家、治国、平天下的道理尽在其中。"宋太宗继位以后仍然想用赵普为中书令,有人说赵普的坏话,说他只能读《论语》。太宗如实以告,赵普说:"臣实不知书,只能读《论语》。我辅助太祖定天下只用了半部《论语》,尚有半部可以辅助陛下致太平。"故此"半部《论语》治天下"就成了中国文化史上的美谈。

披蒲编,削竹简。彼无书,且知勉。头悬梁,锥刺股。彼不教,自勤苦。

【注释】

[1] 披:打开。　[2] 蒲编:蒲草编织的书。　[3] 竹简:竹片。　[4] 彼:他。　[5] 悬梁:悬挂在屋梁上。　[6] 锥:锥子。　[7] 刺股:以尖锐物刺大腿。

【解读】

汉朝的路温舒将《尚书》抄在蒲草编织的席上阅读,另有公孙弘把《春秋》刻在一片片的竹片上,他们都没钱买书,可是仍不忘勤勉向学。

晋朝的孙晋将头发以绳子悬在屋梁上,战国时苏秦则用尖利的锥子刺自己的大腿,他们两人都是不需别人督促,便知道自动自发求学的人,也正由此奠定了成为大人物的基础。

披蒲编,削竹简

"披蒲编"说的是西汉路温舒,字长君,小时候给人放羊,家贫,没有钱买书。在汉以前,非世家没有藏书,不自己下功夫抄录,就无书传学。那时候还没有纸张,非绢帛皮简无以为书,所以家贫就自然没有书可读了。

路温舒放羊时经常路过一片池塘,他注意到池塘边上的蒲草很茂盛,就背回家一大捆,截成与竹简一样的尺寸,并将其编联在一起,然后借来《尚书》工工整整地抄到上面。有了蒲编书,他就一边放羊一边读书。他因为精通汉书、熟悉法律,后来做了狱吏,最后官至临淮太守,成为西汉著名的法律专家。

"削竹简"说的是西汉的公孙弘。他出身贫贱,二十多岁时曾经当过县监狱的小吏,后因过错被免了职。公孙弘因为家境贫寒,只好替别人放猪。他五十多岁的时候,经常跑到竹林里把竹子削成竹简,把借来的《春秋》和各家的注解抄在竹简上面。汉武帝时期,公孙弘官至左内史、丞相,被封为平津侯。

孙敬悬发

"头悬梁"说的是晋朝人孙敬。孙敬,字文宝,汉代信都人。他好学,后入洛阳,在太学附近一小屋安顿母亲,然后入学。他曾采杨柳为简,加以编联,用来写经,这是历史上"辑柳"的典故。《太平御览》上记载:"孙敬'好学,晨夕不休',常年闭门谢客,攻读诗书,人称'闭户先生'。"他苦读诗书,常常通宵达旦,困倦得眼皮都睁不开了,就弄根绳子把头发绑起来吊在房梁上,打盹垂头的时候,揪一下头发就惊醒了,继续读下去。

孙敬凭借其独特的"头悬梁"的苦读精神,终能通今博古、满腹经纶,成为晋时知名的大儒。后人对孙敬的苦读精神极为敬仰,并将此与战国时苏秦"读书欲睡,引锥刺其股"的故事并谈。

苏秦刺股

战国时期,苏秦出身于一个农民家庭。他从小就一边帮助哥哥种田,一边学习。为了解决吃饭问题,他除了和同学张仪轮流把头发剪了去卖,还利用课余时间去帮助人家抄书。在抄书时,他常常发现一些有名的著作。他想把它们抄下来带回去仔细研究,可是,身边又没有带当作纸用的竹片。他就把那些文章用墨写在手掌和手臂上,晚上回到房中,再找来竹子,做成竹简,把它们誊写下来。他用这种办法抄了许多书。

学习结束以后,苏秦曾到秦国去活动,希望由秦国来统一中国。但是,秦王没有采纳他的主张。这时,他已处于极度贫困之中,皮袄已经穿破了,钱也花完了,只好挑着行李,穿着草鞋,步行回家。从秦国回乡有好几百里路。他忍着饥饿,跋山涉水,即使路途再艰辛,身体再虚弱,他也始终舍不得把书丢弃。

苏秦回到家时,形容憔悴,家里人差一点认不出他来。苏秦外出读书,家里人本来就不乐意,现在看他狼狈归来,更瞧不起他。兄嫂不理不睬,妻子不给他烧饭,连父母也不愿意搭理他。

面对家人的非难,苏秦虽然感到很难过,但他并不气馁。他横下一条心,不管家里人怎样反对和阻拦,都要继续读书。白天,他坚持参加劳动;晚上,他刻苦读书。有时太疲倦了,昏沉沉地想睡觉,他就用锥子刺自己的大腿。剧烈的疼痛使他清醒过来,他督促自己又继续学习。

后来,苏秦身佩六国相印,成为战国时期著名的纵横家。

如囊萤,如映雪。家虽贫,学不辍。如负薪,如挂角。身虽劳,犹苦卓。

【注释】

[1]囊:袋子。 [2]辍:中断。 [3]负:背。 [4]挂角:传说隋朝李密为人放牛时,会把书挂在牛角上,方便随时阅读。

【解读】

晋朝人车胤把萤火虫放在纱袋里来照明读书。孙康则利用积雪的反光来读书。他们两人家境贫苦,却能在艰苦的条件下继续求学。

汉朝的朱买臣以砍柴维持生活,每天边担柴边读书。隋朝的李密放牛时把书挂在牛角上,有时间就读。他们在艰苦的环境里仍坚持读书。

知识锦囊

囊萤映雪

"囊萤"的典故说的是晋朝的车胤,"映雪"的典故讲的是晋朝人孙康的故事。他们虽然家境贫寒、生活艰苦,却能立志苦读,没有因为读书的条件差就停止学习。唐朝李渤有诗云"次兄一生能苦节,夏聚流萤冬映雪",引用的就是此二人的典故。曾国藩也说过:"读书乃寒士本业,切不可有官家风味。吾于书箱及文房器具,但求为寒士所能备者,不求珍异也。"

车胤,字武子,晋代南平人。他的祖父车浚三国时期做过东吴的会稽太守,因灾荒请求赈济百姓,被昏庸的吴主孙皓处死。此后车胤的家境就一贫如洗了。车胤立志苦读,太守王胡之曾对他的父亲车育说:"此儿当大兴卿门,可使专学。"因家中贫寒,晚上看书时没钱点灯,他就捉些萤火虫放在纱布缝制的袋子里面,借着萤火虫发出的微弱光芒苦读。

在他父亲的指导下,车胤终于成了一个很有学问的人,一生中做过吴兴太守、辅国将军、户部尚书等。唐朝杨弘贞、杨番、蒋防都著有《荧光照学赋》,均是谈车胤之事。

孙康,晋代京兆人,晋秘书监孙盛的曾孙、长沙太守孙放之孙。孙康幼时酷爱读书,常常感到时间不够用。他想夜以继日地攻读,可此时家道中落,没钱买油点灯,一到天黑,便没有办法读书了。特别是到了冬天,长夜漫漫,他有时辗转很久都难以入睡。实在没有办法,他只好白天多看书,晚上躺在床上默诵。

一天夜里，他一觉醒来，忽然发现从窗外透进几丝白光。开门一看，原来下了一场大雪，闪闪发光，使他眼花缭乱。孙康心中一动，映着雪光可否读书呢？他急急忙忙跑回到屋里，拿出书来对着雪地的反光一看，果然字迹清楚，比昏黄的油灯要亮得多！

整个冬天，孙康都夜以继日地苦读，从没有中断过。孙康砥砺求进，学有大成，终成晋时很有名望的学者。

"孙敬头悬梁，苏秦锥刺股，车胤囊萤学，孙康映雪读。诸人家虽贫，有志自勤苦。终一酬壮志，功名传千古。"人的天资大都相似，只不过有的人更勤奋，所以才能出类拔萃；如果不勤奋，再聪明的人也会变得迟钝。学习需要持之以恒的毅力和不惧困难的决心。

知识锦囊

李密挂角

隋朝李密生性好学，走到哪里都把书带在身边，有一次上街，他把《汉书》挂在牛角上，被宰相杨素看到，杨素见他如此好学，顿生好感。通过交流，杨素发现他有举一反三的独到见解，就叫儿子杨玄向他学习。隋朝末年，杨玄起兵反隋，李密做军师，为推翻隋炀帝做出了卓越的贡献。

李密挂角

买臣负薪

汉朝的朱买臣靠着上山砍柴维持生活。他砍柴的时候,把书放在树下读,担柴回家的时候,则把书悬在担头上诵读着回家。

他的妻子崔氏受不了贫苦的生活,想要改嫁,朱买臣劝她说:"我五十岁的时候,就可以显达了,你暂且忍耐,不要烦恼。"崔氏不听,竟然自己再嫁了。

崔氏改嫁后不到五年,买臣在汉武帝朝中做了官,担任会稽太守,上任时穿着官服,仆从前呼后拥,车马纷纷。当他回家祭祖时,经过崔氏旁边,崔氏看见了,想要与买臣破镜重圆,买臣就对她说:"我当初劝你不要改嫁,你再三不从,如今看见我荣耀了,却想再认我为夫。你去拿一盆水来,倒在马前,若你收得起来,我就认你为妻。"崔氏自知不可能,羞愧而去。

苏老泉,二十七,始发愤,读书籍。彼既老,犹悔迟。尔小生,宜早思。

【注释】

[1]老泉:宋朝文学家苏洵的号。　　[2]犹悔迟:还后悔读书太晚。　　[3]小生:后辈。

【解读】

宋朝的苏洵一直到二十七岁才觉悟而发奋读书,终于成了宋朝的大文学家。

苏洵后悔读书太迟,而我们这些年轻人在刚求学时,更应把握时间,用功读书,才不至于到了年老时后悔莫及。

苏洵发愤

苏洵,字明允,号老泉,生有两个儿子苏轼、苏辙。他们父子三人的文章、学问都很好,被后人称为"三苏",均被列入唐宋八大家。

苏洵幼年时不喜欢读书,到了二十七岁,他的哥哥中了科举,做了官,苏洵才觉得自己也应该努力才对,于是在家专心地读书。

一年后,他参加考试,不幸名落孙山。他想一定是自己准备不周到,于是把一年多来写的文章全部烧掉,从此闭门读书,不再提笔写文章。过了五六年,他增长了很多知识。于是再提笔作文,顷刻间就写出数千字的文章,见解非常独到。

苏洵因为成年后才求学,深知其苦,因此对两个儿子从小就严格地督促。学成之后,他带着两个儿子到京师考试,两个儿子都考中进士,成为翰林学士。

 知 古 鉴 今

莫道岁月晚,奋起正当时。纵观苏洵的一生,他起步虽晚,还经历了数次科考失败,却靠着自己的一腔抱负和不甘落后的决心,终于大器晚成,迎来了璀璨的人生。

"莫道桑榆晚,为霞尚满天。"现在开始学习也不晚,这个世界上不可能人人都是天才,

不可能每个人都"英雄出少年"。只要足够努力,不断沉淀,在学习的道路上砥砺前行,都可以做大器晚成的人才!

若梁灏,八十二,对大廷,魁多士。彼既成,众称异。尔小生,宜立志。

【注释】

[1]梁灏:宋朝人,喜欢念书。　[2]大廷:朝廷。　[3]魁多士:在众多读书人之中勇夺第一名。　[4]称异:认为奇特。

【解读】

宋朝的梁灏八十二岁才考上状元,在朝堂上面对皇帝的问题,对答如流,其机智与学问超越众多读书人。

如梁灏这般老的人都还能达到目标,让大家称叹赞赏,我们这些年轻人更应立定志向,及早用功读书。

知识锦囊

梁灏夺魁

梁灏夺魁

梁灏生于五代后晋时。他从天福三年(938)开始参加考试,经历几朝,他发誓:不中状元,誓不甘心。

到了八十二岁时,他才中状元,在金銮殿上与皇帝对答问题时,独占鳌头,是所有应试者中的第一名。

梁灏中状元后很高兴,作了一首谢恩诗,内容是说:我自天福三年就参加科举,直到雍熙二年(985)才成名。管他头发都白了,我心中只欢喜终于平步青云。当我看榜的时候,已经没有跟我同辈的朋友了,回到家中也只有子孙来相迎。大家都知道年少登科很好,有谁想到状元竟是我这个老头?

莹八岁,能咏诗。泌七岁,能赋棋。彼颖悟,人称奇。尔幼学,当效之。

【注释】

[1]赋棋:以棋为题赋诗。　[2]颖悟:聪颖,有悟性。

【解读】

北齐有个叫祖莹的人,八岁就能吟诗,后来当了秘书监著作郎。唐朝有个叫李泌的人,七岁时就能以下棋为题作出诗赋。

他们两个人的聪明才智在当时很受人们的赞赏,现在我们正处于求学的开始,应该效法他们,努力用功读书。

知识锦囊

祖莹偷读

祖莹,字元珍,范阳郡遒县人。他迷恋读书,日日夜夜地学习,他的父母害怕他会生

祖莹偷读

病,禁止他这样做,却没能使他停止读书。他经常偷偷地在灰里藏木炭,赶走僮仆,等到父母睡着之后,点燃木炭读书。他担心漏光,被家里人发觉,便用他的衣服和被子遮盖窗户和门。因为这件事情,他的名声传得更广了,人们都叫他"圣小儿"。他还特别喜欢写文章。中书监的高允每次谈到他都感叹:"这个孩子的才能是所有学生都比不上的,他最终会大有作为的。"

知识锦囊

李泌赋棋

开元十六年(728),刚刚七岁的李泌就能为文赋诗。一次儒、释、道三教学者聚会,唐玄宗把他也召入宫中,李泌以非凡的文学才能征服了与会的君臣。当时玄宗正与燕国公张说对弈,便让张说以象棋为题,试试李泌的才学。张说出句道:"方若棋盘,圆若棋子,动若棋生,静若棋死。"李泌稍一思索即对:"方若行义,圆若用智,动若骋材,静若得意。"

玄宗听后觉得答得别致,寓意深刻,把李泌抱在怀里说:"因为你年纪还小,如果七岁封官,不利于才智的发展。"玄宗又嘱咐李泌的父母要用心教子,使其将来成为国家的栋梁之材。

重臣张九龄、严挺之等对李泌都非常看重。七岁儿童即受到朝廷君臣的一致重视,这在中国历史上是极为罕见的。

蔡文姬,能辨琴。谢道韫,能咏吟。彼女子,且聪敏。尔男子,当自警。

【注释】

[1]蔡文姬:东汉蔡邕的女儿。 [2]辨:分辨,判别。 [3]琴:琴声。 [4]谢道韫:晋朝谢安的侄女。 [5]咏吟:吟诗作对。 [6]聪敏:聪明灵敏。 [7]自警:自我警惕。

【解读】

蔡文姬不但喜欢读书,而且可以从琴音中分辨出琴弦的好坏。谢道韫很会吟诗作对,所以非常受谢安的赞赏。

这两位女子,一个精通音乐,一个擅长诗赋,都如此聪慧,男孩子们更需自我好好警惕,积极向学,才不会落后于他人。

知识锦囊

文姬辨琴

蔡琰,字文姬,东汉陈留人,我国古代著名的才女,博学有辩才,通音律。

文姬小时聪慧过人。一天深夜,她被铿锵有力的琴声吵醒了,便侧耳谛听起来。原来文姬的父亲蔡邕几乎把毕生精力都用在了研究和整理古代典籍方面,平时常常写作到深夜,他是用弹奏乐器来减轻自己的精神疲劳,以便在片刻休息之后继续写作。忽然,"嘣"的一声响,父亲弹奏的琴弦断了一根。文姬便向书房里的父亲大声道:"我猜您弹断的是第二根弦,对不对?"蔡邕大吃一惊,问:"我儿怎么还没睡觉? 你再猜猜我弹断的是第几根?"父亲想试试女儿的判断力,便又拨断了一根弦。文姬听后大声说:"断的一定是第四根弦,对不对?""对,对。"父亲高兴极了,问:"你是怎么猜出来的?"文姬很不以为然地说:"哪里是猜的? 七根琴弦我都能听出来。您信不信?""信,信。"父亲说,"你真聪明,六岁就有这么好的乐感。只要努力,你将来一定能成个大音乐家。"小文姬说:"古时的季札听琴能判断国家的兴亡,师旷听琴能断定国家就要打仗,我一定要像他们一样。"

在父亲的精心培养下,文姬从此便进一步投入到勤学苦练中,后来真的成了七弦琴高手。东汉末年政治动乱。不久,匈奴大举入侵中原,文姬不幸被掠到北国,在大草原上熬过了几度春秋。她思念故国亲人,总是用深沉的七弦琴音排遣内心的忧郁。后来曹操当上了汉丞相,他用重金从匈奴处赎回了文姬,想让她继续整理其父亲生前没有完成的古文典籍。蔡文姬回归途中,创作了悲切深沉的《胡笳十八拍》,被后人誉为千古绝唱。

知识锦囊

道韫咏雪

谢道韫,东晋陈郡阳夏人,古代有名的才女、诗人。她从小便有过人的文才和口才,七岁时就赢得了"咏絮才女"的美名。

谢家是东晋时期的望族。谢安是当朝宰相,谢石任都督,谢玄任广陵相。他们是历史上有名的"淝水之战"的组织者,在抗拒前秦苻坚统帅的百万大军进攻、保卫东晋政权的殊死战斗中立下了大功,深得皇上的信任。谢道韫是安西将军谢奕的女儿、谢安的侄女。她生长在这个名门望族的大家庭中,自幼受到良好的教育,表现出超人的才智。

一年冬天下大雪,伯父谢安与人在后院赏雪,谢安一时高兴,出了一句"大雪纷纷何所似"来考晚辈们,大家抢着回答,都不如谢安之意,此时道韫答道:"未若柳絮因风起。"谢安听了非常高兴。七岁的谢道韫咏雪奇巧,从此,她便有了一个"咏絮才女"的美名。后来人们对有才华的女子,也都喜欢用"咏絮才女"来称呼。

唐刘晏,方七岁。举神童,作正字。彼虽幼,身已仕。有为者,亦若是。

【注释】

[1]方:才。 [2]举:推选。 [3]正字:负责校正文字的官名。 [4]亦若是:也和他一样。

【解读】

唐玄宗时刘晏以小小年纪,被认为是神童,而且被推举为正字官,其名声一直流传至今。

刘晏虽然年纪小,但已担任国家官吏,只要想有所作为,自我期许、勉励,且奋发向上,就可以像刘晏一样。

知识锦囊

刘晏正字

唐朝的刘晏,才七岁就已饱读诗书,被唐明皇称为神童,而且做了勘正文字的正字官。

他虽然年纪小,却已经为国家效力。

有一次唐玄宗祭拜天地时,刘晏献上《东封书》这篇文章,玄宗很赞赏,召见他,一见才知是个七岁孩童,因此怀疑文章是抄来的,于是命丞相张说考考他。考完后,张说对玄宗说,刘晏真是个神童。玄宗于是让刘晏做正字官。他如此稚幼,却能胜任这种职位,令人叹为观止!

有一天玄宗召见他,杨贵妃看他这么聪明伶俐,很喜欢他,就抱他坐在自己膝盖上,还亲自为他梳发,结双髻。正好玄宗看见了,趁机逗他,问道:"卿为正字官,到底正得几个字呢?"刘晏马上跪在地上说:"臣启奏陛下,四书五经之内,每一个字我都能正,只有一个'朋'字,我还不能正。"

原来当时的谗臣,都极力寻求皇上的宠幸,于是朋比为奸,结党营私。玄宗听了他的话,觉得这个孩子很不平凡,能够时时心存君国,因此更加重用他。由此可见刘晏不但聪明颖悟,而且崇尚正直、抑黜邪恶,令人赞佩。后来刘晏历任吏部尚书、度支使、盐铁使等。

犬守夜,鸡司晨。苟不学,曷为人? 蚕吐丝,蜂酿蜜。人不学,不如物。

【注释】

[1]司:管理。 [2]苟:如果。 [3]曷:同"何",怎么。

【解读】

狗在夜间会替人看守家门,鸡在每天早晨天亮时报晓。人如果不能用心学习,迷迷糊糊地过日子,有什么资格称为人呢?

蚕吐丝以供我们做衣料,蜜蜂可以酿制蜂蜜,供人们食用。人要是不懂得学习,真不如动物。

幼而学,壮而行。上致君,下泽民。扬名声,显父母。光于前,裕于后。

【注释】

[1]壮:长大。 [2]行:做。 [3]致君:辅佐君王。 [4]泽民:为百姓谋福利。
[5]扬:显扬。 [6]显:显耀。 [7]光于前:光耀祖先。 [8]裕于后:使子孙生活富足。

【解读】

小时候要多学习,长大后学以致用,对国家尽忠,替人民谋求福利。

如此,就能有好的名声,可以使父母感到荣耀,光耀祖先,还可以造福后代子孙。

人遗子,金满籯。我教子,惟一经。勤有功,戏无益。戒之哉,宜勉力。

【注释】

[1]遗:留。 [2]籯:竹箱子。 [3]一经:一部经书。 [4]功:成果。 [5]戒:警惕。

【解读】

有些人为子孙留下了大笔钱财,我只教导子孙研读经书,明白事理。

讲了这么多道理,只是要让大家知道,凡是勤劳的人,都会有好的收获,要时时勉励自己勤学用功才是。

知识锦囊

韦贤教子

韦贤,字长孺,汉朝时鲁国邹人。他生性淳朴,淡泊名利,专注于读书,因此学识渊博,兼通《礼记》《尚书》等,并以教授《诗经》著名。当时的人都称之为"邹鲁大儒"。

韦贤声誉卓著,远近知名,朝廷认为他是个难得的人才,就征召他为博士。汉昭帝拜他为师,请他教授《诗经》。不久,他升迁为光禄大夫、詹事、大鸿胪。昭帝崩逝,没有子嗣,大将军霍光和公卿们共同商议,尊立宣帝。宣帝刚即位时,韦贤因为参与谋议安宗庙,赐爵关内侯,享有食邑。这时候,他改任长信宫少府,因为他是昭帝的老师,很受尊重。

宣帝本始三年(前71),韦贤已经七十多岁。丞相蔡义去职,宣帝命他继任,并封他为扶阳侯,食邑七百户。韦贤担任了五年的丞相后,在宣帝地节三年(前67年)以老病为由,上书请求退休。宣帝觉得他年事已高,不可以太劳累,就准他辞职,赏给他一百斤黄金。几年后,韦贤去世,宣帝还下诏颁赐"节侯"的谥号,由此可见他是多么受皇帝的器重。

韦贤有四个儿子,长子方山早逝,曾任职高寝令;次子弘,官至东海太守;三子舜留在家乡看守家园;最小的儿子玄成和他一样,勤奋读书,也以"明经"官至丞相。因为韦贤教子有方,儿子都有成就,所以当时邹鲁一带有俗谚说:"遗子黄金满籯(竹制容器,可装三四斗)不如一经。"意思是说:遗留给后代子孙满箱的金子,不如教导他们研读经书。因为如果能好好教养子孙,让他们懂事明理,学得一技之长,便有自立的能力。要不然,子孙不读书、不知长进,即使有再多的黄金,也会有用完的一天。

综合实践

一、活动主题

走进经典——《三字经》学习、诵读活动。

二、指导思想

文化经典是维系我们民族的精神纽带。正是通过文化经典,民族精神才得以传播和不断发展,因此,开展经典诵读活动意义深远。《三字经》是我国民族文化和教育精神的载体,学习、诵读《三字经》,了解中华优秀传统文化和民族精神,可以达到文化熏陶与人格培养的目的,让中华优秀传统文化和民族精神在学生的心灵中不断地产生潜移默化的作用,陶冶其性情。

三、活动目标

1. 弘扬中华优秀传统文化,了解、热爱中华优秀传统文化,提升人文素养。

2. 诵读经典、理解经典,陶冶高雅情操,开阔胸襟,养成良好的学习、行为习惯,培养开朗豁达的性情、自信自强的人格、和善诚信的品质。

3. 培养读书兴趣,掌握诵读技巧,培养阅读习惯和能力,增强语感,提升语文素养。

4. 营造浓厚的校园阅读氛围,营造和谐的、人文的、丰富的校园文化。

四、活动安排

1. 精心组织,注重活动实际效果

与春节、清明节、端午节、中秋节等传统节日和其他节庆的重大演出相结合,挖掘与诠释传统节日的文化内涵,弘扬健康向上的节庆文化,彰显我国的语言与文化魅力,同时重视和加强诵读知识和技巧的培训。

2. 创新形式,力求活动丰富多彩

以班级为点,以专业为线,以学校为面;以个人为根,以集体学习为干,以校园活动为叶;以开创风气为主,以文化熏陶为本,以文化教育为重。

各班级要在活动中注重艺术创新,用普通话和现代舞台艺术手段表现《三字经》内容,通过诵读活动学习知识,陶冶情操,感悟人生,展现时代精神。

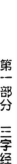

第二部分

百家姓

作品简介

　　《百家姓》既是一本启蒙教材,也是一本记录中国姓氏的书籍。其内容来源于姓氏的发展历程。在《百家姓》之前,有关姓氏的文字记载可以上溯至商代。战国时有史官编著的《世本》,记载黄帝至春秋时期诸侯大夫的姓氏、世系、居邑等,可惜到宋朝已经失传。

　　姓的由来与祖先的图腾崇拜有关系。中华民族的姓起源于原始社会母系氏族公社初期,时人以为每个氏族都与某种动物、植物或无生物有血缘关系,往往以之作为本氏族的名称,这就是图腾。各部落、氏族都有各自的图腾崇拜物,这种图腾崇拜物成了本部落的标志,后来便成了这个部落全体成员的代号,即"姓"。古代氏族部落的数量毕竟是有限的,所以纯正的远古时代留下来的姓氏很少。

李　姓	王　姓	张　姓	刘　姓
陈　姓	杨　姓	赵　姓	黄　姓
周　姓	吴　姓	徐　姓	孙　姓
胡　姓	朱　姓	高　姓	林　姓
何　姓	郭　姓	马　姓	罗　姓

"姓"的造字属于会意,古形体由"人"和"生"组成。用"女"与"生"组合成"姓"字,最早见于秦国《诅楚文》,意思是人生而有姓。

据历史文献的记载,中国最早出现的姓氏都含有"女"字,如姬、姚等。当时的姓是作为区分氏族的特定标志的符号,如部落的名称或部落首领的名字。传说黄帝住在姬水之滨,以姬为姓;炎帝居姜水之旁,以姜为姓;皇天以大禹治水有功,赐姓为姒。此外,部落首领之子亦可得姓。黄帝有二十五子,得姓者十四人,为姬、酉、祁、己、滕、任、荀、葴、僖、姞、儇、依十二姓,其中有四人分属二姓。祝融之后为己、董、彭、秃、妘、曹、斟、芊八姓,史称"祝融八姓"。

随着社会生产力的发展,氏族制度逐渐被阶级社会制度所替代,赐土以命氏的治理国家的方法、手段便产生了。氏的出现是人类历史的脚步迈进阶级社会的体现。姓和氏是人类进步的两个体现,是文明的产物。夏、商时期,贵族皆有姓氏。姓的分支为氏,相当于家或族。夏王室为姒姓,另有霸主昆吾为己姓,己姓中有苏、顾、温、董、豢龙等氏。商王室为殷姓,另有霸主大彭、豕韦为彭姓。商代还有条、徐、萧等十三个姓。周代是中国姓氏大发展的一个重要时期,姓氏制度见于记载较多。

这些姓氏的发展是《百家姓》得以成文的历史背景。《百家姓》中虽然有这么多姓,但某些姓实际上是由同一个姓衍生出来的。如因舜帝居姚地,有子孙以"姚"为姓,称为姚氏。舜曾在妫河边居住,他的子孙有留在妫河边居住的,即以"妫"为姓。舜帝登帝位后,仁德荣耀,有子孙以"舜"为姓。禹封舜长子商均于虞,至始祖四十三世孙妫满封于陈,谥胡公,其子孙或以国号"陈"为姓,或以谥号"胡"为姓,或以尊讳"满"为姓。《通志·氏族略》言:"虞有二姓,曰姚曰妫。因姚墟之生而姓姚,因妫水之居而姓妫。"因而史称妫、陈、田、姚、胡为"妫汭五姓"。演变至汉朝,姚姓衍生出妫、舜、虞、陈、胡、田、袁、王、孙、陆、车等六十种,繁姓同根,异氏同源。

北宋初年,一个书生编撰蒙学读物,将常见的姓氏编成四字一句的韵文,很像一首四言诗,虽然它的内容没有文理,但读来顺口,易学好记。

❀ 原典作者 ❀

宋人王明清《玉照新志》说《百家姓》为"两浙钱氏有国时小民所著",换句话说,作者是吴越的"小民",即没有什么名气、地位的读书人。王明清的理由是,首句是"赵钱孙李",钱是作者的本姓,赵乃本朝国姓,所以钱排在后面。据史书记载,吴越由钱镠创立,是五代十国时期相对稳定的一个割据政权。钱镠一再告诫子孙,如遇王者,不要兴兵,应纳土归顺。后来的吴越王钱俶曾为赵宋平定江南效力,宋太宗时更献国归宋,受封王爵。江浙的民众因此躲过战乱,所以一直感念吴越钱王。孙则是钱俶正室王妃之姓。可见,作者是吴越国民的可能性确实比较大。李则是与吴越毗邻的南唐皇室之姓,吟出"问君能有几多愁,恰似一江春水向东流"的李煜就是南唐后主。

作品影响

《百家姓》是一部记录姓氏的文集，通篇采用四言体例，句句押韵，虽然它的内容没有文理，但读来顺口，易学好记，与《三字经》《千字文》相配合，成为中国古代蒙学中的固定教材。关于《百家姓》与《三字经》《千字文》的区别，明代吕坤曾说过："初入社学，八岁以下者，先读《三字经》以习见闻，读《百家姓》以便日用，读《千字文》以明义理。"

在姓氏文化中，《百家姓》是一种特殊的历史文献，记载了中国姓氏的发展，是中国珍贵文化遗产的一部分。《百家姓》的出现是中国特有的文化现象，其流传至今，影响极深，它所辑录的姓氏还体现了中国人对宗脉的强烈认同感。《百家姓》在历史的衍化中，为人们寻找宗脉源流、建立宗脉意义上的归属感、认识传统的血亲情结提供了重要的文本依据。它是中国人认识自我与家族的来龙去脉不可缺少的文化文献。2009 年，《百家姓》被中国世界纪录协会收录为中国最早的姓氏书。

赵钱孙李，周吴郑王，冯陈褚卫、蒋沈韩杨……"这读来朗朗上口的《百家姓》，是传统的启蒙读物，也是中华姓氏的经典之作，可谓家喻户晓、妇孺皆知。

人们常说的"百家姓"，实际上是对中华姓氏的泛指和总称。冠以"百家"之名，表示数量众多、涵盖广博。中国幅员辽阔，民族众多，姓氏究竟有多少，很难有准确的统计。

中华姓氏源于上古，延续至当代。在历史发展的长河中，中华姓氏发展演变、延续传承、升华凝练，形成了一种内涵丰富、体例完备、超越历史时空、跨越地域界限的文化体系，并以其人人皆知的普及性、世代传承的持续性、兼容并包的统一性、博大精深的系统性，纵贯了中华文明的进程，影响着中国社会的各个层面。从某种意义上讲，五千多年的华夏文明，就是不同血缘、姓氏的宗族在各个历史时期繁衍生息、播迁交融、兴衰更替的历史的总汇。以血缘姓氏为脉络的姓氏谱系正是具体而微地载录各姓氏宗族的渊源世系、兴衰荣辱、历史功业和文化特色的重要文献，是中华文明进化的轨迹、社会历史发展的缩影。中华姓氏因而成为传承文明、解读历史、透视社会的独特视角和微观窗口。

中华民族历来以炎黄子孙自居，把炎黄二帝作为共同的人文初祖和精神偶像，处处都流传着炎黄二帝的传说，人人都以身为炎黄子孙为荣。这种以血缘、姓氏为传承纽带的对共同祖先形象的塑造、对民族渊源的追溯，构成了中华文化多元一体化和连续传承性的基石，它是增强中华民族凝聚力、向心力的桥梁、纽带，也是当今海内外炎黄子孙寻根问祖的重要依据。

时至今日，中华姓氏已经历了几千年的风雨沧桑，但其世代相承的延续性、与时俱进的生命力仍永葆青春，仍然是现实生活中人人必备、无时不用的重要标记和社交工具。举凡订立合同、签署书证、信函往来、交流沟通，无一不以姓氏作为重要凭信。"按姓氏排列"

"按姓氏为序"，已成为重要的社交场合、学术活动中的惯例。而"贵姓"一词，更是日常社交必备的用语。

凡此种种都足以说明，姓氏不仅是社会历史发展的产物、人类文明的积淀，是我们认知历史、传承文明的文化瑰宝，而且是我们现实生活中无处不在、事事皆用的重要工具。因而，普及姓氏知识、拓展姓氏研究领域，就成为我们认知历史、传承文明、建设和谐社会的重要内容。

◆ 原文赏析 ◆

赵钱孙李，周吴郑王。冯陈褚卫，蒋沈韩杨。朱秦尤许，何吕施张。
孔曹严华，金魏陶姜。戚谢邹喻，柏水窦章。云苏潘葛，奚范彭郎。
鲁韦昌马，苗凤花方。俞任袁柳，酆鲍史唐。费廉岑薛，雷贺倪汤。
滕殷罗毕，郝邬安常。乐于时傅，皮卞齐康。伍余元卜，顾孟平黄。
和穆萧尹，姚邵湛汪。祁毛禹狄，米贝明臧。计伏成戴，谈宋茅庞。
熊纪舒屈，项祝董梁。杜阮蓝闵，席季麻强。贾路娄危，江童颜郭。
梅盛林刁，钟徐邱骆。高夏蔡田，樊胡凌霍。虞万支柯，昝管卢莫。
经房裘缪，干解应宗。丁宣贲邓，郁单杭洪。包诸左石，崔吉钮龚。
程嵇邢滑，裴陆荣翁。荀羊於惠，甄曲家封。芮羿储靳，汲邴糜松。
井段富巫，乌焦巴弓。牧隗山谷，车侯宓蓬。全郗班仰，秋仲伊宫。
宁仇栾暴，甘钭厉戎。祖武符刘，景詹束龙。叶幸司韶，郜黎蓟薄。
印宿白怀，蒲邰从鄂。索咸籍赖，卓蔺屠蒙。池乔阴郁，胥能苍双。
闻莘党翟，谭贡劳逄。姬申扶堵，冉宰郦雍。郤璩桑桂，濮牛寿通。
边扈燕冀，郏浦尚农。温别庄晏，柴瞿阎充。慕连茹习，宦艾鱼容。
向古易慎，戈廖庾终。暨居衡步，都耿满弘。匡国文寇，广禄阙东。
欧殳沃利，蔚越夔隆。师巩厍聂，晁勾敖融。冷訾辛阚，那简饶空。
曾毋沙乜，养鞠须丰。巢关蒯相，查后荆红。游竺权逯，盖益桓公。
万俟司马，上官欧阳。夏侯诸葛，闻人东方。赫连皇甫，尉迟公羊。
澹台公冶，宗政濮阳。淳于单于，太叔申屠。公孙仲孙，轩辕令狐。
钟离宇文，长孙慕容。鲜于闾丘，司徒司空。亓官司寇，仉督子车。
颛孙端木，巫马公西。漆雕乐正，壤驷公良。拓跋夹谷，宰父谷梁。
晋楚闫法，汝鄢涂钦。段干百里，东郭南门。呼延归海，羊舌微生。
岳帅缑亢，况郈有琴。梁丘左丘，东门西门。商牟佘佴，伯赏南宫。
墨哈谯笪，年爱阳佟。第五言福，百家姓终。

全文注解

赵钱孙李,周吴郑王。冯陈褚卫,蒋沈韩杨。

【解读】

[1]赵(Zhào):造父为周穆王驾车,穆王把赵城赐了给他,其后代以地名为姓。　[2]钱(Qián):彭祖的孙子彭孚在西周朝廷中任钱府上士,其后人以其官名为姓。　[3]孙(Sūn):周文王的一后代叫惠孙,他的后代以他的名字"孙"作为姓。　[4]李(Lǐ):皋陶的后人理征因得罪纣王被处死,其妻儿在一棵李子树下摘果充饥,得以活命,其后人为纪念李子的救命之恩,改为李姓。　[5]周(Zhōu):相传黄帝时有一位叫周昌的大将,商代又有一名叫周任的太史,这两个人的后代都以"周"为姓,周文王和周公的部分后人也以"周"为姓。唐朝时,为避唐玄宗名讳,姬姓也改为周姓。　[6]吴(Wú):周太王公亶父之子太伯、仲雍建立吴国,其子孙称为吴氏。　[7]郑(Zhèng):郑桓公遗族以国名为姓。　[8]王(Wáng):出自姬姓,为周文王第十五子毕公高的后代。　[9]冯(Féng):毕公高的后人以封地名为姓。　[10]陈(Chén):最早出自妫姓,胡公满的子孙们以国名为姓。　[11]褚(Chǔ):恭段受封于褚邑,子孙就都以"褚"为姓。　[12]卫(Wèi):周文王的第九个儿子叫康叔,建立了卫国,他的后代以国名为姓。　[13]蒋(Jiǎng):周武王的兄弟伯龄被封于蒋,公族子孙以国名为姓。　[14]沈(Shěn):周文王的第十个儿子叫季载,建立了沈国,其后代都以"沈"为姓。　[15]韩(Hán):周时贵族武子受封于韩原,子孙以地名为姓。　[16]杨(Yáng):周宣王的儿子尚父被封到杨邑,称作杨侯,建杨国,子孙用杨姓。

名人集锦

赵云:字子龙,常山真定人,汉末三国时期蜀汉名将,与关羽、张飞并称"燕南三士"。赵云智勇双全,一生功绩显著,情义可贯金石。姜维称许他"劳绩既著,经营天下,遵奉法度,功效可书。当阳之役,义贯金石"。蜀汉景耀四年(261),因"柔贤慈惠曰顺,执事有班曰平,克定祸乱曰平",赵云被谥为"顺平侯"。

赵匡胤:宋朝开国皇帝,后周护圣都指挥使赵弘殷(宋宣祖)次子。赵匡胤在后汉时致身行伍,战功卓著。后周世宗柴荣病重时,赵匡胤升为殿前都点检,成为禁军最高统帅。显德七年(960),他受命抵御北汉及契丹联军,旋即在"陈桥兵变"中被拥立为帝,改元建隆,国号"宋"。赵匡胤在位期间,完成了全国大部的统一,罢去禁军将领及地方藩镇的兵权,加强中央集权,解决了自唐朝中叶以来地方节度使拥兵自擅的局面。

钱学森:我国现代著名科学家,"两弹"(原子弹、氢弹)之父。钱学森在20世纪40年代即成为航空航天领域内最为杰出的代表人物之一,也是为新中国的成长做出无可估量的贡献的科学家团体之中的杰出代表人物,是新中国成立后爱国留学归国人员中最具代表性的国家建设者之一。

卫青：字仲卿，西汉时将领，汉武帝皇后卫子夫之弟，霍去病之舅。卫青于元光六年（前129）升任车骑将军，在抵抗匈奴入侵的四路汉军中三路均失利的情况下，于龙城之战大胜而归，得封关内侯；元朔二年（前127）收复河套地区；元朔五年（前124）进拜大将军；元狩四年（前119）北伐力战破敌，令匈奴远遁。其一生战功彪炳，谥号为"烈"，取"以武立功，秉德尊业"之意。

知识锦囊

上书直谏的韩愈

韩愈是"唐宋八大家"之一，苏东坡说他"匹夫而为百世师，一言而为天下法"，还说他"文起八代之衰，道济天下之溺；忠犯人主之怒，而勇夺三军之帅"。其他暂且不表，单说这"忠犯人主之怒"，于韩愈确实不为过。

韩愈曾与柳宗元、刘禹锡同被任命为监察御史。贞元十九年（803），关中地区大旱。韩愈查访发现，灾民流离失所，四处乞讨，关中饿殍遍地。正如他在诗中所写："前年关中旱，闾井多死饥。去岁东郡水，生民为流尸。"目睹严重的灾情，韩愈痛心不已。当时负责京城行政的京兆尹李实却封锁消息，上报朝廷说，关中粮食丰收，百姓安居乐业。这激起了韩愈的一腔怒火。他奋笔疾书，向皇上递交了《御史台上论天旱人饥状》，反映真实情况，并请求减免这个地区的租税。韩愈的这篇文章没有引起唐德宗的重视，他反而在小人的谗言之下被贬为连州阳山令。

元和十四年（819），早已被调回长安的韩愈又以一篇《论佛骨表》上疏直谏，对兴师动众、耗费巨资，掀起迎拜佛骨狂潮的宪宗加以劝诫。他在文章中恳请，将佛骨"投诸水火，永绝根本，断天下之疑，绝后代之惑"，"凡有灾咎，宜加臣身，上天鉴临，臣不怨悔"。字字情真意切，流露出身为臣子的拳拳之心。可唐宪宗读后大为震惊，要对韩愈处以极刑。多亏一众官员为韩愈求情，他才幸免一死，被贬为潮州刺史。被贬后，韩愈写下"一封朝奏九重天，夕贬潮阳路八千。欲为圣明除弊事，肯将衰朽惜残年"的诗句，表达了他忠心进谏、一心为国为民的情怀。

韩愈的乌纱得来不易。他考进士三次落第，考官时又三次碰壁，按理说应该惜官如命。但他屡次犯上，被贬之后也不吸取教训，一如既往。他傻吗？

当然不是。在提笔给两位圣上写奏状时，特别是在向唐宪宗反映迎佛骨的危害时，他早已充分考虑到可能的后果。可他为什么还是冒着丢官甚至丧命的风险直言相谏？

"文死谏，武死战"，这是中国古代为官者的最高境界。韩愈曾在《龊龊》一诗中写道："愿辱太守荐，得充谏诤官。"可见，他的理想就是做好一名谏官。要做好谏官，就不能怕得罪人，哪怕是皇帝。"有见辄言"，即使获罪也在所不辞。"我欲进短策，无由至彤墀。剖肝以为纸,沥血以书辞。"这是韩愈用热血写就的文字。虽然他最终并没能做成谏官,但他以自己的实际行动践行了这个信条。

朱秦尤许,何吕施张。孔曹严华,金魏陶姜。

【解读】

[1] 朱(Zhū):西周时,周武王封曹侠到邾,后代以地名为姓,写作"朱"。　　[2] 秦(Qín):上古的非子善于驯养马匹,被周孝王封为秦地的首领,建立了秦国。其后人以国名为姓。　　[3] 尤(Yóu):由沈姓而来。　　[4] 许(Xǔ):炎帝的后代文叔建立了许国,后代就以"许"为姓。　　[5] 何(Hé):春秋战国时,韩国的公族中有一支迁移至江淮,以国名为姓。

[6] 吕(Lǚ):炎帝的后代伯夷被封为吕侯,他的后代就用"吕"作为姓。　　[7] 施(Shī):夏朝时,有诸侯国称施国,其后代姓施。　　[8] 张(Zhāng):春秋时有晋国贵族叫解张,他的后代用他的名作为姓。　　[9] 孔(Kǒng):商朝君主成汤的后人将他名字中的"乙"字和"子"字合并,形成"孔"字,定为姓。　　[10] 曹(Cáo):远古时有一贵族帮助大禹治水,被恩赐给曹姓。　　[11] 严(Yán):是由庄姓变来的。　　[12] 华(Huà):西周时,宋国公子受封于华,他的子孙后来就以地名为姓。　　[13] 金(Jīn):黄帝之子少昊的后代以"金"为姓。

[14] 魏(Wèi):毕万的后代毕斯建立魏国,称魏文侯,其后人以国名为姓。　　[15] 陶(Táo):尧的子孙中,有人以制陶为荣耀,就姓陶,世代延续。　　[16] 姜(Jiāng):以地名为姓,源于炎帝出生地姜水。

名人集锦

朱熹:字元晦,又字仲晦,号晦庵,晚称晦翁,祖籍徽州府婺源县,生于南剑州尤溪。朱熹是南宋时期著名的思想家、哲学家、教育家、诗人。朱熹是理学的集大成者、闽学的代表人物,被后世尊称为"朱子"。他的理学思想影响很大,成为元、明、清三朝的官方哲学。

朱德:字玉阶,原名朱代珍,曾用名朱建德,无产阶级革命家、政治家、军事家,中国人民解放军的主要缔造者之一,中华人民共和国的开国元勋,是以毛泽东同志为核心的党的第一代中央领导集体的重要成员。

朱自清:原名自华,号实秋,后改名自清,字佩弦,现代散文家、诗人、学者、民主战士。其所作《背影》《荷塘月色》等篇为中国现代散文早期代表作。

曹雪芹:名霑,字梦阮,号雪芹,古典名著《红楼梦》的作者。他以坚韧不拔的毅力,历经多年艰辛,终于创作出极具思想性、艺术性的伟大作品《红楼梦》。小说以贾、史、王、薛四大家族的兴衰为背景,描绘了一批举止见识出于须眉之上的闺阁佳人的人生百态,是一部包含中国古代社会世态百相的史诗性著作。

知识锦囊

望梅止渴

东汉末年,曹操带兵去攻打张绣,一路行军,走得十分辛苦。时值盛夏,太阳火辣辣地挂在空中,大地都快被烤焦了。曹操的军队已经走了很多天了,十分疲乏。这一路上又都是荒山秃岭，没有人烟，方圆数十里都没有水源。将士们想尽了办法，始终都弄不到一滴水喝。头顶烈日，战士们一个个被晒得头昏眼花，大汗淋漓，但是又找不到水喝，大家都口干舌燥，感觉喉咙里好像着了火，许多人的嘴唇都干裂了，鲜血直淌。每走几里路，就有人倒下死去，就是身体强壮的士兵，也渐渐地快支持不住了。

像祖太姚

曹操目睹这样的情景，心里十分焦急。他策马奔上旁边一个山岗，在山岗上极目远眺，想找个有水的地方。但是他失望地发现，龟裂的土地一望无际，干旱的地区大得很，再回头看看士兵，一个个东倒西歪，早就渴得受不了，看上去怕是无法再走多远了。

曹操是个聪明的人，他在心里盘算道：这一下可糟糕了，找不到水，这么耗下去，不但会贻误战机，还会有不少的人马损失在这里，想个什么办法来鼓舞士气，激励大家走出干旱地带呢？曹操想了又想，突然灵机一动，脑子里蹦出个好点子。他就在山岗上，抽出令旗指向前方，大声喊道："前面不远的地方有一大片梅林，结满了又大又酸又甜的梅子，大家再坚持一下，走到那里，吃到梅子就能解渴了！"

战士们听了曹操的话，想起梅子的酸味，就好像真的吃到了梅子一样，口里顿时生出了不少口水，精神也振作起来，鼓足力气加紧向前赶去。就这样，曹操最后率领军队走到了有水的地方。

曹操利用人们对梅子酸味的条件反射，使军队成功地克服了干渴的困难。可见，在遇到困难时，不应一味畏惧不前，应时时用对成功的渴望来激励自己，这样就会有足够的勇气去战胜困难，到达成功的彼岸。

戚谢邹喻，柏水窦章。云苏潘葛，奚范彭郎。

【解读】

[1] 戚（Qī）：以戚邑的地名为姓。　　[2] 谢（Xiè）：周朝时申伯受封于谢，其后人以之为姓。　　[3] 邹（Zōu）：最早出自姚姓，以国名为姓。《姓觿》云："邹国，舜后，姚姓。"舜帝后裔姚姓族人创建了邹国，后人遂以其为姓。　　[4] 喻（Yù）：远古黄帝时有个医官叫俞跗，为喻姓祖先。　　[5] 柏（Bǎi）：帝喾之师柏招的后人以其名为姓。　　[6] 水（Shuǐ）：水姓是大禹的后代的姓氏，大禹治水，他的族人都当水工，后来就以"水"为姓。　　[7] 窦（Dòu）：大禹的玄孙少康为纪念其母逃难于窦，使其子以之为姓。　　[8] 章（Zhāng）：出自任姓，是黄帝赐封的姓氏之一。　　[9] 云（Yún）：祝融有后人号妘子，后演化为云姓。[10] 苏（Sū）：远古贵族昆吾因为受封在苏城，就以地名为姓。　　[11] 潘（Pān）：季孙的后代以"潘"为姓。　　[12] 葛（Gě）：最早的葛姓源于葛天氏。　　[13] 奚（Xī）：黄帝的子孙的姓氏。　　[14] 范（Fàn）：贵族士会被晋国国君封为范邑的首领，他的子孙就以地名为姓。[15] 彭（Péng）：大彭国的创建者是篯铿，就是彭祖，其后人以国名为姓。　　[16] 郎

(Láng)：鲁国上大夫费伯的后人以其食邑郎城的地名为姓。

谢安：字安石，东晋时期政治家、军事家。在淝水之战中，谢安作为东晋一方的总指挥，以八万兵力打败了号称百万的前秦军队，使晋室得以存续。

谢婉莹：即冰心，现代诗人、作家、翻译家。其作品大多不用浓墨重彩，也较少精雕细刻，只用素描的笔法；较少鸿篇巨著，多是清新隽永的珍品；读来音韵自然，让读者在吟味中感受到韵律美。

苏秦：字季子，战国时期纵横家、外交家和谋略家。他早年投入鬼谷子门下，学习纵横之术，学成后游历多年，潦倒而归。随后，他刻苦攻读《阴符》，游说列国，得到燕文公赏识，出使赵国，提出合纵六国以抗秦的战略思想，并最终组建合纵联盟，兼佩六国相印，使秦国十五年不敢出兵函谷关。

苏轼：字子瞻，一字和仲，号铁冠道人、东坡居士，北宋文学家、书法家、画家，"唐宋八大家"之一。苏轼是北宋中期文坛领袖，在诗、词、散文、书、画等方面均取得很大成就。其文纵横恣肆，诗清新豪健，词开豪放一派，散文著述宏富，且善书法和文人画，尤擅画墨竹、怪石、枯木等。

知识锦囊

道化童蒙

苏轼、苏辙兄弟少年时在家乡的天庆观读书，他们的启蒙老师是道士张易简。当时张易简收的学生有几百人，苏轼是备受张道长青睐的学生之一，另一个是后来载入《历世真仙体道通鉴》的知名道士陈太初。

由于苏轼自小受道教的启蒙教育，他的一生对道教情有独钟，常穿道袍，游访道士。如其《放鹤亭记》对道人张天骥大加赞赏，而《后赤壁赋》又以道人入梦结尾。在他被贬时，仍给许多道观、道堂撰文，于是有了《众妙堂记》《观妙堂记》《庄子祠堂记》等美文。在《众妙堂记》中，他讲述了梦中见到自己的小学老师张易简道长并深受教诲之事，可见道教对其影响之深。

知识锦囊

苏轼应考趣闻

宋仁宗嘉祐二年(1057)，苏轼以一篇《刑赏忠厚之至论》的论文得到考官梅尧臣的青睐，并被推荐给主试官欧阳修。欧阳修亦十分赞赏，欲拔擢其为第一，但又怕该文为自己的门生曾巩所作，为了避嫌，将其列为第二，结果试卷拆封后才发现该文为苏轼所作。到了礼部复试时，苏轼再以《春秋》对义被取为第一。

关于《刑赏忠厚之至论》中的内容"皋陶曰杀之三，尧曰宥之三"，当时考官皆不知其典故，欧阳修问苏轼出于何典。苏轼回答在《三国志·孔融传》中。欧阳修翻查后仍找不到，苏轼答："曹操灭袁绍，以绍子袁熙妻甄宓赐子曹丕。孔融云：'即周武王伐纣以妲己赐周公。'操惊，问出于何典，融答：'以今度之，想当然耳。'"欧阳修听毕恍然大悟。

鲁韦昌马，苗凤花方。俞任袁柳，酆鲍史唐。

【解读】

[1]鲁(Lǔ)：周公旦的儿子伯禽受封于鲁地，后来鲁国的王公贵族都以"鲁"为姓。
[2]韦(Wéi)：韦姓是韩信的后代的姓氏。　　[3]昌(Chāng)：其始祖昌意是黄帝的儿子。
　[4]马(Mǎ)：赵奢受封马服君，他的子孙姓马。　　[5]苗(Miáo)：春秋时期的贲皇享用苗邑的物产，就以地名为姓。　　[6]凤(Fèng)：黄帝的后代帝喾有个大臣为凤鸟氏，主管历法天文，其后代以"凤"为姓。　　[7]花(Huā)：正史中记载最早的花姓名人为唐代有仓部员外郎花季睦。　　[8]方(Fāng)：神农氏的后代中有一位叫榆罔，其子受封方山后被称为方雷，方雷的子孙就以地名为姓。　　[9]俞(Yú)：黄帝时有个名医叫俞跗，是俞姓的始祖。　　[10]任(Rén)：黄帝之子禹阳受封于任邑。其子孙以"任"为姓。　　[11]袁(Yuán)：周朝伯辕的后代将"辕"省去左半边作为姓。　　[12]柳(Liǔ)：春秋时期的展禽改姓柳下，史书上称他为柳下季，柳姓由此形成。　　[13]酆(Fēng)：周武王将弟弟姬子于封于酆邑，他的后代以地名为姓。　　[14]鲍(Bào)：春秋时期的敬叔在齐国做官，受封于鲍邑，后代就以"鲍"为姓。　　[15]史(Shǐ)：黄帝时有一名史官叫仓颉，后代以其官职为姓，就形成了史姓。仓颉被中国人尊为造字的圣人。　　[16]唐(Táng)：远古时，尧曾经在唐地做首领。有些尧的族人就以地名为姓。

马良：字季常，三国时期蜀汉官员，马谡之兄。章武元年(221)，刘备称帝，建立蜀汉政权，任命马良为侍中。章武二年(222)，刘备东征东吴，派遣马良招纳安抚武陵一带的五溪蛮各部，各部首领们都接受蜀汉的印信、封号，相继响应。同年六月，刘备在夷陵之战中兵败，马良过世，刘备封马良之子马秉为骑都尉。

柳宗元：字子厚，世称"河东先生"，唐代文学家、哲学家、散文家和思想家，"唐宋八大家"之一。柳宗元一生留诗文作品达600余篇，其中骈文有近百篇。其散文论说性强，笔锋犀利，讽刺辛辣；游记写景状物，多有寄托。

唐寅：字伯虎，号六如居士，明朝书法家、画家、诗人。其山水画笔墨细秀，布局疏朗，风格秀逸清俊；人物画艳丽清雅，体态优美；花鸟画长于水墨写意，洒脱秀逸；书法奇峭俊秀。绘画上，与沈周、文徵明、仇英并称"吴门四家"；诗文上，与祝允明、文徵明、徐祯卿并称"吴中四才子"。

知识锦囊

唐寅学画

唐寅是明朝著名的画家和文学家，小的时候就在画画方面显示了超人的才华。唐寅拜在大画家沈周门下，学习自然更加刻苦勤奋，掌握绘画技艺很快，受到沈周的称赞。不料，由于沈周的称赞，一向谦虚的唐寅也渐渐地产生了自满的情绪，沈周看在眼中，记在心里，一次吃饭，沈周让唐寅去开窗户，唐寅发现自己手下的窗户竟是老师沈周的一幅画，非常惭愧，从此潜心学画。

费廉岑薛,雷贺倪汤。滕殷罗毕,郝邬安常。

【解读】

[1] 费(Fèi):颛顼裔孙伯益因有功劳受封于费,他的次子若木的子孙就以地名为姓。

[2] 廉(Lián):远古黄帝的玄孙叫大廉,大廉的后代形成了廉姓。 [3] 岑(Cén):周朝岑子建岑国,岑国的公族子孙以国名为姓。 [4] 薛(Xuē):薛登的后代以"薛"为姓。

[5] 雷(Léi):黄帝的一个妻子姓方雷,雷姓由此而来。 [6] 贺(Hè):由庆姓转变而来。

[7] 倪(Ní):倪氏本为郳氏,因避仇改为"倪"。 [8] 汤(Tāng):汤王的后代中有人以祖先的名为姓。 [9] 滕(Téng):周武王封弟弟错叔绣于滕国,后代子孙以国名为姓。

[10] 殷(Yīn):帝喾之子殷契的后人以此为姓。 [11] 罗(Luó):源于熊姓,是以国为名的姓。 [12] 毕(Bì):毕公高的后代以国名为姓,称为毕氏。 [13] 郝(Hǎo):源于子姓,是伏羲氏的后裔的姓氏。 [14] 邬(Wū):古帝颛顼后裔陆终氏第四子求言被封于邬,后代子孙以"邬"为姓。 [15] 安(Ān):安息国太子安清的后裔以"安"为姓。 [16] 常(Cháng):卫康叔后人食采常邑,故以地名为姓。

名人集锦

薛礼:字仁贵,唐朝初年名将,北魏河东王薛安都六世孙。其于贞观末年投军,随征高丽,受唐太宗拔擢,自此征战数十年,曾大败九姓铁勒,降服高丽,击破突厥,功勋卓著,留下了"良策息干戈""三箭定天山""神勇收辽东""仁政高丽国""爱民象州城""脱帽退万敌"等事迹,唐高宗时受封平阳郡公。

薛稷:字嗣通,唐朝大臣、书画家。薛稷在武周时期举进士出身,转中书舍人,迁谏议大夫、昭文馆学士,景云元年(710)拜中书侍郎,与苏颋等同掌制诰,后受封晋国公,加太子少保,参决庶政,恩遇深重。

毕昇:北宋发明家,活字印刷术的发明者。毕昇初为杭州书肆刻工,专事手工印刷,在印刷实践中,毕昇认真总结了前人的经验,于北宋仁宗庆历年间发明了活字印刷术,其创造的胶泥活字、木活字排版是中国印刷术发展中的根本性改革,是劳动人民长期实践经验的科学总结。

乐于时傅,皮卞齐康。伍余元卜,顾孟平黄。

【解读】

[1] 乐(Yuè):乐姓源于子姓,西周末年的公子衎字乐父,他的孙子以祖父字中的"乐"为姓,称为乐氏。 [2] 于(Yú):源于姬姓。周武王的第三个儿子邘叔分封在邘国,后代以其为姓,称为于氏。 [3] 时(Shí):春秋时齐国贤士时子的后代以其名字中的"时"为姓。 [4] 傅(Fù):黄帝裔孙大由封于傅邑,其后代以地名为姓。 [5] 皮(Pí):樊仲皮的后人以他名字中的"皮"为姓。 [6] 卞(Biàn):西周时,曹叔振铎的子孙分封在卞,他的后代称为卞氏。 [7] 齐(Qí):齐康公的后人称为齐氏。 [8] 康(Kāng):源于周武王之弟康叔的谥号。 [9] 伍(Wǔ):春秋时,楚庄王有个宠臣名叫伍参,是楚公族的后人。庄王封伍参为大夫,其后人称为伍氏。 [10] 余(Yú):春秋时,晋人由余受秦穆公重用,他

为穆公出谋划策,攻灭西戎十二国,使秦国成为西方霸主。他的后世子孙以其名字中的"余"为姓,称为余氏。 [11]元(Yuán):春秋时,因卫国大夫元咺的封地在元,其后世子孙即以"元"为姓。 [12]卜(Bǔ):卜姓是古代从事占卜者的后代之姓。 [13]顾(Gù):夏朝的附庸国顾国为商汤所灭后,原王公族人以国名为姓。 [14]孟(Mèng):春秋时,卫襄公的儿子叫公孟。公孟的子孙有的姓公孟,有的省去"公"字而姓孟。 [15]平(Píng):战国末期,韩哀侯之子婼封于平邑。秦灭韩后,婼率族人迁居于下邑,他的子孙以原封地名命姓。 [16]黄(Huáng):出自嬴姓,为陆终的后裔之姓。

名人集锦

傅玄:字休奕,魏晋时期名臣、文学家、思想家。傅玄的政治思想成就主要是提出了"民本"思想,认为"国以民为本",民安则国安,民危则国危。傅玄的文学著述颇丰,诗赋、散文、史传、政论无不擅长。傅玄文学的突出成就体现在诗歌方面,现存诗歌一百多首,绝大多数是乐府诗,独树一帜。

孟子:名轲,字子舆,战国时期思想家、政治家和教育家,有"亚圣"的称号。孟子宣扬"仁政",最早提出"民贵君轻"思想,被韩愈列为先秦儒家中继承孔子"道统"的人物。其最重要的思想是仁、义、善。孟子在人性方面,主张性善论;在社会政治方面,突出仁政、王道的作用;在价值观方面,强调舍生取义,以礼义约束自己的言行。

孟浩然:唐代山水田园派诗人。孟浩然生于盛唐,早年有志用世,在仕途困顿、痛苦失望后尚能自重,不媚俗世,以修道归隐终身。孟浩然的诗在艺术上有独特的造诣,与王维并称为"王孟"。

知识锦囊

五十步笑百步

战国时代,诸侯国都采取合纵连横之计,远交近攻。

战争连年不断,可苦了各国的老百姓。孟子看了,决定周游列国,去劝说那些好战的君主。孟子来到梁国,去见好战的梁惠王。梁惠王对孟子说:"我费心尽力治国,又爱护百姓,却不见百姓增多,这是什么原因呢?"

孟子回答说:"让我拿打仗做个比喻吧!双方军队在战场上相遇,免不了要进行一场厮杀。打败的一方免不了会丢盔弃甲,飞奔逃命。一个兵士跑得慢,只跑了五十步,却去嘲笑跑了一百步的兵士是贪生怕死。"

孟子讲完故事,问梁惠王:"这对不对?"梁惠王立即说:"当然不对!"孟子说:"您虽然爱百姓,可您喜欢打仗,百姓就要遭殃。这与五十步笑百步是同样的道理。"

后人以"五十步笑百步"比喻那些以小败嘲笑大败的人,又比喻程度不同,但本质相同的做法。

知识锦囊

一曝十寒

战国时代,百家争鸣,游说之风十分盛行。游说之士,不但有高深的学问、丰富的知识，而且擅长以深刻生动的比喻，来讽劝执政者。孟子也是当时的一个著名辩士，在《孟子·告子上》中有这样一段记载。

孟子对齐王的昏庸、做事没有恒心、轻信奸佞谗言很不满，便不客气地对他说："您也太不明智了，天下虽有生命力很强的生物，但若把它在阳光下晒一天，放在阴寒的地方冻十天，它哪里还活得成呢！我跟您在一起的时间是很短的，您即使有了一点从善的决心，可是我一离开您，那些奸臣又来哄骗您，您又听信他们的话，叫我怎么办呢？"接着，他便打了一个生动的比喻："下棋看起来是件小事，但假使不专心致志，也同样学不好、下不赢。弈秋是全国最善下棋的能手，他教了两个徒弟，其中一个专心致志，处处听弈秋的指导；另一个却总是心里想着会有大雁飞来，准备用箭射大雁。两个徒弟是一个师傅教的、一起学的，后者的成绩却差得很远。这并不是因为他们的智力有什么区别，而是专心的程度不一样啊！"

这是一个很有教学意义的故事，我们要学习一样东西、做好一件事情，是非专心致志、下苦功夫不可的。若是今天做一些，便把它丢下了，隔十天再去做，那么事情怎样做得好呢？求学、做事能否成功，能否做到专心致志也是决定因素之一，所以后来的人便将孟子所说的"一日暴之，十日寒之"精简成"一曝十寒"这个成语，用来比喻求学、做事没有恒心，作辍无常。例如一位同学，对于求学很是随便，懈怠的时候多，勤奋的时候少，我们便说：他这种一曝十寒的做法，哪里能学到什么东西呢？

和穆萧尹，姚邵湛汪。祁毛禹狄，米贝明臧。

【解读】

[1]和(Hé)：祝融氏重黎的后人羲和的后代以"和"为姓。 [2]穆(Mù)：意为贤良、和气，源出子姓。 [3]萧(Xiāo)：萧国后代子孙以国名为姓。 [4]尹(Yǐn)：上古少昊氏的后裔以"尹"为姓。 [5]姚(Yáo)：舜最初居于姚墟，他的后裔子孙即以地名为姓。 [6]邵(Shào)：周文王第五子召公奭(shì)食邑于召，子孙遂以"召"为氏，后演变为"邵"。 [7]湛(Zhàn)：夏代早期，斟灌氏国后人以国名为姓，演变为湛姓。 [8]汪(Wāng)：源自汪芒氏。 [9]祁(Qí)：源自晋献侯后人祁奚的封地名。 [10]毛(Máo)：以封邑名作为姓，源自姬姓。 [11]禹(Yǔ)：源自姒姓，出自夏代开国之君大禹之名。 [12]狄(Dí)：来自阏伯的母亲。 [13]米(Mǐ)：春秋时代，楚国的后代当中有人以"米"为姓。 [14]贝(Bèi)：周文王庶子姬奭的后代以国名为姓。 [15]明(Míng)：古代部落首领燧人氏有一个重臣叫明由，他的后世子孙以其名作为姓。 [16]臧(Zāng)：鲁孝公之子彄封地为臧邑，他的后代以封地名作为自己的姓。

计伏成戴，谈宋茅庞。熊纪舒屈，项祝董梁。

【解读】

[1]计(Jì)：禹后人的封地为计国，后人便以国名为姓。 [2]伏(Fú)：出自风姓。 [3]成(Chéng)：出自姬姓。郕叔武的后代以"成"为姓。 [4]戴(Dài)：宋戴公的后裔以他的谥号为姓。 [5]谈(Tán)：出自子姓，是殷商皇族的后裔之姓。 [6]宋(Sòng)：出

自子姓,起源于战国时期。 [7]茅(Máo):周公旦的第三子茅叔受封于茅邑,子孙以国名为姓。 [8]庞(Páng):出自高阳氏。颛顼生有八个儿子,其中有一个儿子名叫庞降,他的后人就以他的名作为姓。 [9]熊(Xióng):传说黄帝曾在有熊建都,所以黄帝的后代中有人以都城名为姓。 [10]纪(Jǐ):出自姜姓。西周时,炎帝裔孙被封于纪,建立纪国,因属侯爵,所以被称作纪侯。后纪国为齐国所灭,纪侯子孙便以国名为姓。 [11]舒(Shū):周天子封皋陶的后代于舒,建立舒国,其国君族人以"舒"为姓。 [12]屈(Qū):夏代屈鳌的后代之姓。 [13]项(Xiàng):春秋时期,楚国公子燕受封于项城,建立项国。后项国被齐国所灭,其子孙以国名为姓。 [14]祝(Zhù):周武王封黄帝的后裔于祝国,后代子孙以国名为姓。 [15]董(Dǒng):相传黄帝后裔董父被舜帝封于鬷川,并赐以董姓,其子孙沿袭为姓。 [16]梁(Liáng):西周时,周宣王封秦仲之子嬴康在夏阳梁山,为梁康伯。后梁国为秦国所灭,其后代便以"梁"为姓。

名 人 集 锦

宋慈:字惠父,南宋法医学家,曾任广东、湖南等地的提点刑狱官。他断案着重实地检验,被尊为法医学的鼻祖。他所编的《洗冤集录》是世界上最早的法医学专著,对法医学的发展做出了重大贡献。

宋应星:字长庚,明朝科学家。宋应星一生致力于对农业和手工业生产的科学考察和研究,收集了丰富的科学资料,其著作和研究领域涉及自然科学及人文科学的不同学科,所著《天工开物》被誉为"中国17世纪的工艺百科全书"。

纪昀:字晓岚,别字春帆,号石云,道号观弈道人、孤石老人,清代文学家、官员,官至礼部尚书、协办大学士、太子少保,曾任《四库全书》总纂官。他一生中领导和参与了多部重要典籍的编修。凡有编辑之役、修书之事,他必在其间,是中国文化史上有重大贡献的学者。

屈原:名平,字原,战国时期诗人、政治家。他博闻强识,志向远大,早年受楚怀王信任,任左徒、三闾大夫,兼管内政外交大事,提倡"美政",主张对内举贤任能、修明法度,对外力主联齐抗秦。因遭贵族排挤诽谤,屈原被先后流放至汉北和沅湘流域。楚国郢都被秦军攻破后,屈原自沉于汨罗江,以身殉楚国。

杜阮蓝闵,席季麻强。贾路娄危,江童颜郭。

【解读】

[1]杜(Dù):舜封尧之子丹朱于唐。周成王时,唐国因不服王命被灭,成王改封唐国后人于杜。周宣王执政后,杜国国君在朝任大夫,人称杜伯。杜伯因得罪了宣王的宠妃,被周宣王屈杀。杜伯的子孙大多逃往中原,留在杜城的一支以"杜"为姓。 [2]阮(Ruǎn):出自偃姓。皋陶的后人在商朝时被封在泾水与渭水之间的阮国,便以"阮"为姓。 [3]蓝(Lán):秦国公子向的封邑在蓝田,他的子孙以地名为姓。 [4]闵(Mǐn):鲁闵公后人以其谥号为姓。 [5]席(Xí):春秋时晋国大夫籍谈的后裔为避讳,改籍姓为席姓。 [6]季(Jì):春秋时吴国公族季札的后代以"季"这个排行为姓。 [7]麻(Má):春秋时期,熊婴做了齐国的大夫,他以祖先食邑之名为姓,改姓麻,史称麻婴。 [8]强(Qiáng):

出自姜姓,炎帝的后裔以之为姓。　　[9]贾(Jiǎ):周康王封唐叔虞的小儿子公明于贾,称贾伯,他的后代以"贾"为姓。　　[10]路(Lù):黄帝后裔玄元因有功被封为路中侯,他的好几代子孙都延承这个爵称,后来渐渐变成了这个氏族的姓。　　[11]娄(Lóu):源于姒姓,是大禹的后代之姓。周武王灭商后,把夏帝少康的后代东楼公封于杞国。至春秋时期,杞国在周围大国的威胁下被迫东迁,杞君有一支子孙被封在娄邑,后来以"娄"为姓。　　[12]危(Wēi):三苗族人居于三危山一带,三苗后裔便以"危"为姓。　　[13]江(Jiāng):出自嬴姓。颛顼裔孙伯益之后被封在江,国人便以"江"为姓。　　[14]童(Tóng):颛顼之子老童的后代以祖上之名为姓。　　[15]颜(Yán):颛顼玄孙陆终第五子名安,周武王封其后裔于邾。后有邾武公名夷父,字颜,他的后代以祖字为姓。　　[16]郭(Guō):周武王封其叔虢仲于西虢,因"虢"与"郭"同音,其后代便以"郭"为姓。

名人集锦

杜甫:字子美,自号少陵野老,唐代现实主义诗人。杜甫一生于官场不得志,目睹了唐朝上层社会的奢靡与社会危机,心系苍生,胸怀国事,曾有《登高》《春望》《北征》及"三吏""三别"等名作。杜甫对中国古典诗歌的影响非常深远,被后人称为"诗圣",他的诗被称为"诗史"。后世称其杜拾遗、杜工部。

杜牧:字牧之,号樊川居士,唐代诗人、散文家,与李商隐齐名,合称"小李杜"。其性刚直,不拘小节,不屑逢迎,自负有经略之才,诗、文均有盛名。文以《阿房宫赋》为最著,诗作明丽隽永,绝句诗尤受人称赞。

颜真卿:字清臣,唐朝书法家。颜真卿书法精妙,擅长行、楷。其正楷端庄雄伟,行书气势遒劲,创"颜体"楷书,对后世影响很大。他与赵孟頫、柳公权、欧阳询并称为"楷书四大家",又与柳公权并称"颜柳",号为"颜筋柳骨"。

知识锦囊

愤斥皇亲

唐玄宗当政时期的唐王朝奢靡浮华之风盛行,这表面上繁荣的王朝里,因诸多原因,业已滋生了大厦将倾的征兆。杜甫获悉这种情况后,觉得当权者不顾民生,只顾自己享乐的做法,定然会导致国家的败亡。于是他大为愤慨地挥笔写下题为"丽人行"的七言长篇古诗。该诗对杨氏家族炙手可热的奢侈生活进行了大胆讽刺和深刻揭露,从一个角度反映了安史之乱前夕的社会现实。人们还从中概括出一个成语"炙手可热",用来表明气焰很盛,权势很大。

梅盛林刁,钟徐邱骆。高夏蔡田,樊胡凌霍。

【解读】

[1] 梅(Méi)：梅姓出自子姓，是商汤的后裔之姓。　　[2] 盛(Shèng)：出自姬姓。周武王封其子郕叔武于郕国，其后人以国名为姓，并演变为盛姓。　　[3] 林(Lín)：出自子姓，是商汤的后代之姓。　　[4] 刁(Diāo)：出自姬姓。雕国后人以国名为姓，后演化为刁姓。　　[5] 钟(Zhōng)：伯益的后人的食邑在钟离，其后人以"钟离"作为姓，后简化为钟姓。[6] 徐(Xú)：出自嬴姓，伯益之子受封于徐国，后人以国名为姓。　　[7] 邱(Qiū)：出自姜姓，姜子牙后裔居于营丘者以之为姓。　　[8] 骆(Luò)：出自姜姓。姜子牙的后代公子骆的后世子孙以他的名作为姓。　　[9] 高(Gāo)：源于远古时代高台、宫殿的建筑者，其始祖是黄帝时的大臣高元。　　[10] 夏(Xià)：源于姒姓，是大禹的后裔之姓。　　[11] 蔡(Cài)：源自姬姓，蔡国人以国名为姓。　　[12] 田(Tián)：出自西周时的官职名"田仆"。　　[13] 樊(Fán)：尧帝时酋长樊仲文的后代以其名为姓。　　[14] 胡(Hú)：源于周朝诸侯国胡国。　　[15] 凌(Líng)：出自周朝官职名"凌人"。　　[16] 霍(Huò)：出自姬姓。周武王在位时封叔武于霍，并且建立了霍国，其后世子孙便以国名为姓。

徐盛：字文向，三国时吴国名将。早年徐盛抗击黄祖，因功升为中郎将。刘备伐吴时，徐盛跟随陆逊攻下蜀军多处屯营；曹休伐吴时，徐盛在形势不利的情况下以少抗多，成功防御。因前后战功，徐盛先后升任建武将军、安东将军、庐江太守。

徐光启：字子先，号玄扈，明代科学家、政治家。徐光启毕生致力于数学、天文、历法、水利等方面的研究，勤奋著述，尤精晓农学，译有《几何原本》《泰西水法》《农政全书》等著。他还是一位沟通中西文化的先行者，为 17 世纪中西文化交流做出了重要贡献。

徐常遇：字二勋，别署五山老人，清朝音乐家。其精音律，为广陵派创始者；对传统琴曲力主保持原貌，反对增改；主张音律柔和，节奏自由；崇尚淳古淡泊；辑有《澄鉴堂琴谱》。

徐志摩：原名章垿，字槱森，现代诗人、散文家，新月派代表诗人。代表作品有《再别康桥》《翡冷翠的一夜》等。

虞万支柯，昝管卢莫。经房裘缪，干解应宗。

【解读】

[1] 虞(Yú)：舜的儿子商均受封于虞城，建立诸侯国虞国，其后世子孙便以国名作为自己的姓。　　[2] 万(Wàn)：周朝芮伯后裔芮伯万的后人以其名为姓。　　[3] 支(Zhī)：尧舜时期隐士支父的子孙后代以"支"为姓。　　[4] 柯(Kē)：源于春秋时吴国公子柯卢。[5] 昝(Zǎn)：由咎姓发展而来。　　[6] 管(Guǎn)：周朝诸侯国管国之人以国名为姓。[7] 卢(Lú)：齐文公之子受封于卢邑，后人以地名为姓。　　[8] 莫(Mò)：源于颛顼所造的鄚阳城。　　[9] 经(Jīng)：春秋时，郑国公子共叔段被封于京，其后代以封邑名为姓。[10] 房(Fáng)：舜封丹朱之子陵于房国，其子孙便以国名为姓。　　[11] 裘(Qiú)：春秋时，卫国一大夫受封于裘，他的后代以封邑名为姓。　　[12] 缪(Miào)：古代"穆"与"缪"同音通用，所以春秋五霸之一的秦穆公也称作秦缪公，他的庶子以其谥号为姓，称缪氏。

[13] 干(Gān)：春秋时，宋国有个大夫叫干犨，他的后代以他名字中的"干"字为姓。

[14] 解(Xiè)：出自姬姓，周朝贵族良的封地在解，他的子孙以地名为姓。　[15] 应(Yīng)：周武王克商后，封他的第四子于应，其后代以封地名为姓。　[16] 宗(Zōng)：周朝时设有辅佐天子掌管宗室之事的春官，春秋时鲁国改称其为宗伯，负责宗庙祭祀礼仪，有世袭此职者，其后代便以"宗"为姓。

名人集锦

裴琏：字殷玉，一字蔗村，号废莪子，人称横山先生，清代戏剧家。他创作的杂剧《昆明池》《集翠裘》《鉴湖隐》《旗亭馆》均取材于唐代故事，合称"四韵事"。

裴安邦：字古愚，号梅林，清朝官员，官至徐州镇总兵。他很关心老百姓的生活，爱民如子。他去世以后，襄阳的百姓怀念他，为他建立了石碑、庙宇，每年都举行仪式祭奠。人们把这块石碑叫作"堕泪碑"。

丁宣贲邓，郁单杭洪。包诸左石，崔吉钮龚。

【解读】

[1] 丁(Dīng)：周朝时，姜子牙的儿子伋谥号为丁公，他的子孙以其谥号为姓。　[2] 宣(Xuān)：出自谥号。　[3] 贲(Bēn)：春秋时晋国大夫苗贲父的后代以其名为姓。

[4] 邓(Dèng)：殷王武丁封他的叔父于邓国，其后人以"邓"为姓。　[5] 郁(Yù)：古时有郁国，春秋时为吴国大夫的封邑，其国人多为郁姓。　[6] 单(Shàn)：源出姬姓。周成王封其子姬臻于单，其后人以此为姓。　[7] 杭(Háng)：源出姒姓，大禹的后代以此为姓。

[8] 洪(Hóng)：共工氏后人因先辈曾负责治水，便给"共"字加三点水，作为自己的姓。

[9] 包(Bāo)：春秋后期，楚国有个大夫叫申包胥，他的子孙以他名字中的"包"字为姓。

[10] 诸(Zhū)：春秋时，鲁国大夫受封于诸，其后裔以封邑名为姓。　[11] 左(Zuǒ)：周朝史官有左、右之分，左史记言，右史记事。世袭左史之职者的后人便以官职名为姓。

[12] 石(Shí)：源自春秋时的石碏，其后人以其名为姓。　[13] 崔(Cuī)：春秋时，齐丁公之子季子把君位让给了兄弟叔乙，自己去了崔邑，从此以"崔"为姓。　[14] 吉(Jí)：周宣王时有个大臣叫尹吉甫，因赫赫军功而闻名，他的后代以他名字中的"吉"字为姓。　[15] 钮(Niǔ)：《名贤氏族言行类稿》载，东晋有钮滔，其后人为钮姓。　[16] 龚(Gōng)：姬和因封地被称为共伯，其子孙因国命姓。古时"共""龚"同音通用，后来传为"龚"。

名人集锦

丁汝昌：字禹亭，清朝晚期将领，官至北洋水师提督。光绪二十年(1894)，甲午战争爆发，丁汝昌指挥北洋水师与日军展开大东沟海战，后舰队退保威海卫。光绪二十一年(1895)，威海卫之战中，其抗击日军围攻，因未得上峰命令，无奈于港内待援，最后在弹尽粮绝、援军未至的情况下，拒绝日军将领伊东祐亨的劝降，服食鸦片自尽，以谢国人。

邓小平：伟大的马克思主义者，伟大的无产阶级革命家、政治家、军事家、外交家。从土地革命、抗日战争到解放战争，他先后担任党和军队中的许多重要领导职务，为党中央一系列重大战略决策的实施，为新民主主义革命的胜利和新中国的诞生建立了赫赫功勋。

他所倡导的"改革开放"及"一国两制"政策理念,改变了 20 世纪后期的中国,也影响了世界。

包拯:字希仁,北宋名臣,曾任天章阁待制、龙图阁直学士,故世称"包待制""包龙图"。包拯廉洁公正、立朝刚毅、不附权贵、铁面无私、英明决断、敢于替百姓申不平,故有"包青天"及"包公"之名。包拯逝世后被追赠礼部尚书,谥号"孝肃",有《包孝肃公奏议》传世。

知识锦囊

血洒刘公岛

甲午战争当中,尽管清政府里掌握实权的一些顽固派官僚投降卖国,可是,清军里有许多爱国将领,为了保卫祖国,英勇作战,受到人民的尊重。丁汝昌是北洋舰队的提督,他率领的北洋舰队曾经多次打退日军的进攻,他自己也在黄海海战中身负重伤。腐败的清朝政府不仅不嘉奖丁汝昌这种勇敢杀敌的爱国精神,反而怪罪他,命令他退守威海卫。

1895 年 2 月初,日本侵略军从海陆两面围攻威海卫,清政府根本不让抵抗,北洋舰队内部军心不齐,日本侵略军觉得有机可乘,就在丁汝昌身上打起了主意。

有一天,丁汝昌收到一封信。拆开一看,写信人不是别人,正是日军联合舰队的司令。丁汝昌看了信,又是好笑,又是好气。原来日军的那个司令,在信里花言巧语地说了一大堆吹捧丁汝昌的话,最后要丁汝昌背叛祖国,率舰队向日本投降。

丁汝昌把信往桌子上一扔,气愤地说:"他们这是在白日做梦! 我丁汝昌决不放弃报国大义。"为了表示他誓死保卫祖国的决心,他特意对家里的人说:"我已经准备为国献身了。"

不久,日本侵略军攻占了威海卫。丁汝昌已无力统率全军进行反攻了,在不得已的情况下,他服毒自杀了,实现了他为国献身的誓言。

程嵇邢滑,裴陆荣翁。荀羊於惠,甄曲家封。

【解读】

[1] 程(Chéng):颛顼有两个孙子重和黎,西周建立以后,重和黎的后代被封于程,并且建立了程国,后代以国名为姓。 [2] 嵇(Jī):夏王少康封其子季杼于会稽,形成稽姓,后改为嵇姓。 [3] 邢(Xíng):周公之子姬苴受封于邢国,后人以"邢"为姓。 [4] 滑(Huá):西周滑国人以国名为姓。 [5] 裴(Péi):裴姓出自嬴姓,由苹姓演化而来。 [6] 陆(Lù):齐宣王少子田通受封于陆乡,后人以地名为姓。 [7] 荣(Róng):黄帝时有一个叫荣援的人,黄帝封他为诸侯,并且建立了荣国,他曾经奉黄帝之命铸钟十二个,其后世子孙都以"荣"为姓。 [8] 翁(Wēng):在夏朝初年,有一位贵族叫翁难乙,是翁姓的始祖。

[9]荀(Xún):源于黄帝大臣荀始。　[10]羊(Yáng):西周有一个官职叫"羊人",担任这个官职之人的后世子孙就以此为姓。　[11]於(Yū):源于黄帝的大臣於则。　[12]惠(Huì):颛顼的后代惠连的后代子孙以"惠"作为自己的姓。　[13]甄(Zhēn):上古部落首领皋陶的次子名仲甄,在夏朝时为卿士,受封于甄,他的后裔也取姓为甄。　[14]曲(Qū):曲本是酿酒的主要原料,西周时成为掌管酿酒业的官名,世袭此职的人便以"曲"为姓。　[15]家(Jiā):源于周孝王之子家父。　[16]封(Fēng):炎帝的后代以地名为姓。

芮羿储靳,汲邴糜松。井段富巫,乌焦巴弓。

【解读】

[1]芮(Ruì):源于姬姓。周武王封姬良夫于芮,后人以国名为姓。　[2]羿(Yì):夏朝著名弓箭手后羿的后代的姓氏。　[3]储(Chǔ):相传上古时有储国,储国人的后代以"储"为姓。　[4]靳(Jìn):战国时期靳尚的后代以"靳"为姓。　[5]汲(Jí):源自姬姓。春秋时期,卫宣公的公子居住的地方叫汲,他的后代以"汲"为姓。　[6]邴(Bǐng):齐大夫邴的封地也叫邴,他的后代以封邑名为姓。　[7]糜(Mí):始于夏代,是以谷物名称命名的姓。　[8]松(Sōng):起源于秦朝。　[9]井(Jǐng):源自姜姓。　[10]段(Duàn):春秋时,李聃的孙子李宗在晋国为官,受封于段干,他的后代姓段。　[11]富(Fù):周襄王时有姬姓大夫名富辰,直言敢谏,不避贵胄,为人称道,他的后代有的以"富"为姓。　[12]巫(Wū):巫官后人有的以"巫"为姓。　[13]乌(Wū):出自金天氏。　[14]焦(Jiāo):神农氏的后人以国名为姓。　[15]巴(Bā):战国中期,巴国被秦国攻灭,巴国人便以国名为姓。　[16]弓(Gōng):源于官职名"弓正"。

牧隗山谷,车侯宓蓬。全郗班仰,秋仲伊宫。

【解读】

[1]牧(Mù):力牧助黄帝治理天下,立下大功,他的后代便以祖上的名字为姓。　[2]隗(Kuí或Wěi):汤灭夏桀后,封其后人于隗,建大隗国,其子孙以国名为姓。　[3]山(Shān):周朝掌管山林的官员叫山师,子孙便称为山氏。　[4]谷(Gǔ):源自嬴姓。春秋时谷国的后代以"谷"为姓。　[5]车(Chē):春秋时,秦国大夫子车仲的后代为车姓。　[6]侯(Hóu):春秋时,晋哀侯和晋缗侯均为晋武公所杀,晋哀侯和晋缗侯的子孙逃难至他国后,便以祖上受封的爵位为姓。　[7]宓(Fú):出自伏羲氏。　[8]蓬(Péng):源自姬姓。　[9]全(Quán):泉府官的后人以职官为姓,便有了泉姓,又因"全""泉"同音通用,便有了全姓。　[10]郗(Xī):苏忿生的后代受封于郗,其后人便以封邑名为姓。　[11]班(Bān):春秋时,楚国若敖的孙子出生后曾被母亲弃于野外,吃虎乳长大。因虎有斑纹,其后代子孙以此事件命姓。　[12]仰(Yǎng):仰姓出自舜帝时大臣仰延。　[13]秋(Qiū):秋姓为少昊氏之后的姓氏。　[14]仲(Zhòng):商汤王左相仲虺的后代和春秋时宋庄公之子(字子仲)的后代以祖上的字为姓。　[15]伊(Yī):相传尧出生在伊祁山,他的后代有的以"伊"为姓。　[16]宫(Gōng):周朝时有专门负责宫廷修缮和清洁事宜的官,名"宫人",世袭此职者的后人便以"宫"为姓。

宁仇栾暴，甘钭厉戎。祖武符刘，景詹束龙。

【解读】

[1] 宁(Nìng)：出自嬴姓。春秋时期，秦国国君秦襄公的谥号为"宁"，他的后世子孙当中有的人以先人的谥号作为姓。　[2] 仇(Qiú)：出自九吾氏。　[3] 栾(Luán)：出自姬姓，发源于河北栾城一带。　[4] 暴(Bào)：源于商朝诸侯暴公。　[5] 甘(Gān)：夏朝的诸侯国当中有甘国，后代以国名为姓。　[6] 钭(Tǒu)：齐国的君主康公以酒器名"钭"作为姓。　[7] 厉(Lì)：出自姜姓。　[8] 戎(Róng)：出自姜姓。西周时期有戎国，是齐国的附庸，其公族便以国名作为姓。　[9] 祖(Zǔ)：汤是商朝的开国君主，他的后人祖乙、祖辛、祖丁等都先后做了商王，其子孙以"祖"作为姓。　[10] 武(Wǔ)：源于周平王少子武氏。　[11] 符(Fú)：鲁倾公后人公雅任符玺令，其后人便以"符"为姓。　[12] 刘(Liú)：尧帝的后人刘累是刘姓始祖。　[13] 景(Jǐng)：春秋时期景差的后世子孙以"景"作为自己的姓。　[14] 詹(Zhān)：舜曾经赐黄帝后裔为詹姓。　[15] 束(Shù)：战国时期齐国有一疏姓部族，后改为束姓。　[16] 龙(Lóng)：舜的手下有一大臣名纳，为龙氏，他的后世子孙都姓龙。

叶幸司韶，郜黎蓟薄。印宿白怀，蒲邰从鄂。

【解读】

[1] 叶(Yè)：沈诸梁被楚惠王封为叶公，后人以之为姓。　[2] 幸(Xìng)：周成王赐其叔姬偃为幸姓。　[3] 司(Sī)：神农氏的属下当中，有专门负责占卜的官职"司怪"，其后世子孙便以"司"作为姓。　[4] 韶(Sháo)：乐官的后世子孙以其祖上所作乐曲的曲名作为自己的姓。　[5] 郜(Gào)：出自姬姓，是周文王之子郜叔后代之姓。　[6] 黎(Lí)：源于颛顼之孙重黎。　[7] 蓟(Jì)：源自周朝诸侯国蓟国。　[8] 薄(Bó)：薄国君主的族人以封国之名作为自己的姓。　[9] 印(Yìn)：源自姬姓。春秋时期，郑穆公之子字子印，子印的孙子名段，在郑国为卿大夫，以其祖父的字中的"印"为姓，称为印氏。　[10] 宿(Sù)：伏羲氏的后裔被封在宿国，其后人以国名为姓。　[11] 白(Bái)：白阜被尊为白姓始祖。　[12] 怀(Huái)：无怀氏的后人的姓氏。　[13] 蒲(Pú)：舜的一支后代受封于蒲，因此以地名为姓。　[14] 邰(Tái)：尧任命弃为大司农，封其于邰，其子孙以地名"邰"为姓。　[15] 从(Cóng)：源自姬姓。　[16] 鄂(È)：春秋时，晋国大夫颀父之子嘉父叛晋，奔至鄂，称为鄂侯，他的后代以"鄂"为姓。

索咸籍赖，卓蔺屠蒙。池乔阴郁，胥能苍双。

【解读】

[1] 索(Suǒ)：汤王的后裔的姓氏。　[2] 咸(Xián)：帝喾为部落首领时，有个大臣叫咸邱黑，是咸姓的始祖。　[3] 籍(Jí)：春秋时晋国有"籍氏"之官，其后代以官名为姓。[4] 赖(Lài)：炎帝的后裔的姓氏。　[5] 卓(Zhuó)：春秋时楚国王族的后裔的姓氏。[6] 蔺(Lìn)：春秋时晋国王族的后裔的姓氏。　[7] 屠(Tú)：以屠宰为业者的后代以"屠"为姓。　[8] 蒙(Méng)：颛顼的后裔的姓氏。　[9] 池(Chí)：源于嬴姓。　[10] 乔

(Qiáo)：黄帝后代以山名取为桥姓，后来有的简化为乔姓。 [11]阴(Yīn)：周朝有阴邑，其大夫的后裔以食邑名为姓。 [12]郁(Yù)：相传大禹的老师叫郁华，他便是郁姓的始祖。 [13]胥(Xū)：以祖辈的名字命名的姓，起源于华胥、赫胥二氏。 [14]能(Nài)：周成王时，大臣熊绎因功受封为男爵，他的后代将熊姓去四点改为能姓。 [15]苍(Cāng)：相传黄帝有二十五个儿子，其中有一个叫苍林，他的后代以祖辈的名字"苍"为姓。大约汉代以后，苍姓改为仓姓。 [16]双(Shuāng)：双姓与蒙姓同出一宗，是颛顼的后裔的姓氏。夏朝建立后，颛顼之后被封于蒙双，子孙中有人以地名为姓，成为蒙姓和双姓两支。

闻莘党翟，谭贡劳逄。姬申扶堵，冉宰郦雍。

【解读】

[1]闻(Wén)：出自复姓闻人氏。 [2]莘(Shēn)：祝融的后代的姓氏。 [3]党(Dǎng)：党姓出自夏朝，居住在党项的王族多姓党。 [4]翟(Zhái)：出自隗姓。 [5]谭(Tán)：颛顼的后代的姓氏。 [6]贡(Gòng)：源于端木氏。 [7]劳(Láo)：起源于西汉时期。 [8]逄(Páng)：出自姜姓。 [9]姬(Jī)：相传黄帝的降生地有一条叫作"姬"的河，此处居民便以"姬"作为姓。 [10]申(Shēn)：申吕被周王封于申，其子孙以国名为姓。 [11]扶(Fú)：大禹任部落联盟首领的时候，其属下有扶登氏，是扶姓的始祖。 [12]堵(Dǔ)：出自姬姓，其始祖为周文王后裔堵叔。 [13]冉(Rǎn)：帝喾为炎帝部落首领时，属下的八个部落当中就有冉姓者，其后人世代姓冉。 [14]宰(Zǎi)：源于姬姓，春秋时期，周公孔曾经在周朝任太宰，人称宰孔，其后世子孙就以"宰"作为姓。 [15]郦(Lì)：出自轩辕氏，夏王禹封黄帝后人涓于郦邑，其子孙以地名为姓。 [16]雍(Yōng)：出自轩辕氏，源于周文王之子雍伯。

郤璩桑桂，濮牛寿通。边扈燕冀，郏浦尚农。

【解读】

[1]郤(Xì)：春秋时期，晋国公族子弟叔虎建立郤国，后世子孙以国名作为姓。 [2]璩(Qú)：古时候有一个叫蘧邑的地方，那里的人最初是以地名"蘧"作为姓的，后来蘧姓改成了璩姓。 [3]桑(Sāng)：出自金天氏。 [4]桂(Guì)：出自姬姓，源于鲁国后裔姬季桢长子桂奕。 [5]濮(Pú)：舜任部落首领时，其子孙散封于濮地，这些人的后代便以地名作为姓。 [6]牛(Niú)：周朝牛父的子孙以他的字"牛"作为自己的姓。 [7]寿(Shòu)：彭祖的后裔的姓氏。 [8]通(Tōng)：春秋时，巴国有大夫受封于通川，其后世子孙以封地名"通"作为姓。 [9]边(Biān)：商代有诸侯国边国，国君为伯爵，被称为边伯，其后代称为边氏。 [10]扈(Hù)：大禹的后代的姓氏。 [11]燕(Yān)：南燕灭国后，伯儵的后人以国名为姓。 [12]冀(Jì)：唐尧的后代被周武王分封在冀，其国人便以"冀"为姓。 [13]郏(Jiá)：周朝时，有地名为郏鄏。居住在这里的人以地名为姓。 [14]浦(Pǔ)：出自姜姓。 [15]尚(Shàng)：姜子牙的后裔的姓氏。 [16]农(Nóng)：出自神农氏，是炎帝的后裔的姓氏。

温别庄晏,柴瞿阎充。慕连茹习,宦艾鱼容。

【解读】

[1]温(Wēn):周武王之子叔虞的后代被封于温,其后人以封地名为姓。 [2]别(Bié):源于西周时期的别子。 [3]庄(Zhuāng):春秋时宋戴公名武庄,他的后人以其名字中的"庄"为姓。 [4]晏(Yàn):颛顼后人陆终之子名晏安,其后代遂为晏姓。 [5]柴(Chái):出自姜姓。 [6]瞿(Qú):商代有一大夫因封地在瞿上而得名瞿父,他的子孙以祖先名为姓。 [7]阎(Yán):周武王建立周朝后,封一位王族仲奕于阎乡,仲奕的后代以祖上的封邑名为姓。 [8]充(Chōng):担任"充人"一职者的后代以职官名为姓。 [9]慕(Mù):出自慕容氏。 [10]连(Lián):陆终有子名惠连,他的后代以祖先名中的字为姓。 [11]茹(Rú):以族名为姓。 [12]习(Xí):诸侯国习国的国君的后世子孙以"习"为姓。 [13]宦(Huàn):宦姓非常少见,主要出自阉宦以外的仕宦人家,以官名为氏。明正德年间,皇帝赐一太子太保满门姓宦,宦姓开始盛行。 [14]艾(Ài):源于夏代,是大禹的后代的姓氏。 [15]鱼(Yú):子鱼孙輩嫡传一支以祖父的名字为姓。 [16]容(Róng):黄帝有史臣容成,其后代以"容"字为姓。

向古易慎,戈廖庾终。暨居衡步,都耿满弘。

【解读】

[1]向(Xiàng):炎帝有一个名叫向的裔孙被封为诸侯,其后代子孙便以先人的名为姓。 [2]古(Gǔ):起源于殷商时期。 [3]易(Yì):形成于春秋时期。 [4]慎(Shèn):源于芈姓、姬姓。 [5]戈(Gē):戈国国君的后代子孙以国名作姓。 [6]廖(Liào):源于廖国国君廖叔安。 [7]庾(Yǔ):帝尧时代有掌庾大夫,其以官名作为姓。 [8]终(Zhōng):黄帝的后裔的姓氏。 [9]暨(Jì):颛顼的后人的姓氏。 [10]居(Jū):出自杜姓。 [11]衡(Héng):出自伊姓。 [12]步(Bù):春秋时期,晋国公族大夫谷豹有三子:称、芮、义。义有后人名扬,其封邑在一个叫步的地方,因此又被称为步扬,后代就改为步氏,奉步扬为步姓的始祖。 [13]都(Dū):春秋初年,郑国有个公族大夫叫子都,他的子孙以其字"都"作为姓。 [14]耿(Gěng):出自姬姓,商代耿国后人以国名为姓。 [15]满(Mǎn):西周胡公满的支庶子孙当中有人以先祖名字中的"满"字作为姓。 [16]弘(Hóng):在春秋时期,卫国有个大夫叫弘演,他的后世子孙就以其名字中的"弘"字作为自己的姓。

匡国文寇,广禄阙东。欧殳沃利,蔚越夔隆。

【解读】

[1]匡(Kuāng):春秋时期,鲁国大夫施孝叔的家臣句须任匡邑宰,后来他的孙子就以祖父做官地的名称作为自己的姓。 [2]国(Guó):大禹为首领时,有一个专门掌管车马的人名叫国哀,后世子孙以其名为姓。 [3]文(Wén):周武王追谥父亲西伯姬昌为周文王,子孙中有人以其谥号"文"作为姓。 [4]寇(Kòu):春秋时期卫灵公的孙子在卫任司寇,他的后世子孙就以官名"司寇"作为自己的姓,后来简称寇氏。 [5]广(Guǎng):

上古广成子的后代以"广成"为姓,后简化为"广"。 ［6］禄(Lù):出自子姓,是殷商最后一个帝王纣王的后代的姓氏。 ［7］阙(Quē):起源于春秋之时。 ［8］东(Dōng):源于远古之时。 ［9］欧(Ōu):春秋时,越王无疆将次子封于乌程欧余山的南面,其后人以地名为姓。 ［10］殳(Shū):出于有虞氏。 ［11］沃(Wò):沃丁的子孙有的以他的名字为姓。 ［12］利(Lì):出于理姓,与理、李、里同宗。 ［13］蔚(Yù):北周时设有蔚州,居住在这里的人以地名为姓。 ［14］越(Yuè):越国公族的支庶子孙有的以国名为姓。 ［15］夔(Kuí):远古时有乐官名叫夔,后人以其名为姓。 ［16］隆(Lóng):春秋时,鲁国境内有隆邑,居住在这里的人以地名为姓,形成隆姓。

师巩库聂,晁勾敖融。冷訾辛阚,那简饶空。

【解读】

［1］师(Shī):源于职官名。 ［2］巩(Gǒng):周敬王时有同族卿士简公,受封于巩,称为巩简公。巩简公的子孙以封邑名为姓。 ［3］库(Shè):源于北周库狄氏。 ［4］聂(Niè):春秋时,齐丁公封其支庶子孙于聂邑,建聂国,为齐国附庸。其后世子孙以国名为姓,形成聂姓。 ［5］晁(Cháo):源于姬姓。古代"朝"与"晁"相通,周朝时,景王之子王子朝的子孙以"朝"为姓,后演化为晁姓。 ［6］勾(Gōu):最早见于《山海经》"困民之国,勾姓"。 ［7］敖(Áo):颛顼的老师叫作大敖,他的后代以祖上的名字为姓,形成敖姓。 ［8］融(Róng):颛顼高阳氏后裔的姓氏。 ［9］冷(Lěng):系泠姓所改。 ［10］訾(Zī):周朝时有訾邑,居住在这里的人以地名为姓。 ［11］辛(Xīn):源于姒姓。 ［12］阚(Kàn):源自姜姓。 ［13］那(Nā):商朝君王武丁的裔孙到那地定居,形成那姓。 ［14］简(Jiǎn):春秋时,晋国大夫狐鞠居被封于续,谥号为"简"。其后人以"简"为姓。 ［15］饶(Ráo):源于姜姓。 ［16］空(Kōng):为复姓空同、空桑、空相等省文改成。

曾毋沙乜,养鞠须丰。巢关蒯相,查后荆红。

【解读】

［1］曾(Zēng):夏王少康将封地给小儿子曲烈,称为鄫国。后鄫国被灭,鄫国太子巫出奔邻近的鲁国,用原国名"鄫"为姓氏,但除去了偏旁,表示离开故城,不忘先祖,称为"曾"。 ［2］毋(Wú):尧的属下毋句制造出乐器磬,他就是毋姓的始祖。 ［3］沙(Shā):炎帝做部落首领时,他的属下有夙沙氏,其后世子孙省文为沙氏。 ［4］乜(Niè):春秋时期,卫国有大夫的采邑在乜城,其后人就把采邑名作为姓。 ［5］养(Yǎng):春秋时期,吴国公子掩余、烛庸逃到楚国,楚王把养地封给了他们,后来其子孙后代就以祖上的封地名"养"作为姓。 ［6］鞠(Jū):鞠姓出自姬姓,周始祖弃有支孙名叫陶,他出生时手心有纹似"鞠"字形,所以取名鞠陶,他的后世子孙便以"鞠"作为自己的姓。 ［7］须(Xū):须姓源自风姓,是太昊伏羲氏的后代之姓。春秋时期有风姓国叫须句国,该国的国民则称须句氏,后来改为须氏。 ［8］丰(Fēng):春秋时期,郑穆公的儿子丰在郑僖公时任大夫,他的子孙便以其名"丰"作为姓。 ［9］巢(Cháo):尧为帝时,有大臣巢父常居于山中,以树为巢,故称有巢氏。禹为帝时曾封有巢氏之后,建立巢国。巢国公族后代便以国名作为姓。

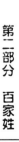

[10] 关(Guān)：夏朝时的贤臣关龙逢的后代便姓关。　　[11] 蒯(Kuǎi)：商朝时有蒯国，其国人后来以国名作为姓。　　[12] 相(Xiàng)：夏朝有一个帝王叫相，他的后裔有的就以祖上的名字作为姓。　　[13] 查(Zhā)：出自姜姓，是炎帝后裔的姓氏。　　[14] 后(Hòu)：出自太昊氏，是上古太昊的孙子后照的后代的姓氏。　　[15] 荆(Jīng)：西周初年，荆君的子孙以原国号作为姓。　　[16] 红(Hóng)：出自熊姓。

游竺权逯，盖益桓公。万俟司马，上官欧阳。

【解读】

[1] 游(Yóu)：春秋时期，郑国国君郑穆公之子名偃，字子游，他的孙子以祖父的字作为姓。　　[2] 竺(Zhú)：汉代，有枞阳人竹晏改"竹"为"竺"，其后世子孙即沿用竺姓。[3] 权(Quán)：商武帝武丁的后人被封于权地，其后代以地名为姓。　　[4] 逯(Lù)：秦国公族大夫中有人受封于逯邑，其后世子孙以地名为姓。　　[5] 盖(Gě)：春秋时期有公族大夫受封于盖邑，后代子孙就以地名为姓。　　[6] 益(Yì)：伯益是秦国的始祖，其支庶子孙中有人以祖上的名字作为自己的姓。　　[7] 桓(Huán)：黄帝时有大臣桓常，他是桓姓的始祖。　　[8] 公(Gōng)：出自姬姓。　　[9] 万俟(Mòqí)：东晋时，鲜卑族的万俟部落族人以"万俟"为姓。　　[10] 司马(Sīmǎ)：少昊始设司马一职，掌管军政，其后人以官名为姓。[11] 上官(Shàngguān)：春秋时期，楚庄王幼子名子兰，任上官大夫。子兰的子孙便以此命姓。　　[12] 欧阳(Ōuyáng)：春秋时越国君主之子蹄被封于乌程欧余山的南面，称为欧阳亭侯，他的支庶子孙以封地名命姓。

名人集锦

司马懿：字仲达，三国时期曹魏政治家、军事谋略家，西晋王朝的奠基人之一。正始十年(249)，司马懿起兵政变，控制京都洛阳，史称高平陵事变，曹魏的军政权力落入司马氏手中。司马懿善谋奇策，征伐有功，曾率军擒斩孟达，两次率大军成功抵御诸葛亮北伐，远征平定辽东。其孙司马炎称帝后，追尊司马懿为宣皇帝，庙号高祖。

欧阳修：字永叔，自号醉翁、六一居士，宋朝文学家，"唐宋八大家"之一。欧阳修是在宋代文学史上最早开创一代文风的文坛领袖，与韩愈、柳宗元、苏轼合称"千古文章四大家"。他领导了北宋诗文革新运动，继承并发展了韩愈的古文理论。其有高度成就的散文创作与其正确的古文理论相辅相成，从而开创了一代文风。欧阳修在变革文风的同时，对诗风、词风进行了革新，在史学方面也有较高成就。

夏侯诸葛，闻人东方。赫连皇甫，尉迟公羊。

【解读】

[1] 夏侯(Xiàhóu)：杞简公的弟弟被称为夏侯，他的子孙于是以"夏侯"为姓。　　[2] 诸葛(Zhūgě)：伯夷的后裔的姓氏。　　[3] 闻人(Wénrén)：春秋时的少正卯声誉很高，被称为"闻人"。他的支庶子孙有的便以"闻人"为姓。　　[4] 东方(Dōngfāng)：伏羲创八卦，八卦中以东方为尊，其后代支庶子孙便以"东方"为姓。　　[5] 赫连(Hèlián)：西汉时匈奴

族的姓,始祖为匈奴右贤王刘去卑。 [6]皇甫(Huángfǔ):春秋时宋戴公之子公子充石,字皇父。他的孙子以祖父之字为姓,后改为"皇甫"。 [7]尉迟(Yùchí):鲜卑族姓。 [8]公羊(Gōngyáng):春秋时鲁国人公孙羊孺颇有才华,他的支庶子孙以祖上名字中的两个字命姓,形成公羊姓。

夏侯惇:字元让,三国时期曹魏名将,少年时即以勇气闻名于乡里。曹操起兵,夏侯惇是其属下最早的将领之一。夏侯惇多次为曹操镇守后方,曾率军民阻断太寿河水,筑陂塘灌溉农田,使百姓受益,功勋卓著,官至大将军,封高安乡侯。因"危身奉上,险不辞难",被追谥为忠侯。

诸葛亮:字孔明,号卧龙,三国时期蜀汉丞相,杰出的政治家、军事家、发明家、文学家。刘备根据诸葛亮的策略,成功建立蜀汉政权,与孙权、曹操形成三足鼎立之势。章武元年(221)刘备称帝,任命诸葛亮为丞相。刘禅继位后,封诸葛亮为武乡侯。他勤勉谨慎,赏罚严明,后主刘禅追谥其为忠武侯,后世常以"武侯"尊称之。

知识锦囊

完淳骂贼

清军入关后,一批读书人在夏允彝和陈子龙的带领下开始了反清斗争。夏允彝有个十五岁的儿子叫夏完淳,是陈子龙的学生。夏完淳自小就读了不少书籍,能诗善文,在父亲及老师的影响下也参加了反清斗争。

完淳骂贼

一年后,夏完淳的父亲及老师相继牺牲,而他自己也因为叛徒告密被逮捕。清军派重兵把他押到南京。夏完淳被关押在监狱里长达八十天。死亡的威胁并没有使他恐惧,他伤心的是没有实现抗清复明的壮志。当时主持审讯的是洪承畴,洪承畴知道夏完淳是江南出名的"神童",想用怀柔手段使夏完淳屈服。于是他装出一副温和的样子说:"我看你小小年纪,未必会起兵造反,想必是受人指使。只要你肯回头,归顺大清,我一定会给你一个官做。"

夏完淳假装不知道上面坐的是洪承畴,厉声说:"听说我朝有位叫洪承畴的先生,是个豪杰人物,当年松山一战,他以身殉难,震惊朝野,我钦佩他的忠烈。我虽然年纪小,但愿杀身成仁,怎能落在他的后面?"这番话把洪承畴说得面红耳赤,满头是汗。旁边的士兵以为夏完淳真的不认识洪承畴,提醒他说:"别胡说,上面坐的就是洪大人。"夏完淳"呸"了一声,说:"洪先生牺牲了,天下人谁不知道? 你们这些叛徒,怎敢冒充先烈,污辱忠魂!"说完,他手指洪承畴骂个不停。洪承畴被骂得脸如土色,不敢再审下去,一拍惊堂木,喝令士兵把夏完淳拉出去。

永历元年(1647),这位年仅十七岁的少年英雄在南京西市被杀害。朋友把他的尸体运回松江,葬在他父亲的墓旁。

澹台公冶,宗政濮阳。淳于单于,太叔申屠。

【解读】

[1] 澹台(Tántái):春秋时期,孔子有个弟子名叫澹台灭明,字子羽。其后人以其名为姓。　[2] 公冶(Gōngyě):春秋时鲁国季氏有族人叫季冶,字公冶,他的子孙便以"公冶"为姓。　[3] 宗政(Zōngzhèng):也作"宗正"。宗正是秦汉时期的官名,专管皇帝亲属的有关事宜,秦始皇时开始设置。汉朝时,高祖刘邦有个本家亲戚担任宗正这一官职,后改姓为宗正。　[4] 濮阳(Púyáng):濮阳为地名,当地人有以地名为姓的,称为濮阳氏。

[5] 淳于(Chúnyú):春秋时期有淳于国,淳于国的人后来称为淳于氏。　[6] 单于(Chányú):历史上匈奴族的最高首领称为"单于",他们的后代中有以"单于"为姓的。[7] 太叔(Tàishū):春秋时,卫文公有儿子名叫太叔仪,他的后代就是太叔氏。　[8] 申屠(Shēntú):舜帝的后代的姓氏。

公孙仲孙,轩辕令狐。钟离宇文,长孙慕容。

【解读】

[1] 公孙(Gōngsūn):周朝国君一般立正妻所生的长子为太子,其他儿子就称为公子。公子的儿子被称为公孙。公孙的后代就以"公孙"为自己的姓。　[2] 仲孙(Zhòngsūn):出自姬姓。　[3] 轩辕(Xuānyuán):相传黄帝为轩辕氏,他的后代中有以"轩辕"为姓的。　[4] 令狐(Línghú):魏颗被晋君封于令狐,以地名为姓。　[5] 钟离(Zhōnglí):源于嬴姓。　[6] 宇文(Yǔwén):魏晋时鲜卑族有个部落自称宇文氏。　[7] 长孙(Zhǎngsūn):北魏建立后,拓跋珪认为堂祖父沙莫雄的大儿子嵩是曾祖父的长孙,就赐嵩为长孙氏。嵩的后代也就一直以"长孙"为姓。　[8] 慕容(Mùróng):三国时期,鲜卑族首领莫护跋在棘城以北建立国家,其后代以国名为姓。

鲜于闾丘,司徒司空。亓官司寇,仉督子车。

【解读】

[1] 鲜于(Xiānyú):源出子姓。　[2] 闾丘(Lúqiū):春秋时齐国有大夫名叫闾丘婴,他的后代称为闾丘氏。　[3] 司徒(Sītú):先秦设司徒这一官职。有的司徒的后代就把官职名作为自己的姓,称为司徒氏。　[4] 司空(Sīkōng):出自姒姓,源于官职名。　[5] 亓官(Qíguān):春秋时各国有掌笄礼之官,称亓官。其后人以官名为姓。　[6] 司寇(Sīkòu):司寇氏发祥于春秋时期的卫国。周武王封苏忿生为司寇官,其子孙"以官命氏"而姓司寇。

[7] 仉督(Zhǎngdū):源于官位,出自西周时期的地方官吏仉督,属于以官职名为姓。

[8] 子车(Zǐjū):源于嬴姓,出自春秋初期秦国公族子车氏,属于以先祖名字为姓。

颛孙端木,巫马公西。漆雕乐正,壤驷公良。

【解读】

[1] 颛孙(Zhuānsūn)：出自妫姓，以祖名为姓。　[2] 端木(Duānmù)：源于芈姓，出自周文王姬昌之师鬻熊之后端木典，属于以先祖名字为姓。　[3] 巫马(Wūmǎ)：源于周代，以职官名命姓。周代的官僚体制中，有一种专门掌管养马并为马治病的官员，称为巫马，也就是马医官。巫马的后代子孙，有的就用祖上的官职名称命姓，称巫马氏。　[4] 公西(Gōngxī)：出自姬姓，鲁国公族季孙氏的支系后代所改。　[5] 漆雕(Qīdiāo)：源于姬姓，出自西周时期吴国君主吴太伯之后裔，属于以部落名称为姓。　[6] 乐正(Yuèzhèng)：源于周代，以职官名命姓。周朝时有乐正官，司掌音乐声律，其后代子孙遂以祖上的职官命姓。　[7] 壤驷(Rǎngsì)：春秋时期秦国有贵族壤驷赤，他的后人遂以"壤驷"为姓。　[8] 公良(Gōngliáng)：出自周朝公子良，以祖名为姓。

拓跋夹谷，宰父谷梁。晋楚闫法，汝鄢涂钦。

【解读】

[1] 拓跋(Tuòbá)：出自鲜卑族拓跋部。　[2] 夹谷(Jiágǔ)：以地名为姓。夹谷是春秋时齐地。　[3] 宰父(Zǎifǔ)：以官名命姓，源于周代。在《周礼》中，有官名叫宰夫，属于天官，负责掌管法令、公卿官吏的职位升降等。由于"夫""父"二字音相近，后来"宰夫"就转化为"宰父"。宰父的后代中，有的就以祖上的职官名命姓，称宰父氏。　[4] 谷梁(Gǔliáng)：古代将谷子称为梁，所以善于种植梁的氏族首领就用"谷梁"命姓。　[5] 晋(Jìn)：源出姬姓，是周朝晋侯的嫡系后裔子孙之姓。　[6] 楚(Chǔ)：来自姬姓。春秋时晋国赵孟的家臣楚隆之后以"楚"为姓。　[7] 闫(Yán)：出自楚国王族熊伯玛的封地名，其后裔子孙中有的以先祖封邑名称为姓氏。　[8] 法(Fǎ)：出自妫姓。齐襄王法章之后本为田氏，齐为秦所灭，其子孙不敢称"田"，以"法"为姓。　[9] 汝鄢(Rǔyān)：出自周平王少子的封邑名，其后裔子孙以先祖封地名称为姓氏。　[10] 涂钦(Túqīn)：源出宋、元时期来华经商的西域商人。其在福建泉州港登陆后，喜欢中华风俗，留居不去，以泉州"涂关"之名为汉化姓氏，简称涂氏。

段干百里，东郭南门。呼延归海，羊舌微生。

【解读】

[1] 段干(Duàngān)：出自李姓，战国时李宗子之后代以封地名为姓。　[2] 百里(Bǎilǐ)：源于姬姓，属于以封邑名称为姓。　[3] 东郭(Dōngguō)：出自姜姓，是齐国公族之后的姓氏。春秋时，齐桓公有后人住在都城临淄外城的东门一带，称为东郭大夫。其后代子孙遂以居住地命姓。　[4] 南门(Nánmén)：起源于夏朝末期，时有负责开启和关闭南城门或南宫门事务的官吏，其后人遂以祖上职业为姓。　[5] 呼延(Hūyán)：源于匈奴。古代匈奴族的呼衍部落以部落名为姓，称呼衍氏，为古代匈奴族四大姓之一。东晋时，呼衍氏进入中原后，改为呼延氏。　[6] 归海(Guīhǎi)：源于地名，出自两周时期陈国公族之后，属于以地名为姓。　[7] 羊舌(Yángshé)：出自姬姓，是春秋时晋国晋靖侯的后代的姓氏。春秋时晋靖侯的儿子公子伯侨有孙子名突，晋献公时被封在羊舌，

其后人遂以"羊舌"命姓。　　[8] 微生(Wēishēng)：出自姬姓。微生氏是周文王的后代，大多居住在鲁国。

岳帅缑亢，况郈有琴。梁丘左丘，东门西门。

【解读】

[1] 岳(Yuè)：源出姜姓。尧帝时有诸侯四岳之职，又称太岳、岳伯，是非常重要的祭祀官，负责祭祀天下四方名山，岳氏就源于四岳之后。　　[2] 帅(Shuài)：出自师姓，始祖为师昺，为晋朝大司徒、兵曹尚书，他为避晋景帝司马师的名讳而改姓帅。　　[3] 缑(Gōu)：北魏鲜卑族渴侯氏复姓所改。南北朝时，北魏鲜卑族有渴侯氏，入中原后，在孝文帝改革时改为汉姓"缑"。　　[4] 亢(Kàng)：《战国策·齐策》载，春秋时有个贵族受封于亢父，其后代子孙便以封地名为姓。　　[5] 况(Kuàng)：源于姚姓。舜有后裔子孙被周武王姬发封于况氏邑，其后裔子孙便以先祖封地名称为姓。　　[6] 郈(Hòu)：源于姜姓。《风俗通义》记载，炎帝后代共工氏有子名叫句龙，在黄帝时期担任后土，即掌管有关山川土地的事务及农业生产的官职。后土的后裔中，有以先祖官职称谓为姓氏者，称后土氏，后省文简化为单姓"郈"。　　[7] 有琴(Yǒuqín)：琴师的后代以职业名为姓。　　[8] 梁丘(Liángqiū)：源于姜姓，出自春秋时期齐国贵族大夫姜据的封地名，属于以封邑名称为姓。　　[9] 左丘(Zuǒqiū)：春秋时鲁太史左丘明居左丘，其后人以地名为姓。　　[10] 东门(Dōngmén)：源于姬姓，属于以居邑名称为姓。　　[11] 西门(Xīmén)：出自战国时期魏国官吏西门豹，属于以先祖名号为姓。

商牟佘佴，伯赏南宫。墨哈谯笪，年爱阳佟。第五言福，百家姓终。

【解读】

[1] 商(Shāng)：源于子姓，出自上古时期商王朝贵族后裔，属于以国名为姓。　　[2] 牟(Móu)：源于姬姓，出自春秋时期的牟子国，属于以国名为姓。　　[3] 佘(Shé)：以地名为姓。　　[4] 佴(Nài)：东汉光武帝时有左相佴茂，为佴氏始祖。　　[5] 伯(Bó)：源出嬴姓，起源于夏朝初年，始祖为伯益。　　[6] 赏(Shǎng)：源于姬姓，春秋时晋国大夫之后因祖先受到奖赏而得姓。　　[7] 南宫(Nángōng)：源于姬姓，出自春秋晚期孔子的学生仲孙阅，属于以居邑名称为姓。　　[8] 墨(Mò)：源于姜姓和子姓，属于以先祖名字为姓。　　[9] 哈(Hǎ)：源于蒙古族，属于汉化产生之姓。　　[10] 谯(Qiáo)：源于姬姓，出自西周初期召公姬奭之子盛的封地，属于以国名为姓。　　[11] 笪(Dá)：出自地名。　　[12] 年(Nián)：出自姜姓，春秋时齐襄公之后以祖名为姓。　　[13] 爱(Ài)：源于唐代，出自赐姓，西域回鹘国相爱邪勿后代的姓氏。　　[14] 阳(Yáng)：出自姬姓，源于东周，以国名为氏。　　[15] 佟(Tóng)：源于妫姓，出自夏王朝末期的太史终古。　　[16] 第五(Dìwǔ)：源于妫姓，出自汉高祖刘邦强迁原战国时期齐国的田氏公族时封的编序，属帝王赐姓。　　[17] 言(Yán)：出自春秋时的言偃，以祖名为姓。　　[18] 福(Fú)：出自春秋时齐国大夫福子丹，以祖名为姓。

知识锦囊

立木建信

商鞅是秦国的宰相,当时秦国的变化比较大,原来的法律已经不适应形势的变化了。商鞅起草了变革法律的条令,可是并没有马上公布,因为他担心老百姓不信任自己。

一日,集市上有差役喊道:"注意了! 注意了! 南门那儿立着一根三丈长的木棒,谁能把它移走放到北门,就给谁十根金条。"赶集的老百姓一下子全都来到了南门,果然有一根三丈长的木棒立在南门前。老百姓都感到非常奇怪,谁也不敢挪动它。"扛一根木棒就能得到十根金条,是真的还是假的?""肯定是假的。""世上哪有天上掉馅饼的事情?"老百姓七嘴八舌地说。结果,没有一个人去扛它。

立木建信

商鞅告诉差役:"扛一次,给五十根金条。""谁把它扛到北门,就给谁五十根金条。"差役又喊道。人群又议论起来。这时,一个年轻人走出人群,他脱去上衣,说:"让我来试试。"他扛起了木棒,走到北门前,把木棒立在中间。差役递给他一个袋子,说:"这是老爷给你的五十根金条,请你数一数。"年轻人一看,果然是五十根黄灿灿的金条。周围的老百姓个个都后悔极了,有人说:"早知道是真的,我也去试试了。"还有人说:"唉,这么好的机会都错过了,真可惜。"商鞅见老百姓都信任他了,才公布了变法的法令。

综合实践

一、活动主题

走进经典——《百家姓》学习、诵读活动。

二、指导思想

在姓氏文化中,《百家姓》是一种特殊的历史文献,记载了中国姓氏的发展历程,它与姓氏家谱、方志、正史构成了完整的中国历史,是中国珍贵文化遗产的一部分。《百家姓》作品的出现,是中国特有的文化现象,流传至今,影响极深,它所辑录的姓氏体现了中国人对宗脉的强烈认同感。

三、活动目标

1. 了解姓氏起源,寻找姓氏名人,感受姓氏文化。

2. 对《百家姓》中的名人典故进行情景展示。

3. 探究自己姓氏的人口数量、分布情况及同姓名人故事。

四、活动安排

1. 精心组织,了解姓氏文化

同学们自愿结成调查小组,对校园内的学生或教职工进行姓氏调查。以小组为单位,填写表 2-1,把搜集的资料放在一起,相互交流与学习。

表 2-1　姓氏调查表

姓氏调查表			
时　　间		地　　点	
组　　员			
调查结果	1. 共调查(　　)人,有(　　)种姓氏。 2. 调查到的姓氏有(　　　　　　　　　　　　　　　)。 ……		

2. 创新形式,感受姓氏文化

利用各种教学资源,为自己、亲人或朋友查阅姓氏的来源。对自己搜集到的姓氏起源进行讲述,教师根据学生表现进行评分。

第三部分

千字文

❀ 作品简介 ❀

《千字文》号称"中国蒙学书之祖"，它成书于南北朝时期的萧氏梁朝，至今已有1 500年左右的历史。

《千字文》全文共二百五十句，每四字一句，四句一组，两组一韵，涵括了天文自然、修身养性、人伦道德、地理历史、人物掌故、农耕园艺、祭祀礼仪、饮食起居等许多方面的知识。其精思巧构，知识丰富，音韵谐美，文笔优美，辞藻华丽，宜于记诵，因而成为千百年来的蒙学教科书。

《千字文》在内容上可以分为四个部分。

第一句"天地玄黄"至第三十六句"赖及万方"为第一部分。这一部分先从开天辟地讲起；有了天地，就有了日月、星辰、云雨、霜雾、四时、寒暑，也就有了孕生于大地的金玉、铁器、珍宝、果品、菜蔬，以及江河湖海、飞鸟游鱼，天地之间也就出现了人和时代的变迁；此外，还讲述了人类社会的早期历史和商汤、周武王时期的盛世气象，即文中所说的"坐朝问道，垂拱平章。爱育黎首，臣伏戎羌。遐迩一体，率宾归王。鸣凤在竹，白驹食场。化被草木，赖及万方"。

第二部分为从第三十七句"盖此身发"至第一百零二句"好爵自縻"，重在讲述人的修养标准和原则，也就是修身的工夫，指出人要孝亲，珍惜父母给予的身体，"恭维鞠养，岂敢毁伤"；要"知过必改"，讲信用，保持纯真本色，树立良好的形象和信誉；接着对忠、孝等美德和人的言谈举止、交友等方面进行了深入的阐述。

第一百零三句"都邑华夏"至第一百六十二句"岩岫杳冥"为第三部分，主要讲述与统治有关的各方面问题。此部分首言京城形胜，极力描绘都邑之壮丽，"宫殿盘郁，楼观飞惊"；接着叙述京城之中汇集的丰富典籍和大批英才，"既集坟典，亦聚群英"，重在表现上层社会的豪华生活和统治者的文治武功；最后描述了国家疆域的广阔和风景的秀美，"九州禹迹，百郡秦并……旷远绵邈，岩岫杳冥"。

第四部分自第一百六十三句"治本于农"至第二百四十八句"愚蒙等诮"，主要描述恬淡的田园生活，赞美那些甘于寂寞、不为名利羁绊的人，对温馨的人情向往之至。

最后，还有两句"谓语助者，焉哉乎也"，是作者的自谦之词，没有特别含义。

❀ 原典作者 ❀

周兴嗣，字思纂，博览群书，"博通记传，善属文"，是当时的一位文学奇才。梁武帝以梁代齐时，周兴嗣写了一篇《休平赋》，颂扬梁武帝的功德，其文辞之华丽、对仗之工整，令时人为之倾倒。不久，梁武帝任命周兴嗣为员外散骑侍郎。

梁武帝萧衍一生戎马倥偬，他希望自己的后代能在天下太平时期多读些书。当时还没有一本适合的启蒙读物，梁武帝令一位名叫殷铁石的文学侍从从晋朝大书法家王羲之的手迹中拓下一千个各不相干的字，然后一字一字地教学，但杂乱难记，收效甚微，他便嘱咐周兴嗣"卿有才思，为我韵之"，要周兴嗣将这一千个不同的字编成一篇通畅而又有韵味的文章。周兴嗣才思敏捷，文思如泉涌，一鼓作气，仅用了一夜时间，就撰成一篇通俗易懂而又知识丰富的启蒙文章。梁武帝读后龙颜大悦，即命刻印为诸王的习诵读本，并刊行于世。

周兴嗣以一夜之功挥就的天下奇篇《千字文》，成为蒙学书之祖。他用一千个本毫不相干的汉字，写成了这样一篇合辙押韵、朗朗上口的微缩版中国小百科全书，令人叹赏不已。

作品影响

《千字文》首尾连贯，妙语连珠，言简意赅，通俗易懂。其最大优点在于融知识性、可读性和教化性于一体，诵读一遍即感到辞藻华美，文采斐然，合辙押韵，铿锵流畅，朗朗上口，易诵易记，故在后世得到很高的评价，影响深远。

宋明以后直至清末，《千字文》与《三字经》《百家姓》一起，构成了我国最基础的启蒙之书。旧有打油诗云："学童三五并排坐，'天地玄黄'喊一年。"《千字文》作为一部有影响的童蒙作品，很早就被翻译为日文、韩文、英文、拉丁文、意大利文等，传播于世界各地。目前《千字文》已经被翻译成20多种语言，在国际上广泛传播。

在《梁书·周兴嗣传》中，《千字文》又名《次韵王羲之书千字》。梁武帝将此本《千字文》摹出副本，"分赐八王"。周兴嗣不负所望写出了《千字文》这样的作品后，梁武帝大力推广，命令最好的书法家来临写。《千字文》第一件有史可查的书法作品出自南朝著名书法家萧子云之手，但是让《千字文》得到大范围流传的是智永和尚。智永，俗姓王，名法极，他是王羲之的第七世孙。智永用真书和草书两种字体写《千字文》八百份，赠予浙东各个佛家寺院，使得《千字文》在民间得到广泛传播。他所书写的《千字文》又被称为《智永真草千字文》。

受智永的影响，后世很多书法家都写过《千字文》。由于历代不少大书法家都曾书写，《千字文》至今仍是学习书法的范本。

原文赏析

天地玄黄，宇宙洪荒。　日月盈昃，辰宿列张。　寒来暑往，秋收冬藏。
闰余成岁，律吕调阳。　云腾致雨，露结为霜。　金生丽水，玉出昆冈。
剑号巨阙，珠称夜光。　果珍李柰，菜重芥姜。　海咸河淡，鳞潜羽翔。
龙师火帝，鸟官人皇。　始制文字，乃服衣裳。　推位让国，有虞陶唐。
吊民伐罪，周发殷汤。　坐朝问道，垂拱平章。　爱育黎首，臣伏戎羌。
遐迩一体，率宾归王。　鸣凤在竹，白驹食场。　化被草木，赖及万方。
盖此身发，四大五常。　恭惟鞠养，岂敢毁伤？　女慕贞洁，男效才良。
知过必改，得能莫忘。　罔谈彼短，靡恃己长。　信使可覆，器欲难量。
墨悲丝染，诗赞羔羊。　景行维贤，克念作圣。　德建名立，形端表正。
空谷传声，虚堂习听。　祸因恶积，福缘善庆。　尺璧非宝，寸阴是竞。
资父事君，曰严与敬。　孝当竭力，忠则尽命。　临深履薄，夙兴温凊。
似兰斯馨，如松之盛。　川流不息，渊澄取映。　容止若思，言辞安定。
笃初诚美，慎终宜令。　荣业所基，籍甚无竟。　学优登仕，摄职从政。
存以甘棠，去而益咏。　乐殊贵贱，礼别尊卑。　上和下睦，夫唱妇随。
外受傅训，入奉母仪。　诸姑伯叔，犹子比儿。　孔怀兄弟，同气连枝。
交友投分，切磨箴规。　仁慈隐恻，造次弗离。　节义廉退，颠沛匪亏。
性静情逸，心动神疲。　守真志满，逐物意移。　坚持雅操，好爵自縻。
都邑华夏，东西二京。　背邙面洛，浮渭据泾。　宫殿盘郁，楼观飞惊。
图写禽兽，画彩仙灵。　丙舍旁启，甲帐对楹。　肆筵设席，鼓瑟吹笙。
升阶纳陛，弁转疑星。　右通广内，左达承明。　既集坟典，亦聚群英。
杜稿钟隶，漆书壁经。　府罗将相，路侠槐卿。　户封八县，家给千兵。
高冠陪辇，驱毂振缨。　世禄侈富，车驾肥轻。　策功茂实，勒碑刻铭。
盘溪伊尹，佐时阿衡。　奄宅曲阜，微旦孰营。　桓公匡合，济弱扶倾。
绮回汉惠，说感武丁。　俊乂密勿，多士寔宁。　晋楚更霸，赵魏困横。
假途灭虢，践土会盟。　何遵约法，韩弊烦刑。　起翦颇牧，用军最精。
宣威沙漠，驰誉丹青。　九州禹迹，百郡秦并。　岳宗泰岱，禅主云亭。
雁门紫塞，鸡田赤城。　昆池碣石，钜野洞庭。　旷远绵邈，岩岫杳冥。
治本于农，务兹稼穑。　俶载南亩，我艺黍稷。　税熟贡新，劝赏黜陟。
孟轲敦素，史鱼秉直。　庶几中庸，劳谦谨敕。　聆音察理，鉴貌辨色。
贻厥嘉猷，勉其祗植。　省躬讥诫，宠增抗极。　殆辱近耻，林皋幸即。
两疏见机，解组谁逼？　索居闲处，沉默寂寥。　求古寻论，散虑逍遥。

欣奏累遣,戚谢欢招。渠荷的历,园莽抽条。枇杷晚翠,梧桐蚤凋。
陈根委翳,落叶飘摇。游鹍独运,凌摩绛霄。耽读玩市,寓目囊箱。
易辀攸畏,属耳垣墙。具膳餐饭,适口充肠。饱饫烹宰,饥厌糟糠。
亲戚故旧,老少异粮。妾御绩纺,侍巾帷房。纨扇圆洁,银烛炜煌。
昼眠夕寐,蓝笋象床。弦歌酒宴,接杯举觞。矫手顿足,悦豫且康。
嫡后嗣续,祭祀烝尝。稽颡再拜,悚惧恐惶。笺牒简要,顾答审详。
骸垢想浴,执热愿凉。驴骡犊特,骇跃超骧。诛斩贼盗,捕获叛亡。
布射僚丸,嵇琴阮啸。恬笔伦纸,钧巧任钓。释纷利俗,竝皆佳妙。
毛施淑姿,工颦妍笑。年矢每催,曦晖朗曜。璇玑悬斡,晦魄环照。
指薪修祜,永绥吉劭。矩步引领,俯仰廊庙。束带矜庄,徘徊瞻眺。
孤陋寡闻,愚蒙等诮。谓语助者,焉哉乎也。

全文注解

天地玄黄,宇宙洪荒。日月盈昃,辰宿列张。

【注释】

[1]玄:深青色。　[2]盈:圆满。　[3]昃(zè):太阳西斜。　[4]宿(xiù):我国古代天文学家将天空中某些星的集合体叫作"宿"。　[5]列张:排列分布。

【解读】

天是青黑色的,地是黄色的,宇宙形成于混沌蒙昧的状态中。太阳正了又斜,月亮圆了又缺,星辰布满无边的夜空。

知识锦囊

盘古开天辟地

远古的时候没有天也没有地,到处是混混沌沌的,漆黑一团。在这黑暗之中,经过一万八千年,孕育出了一个力大无穷的神,他的名字叫盘古。

盘古醒来睁开眼一看,什么也看不见,于是拿起一把神斧向四周猛劈过去。那轻而清的东西向上飘去,形成了天;重而浊的东西向下沉去,形成了地。盘古站在天地中间,不让天地结合在一起。天每日都在增高,地每日都在增厚,盘古也随着增高。这样又过了一万八千年,天变得极高,地变得极厚,盘古也累倒了,再也没有起来。

盘古的头变成了高山,四肢变成了擎天之柱,眼睛变成了太阳和月亮,血液变成了江河,毛发变成了花草,呼吸变成了风,喊声变成了雷,泪水变成了甘霖雨露,滋润着大地。

盘古开天辟地

盘古创造了天地,又把一切都献给了天地,让世界变得丰富多彩。

盘古是中国古代传说时期中开天辟地的神。他殚精竭力,以自己的生命演化出生机勃勃的大千世界,是自然大道的化身。他"鞠躬尽瘁,死而后已"的献身精神,历来为人们所推崇。千百年来,盘古文化在这片他以自己的生命所化的热土上,流传不息,延续古今,传播中外,成为中华文化中一颗璀璨的明珠。

盘古精神是开天辟地的开创精神、创新精神,是劳动创造世界、劳动创造一切的精神,是不怕困难、长期奋斗、自我牺牲、为民造福的精神。

知识锦囊

后羿射日

传说古时候,天空中曾有十个太阳,他们都是东方天帝的儿子。这十个太阳跟他们的母亲共同住在东海边上。她经常把十个孩子放在世界最东边的东海中洗澡,洗完澡后,让他们像小鸟那样栖息在一棵大树上。九个太阳栖息在长得较矮的树枝上,另一个太阳则栖息在树梢上。当需要晨光降临时,栖息在树梢的太阳便坐着两轮车,穿越天空,照射人间,把光和热洒遍世界的每个角落。十个太阳每天一换,轮流当值,秩序井然,天地万物一片和谐。

可是,这样的日子过长了,这十个太阳就觉得无聊,他们想要一起周游天空。当黎明来临时,十个太阳一起爬上双轮车,踏上了穿越天空的征程。十个太阳像十个大火团,他们放出的热量烤焦了大地,人们在火海中苦苦挣扎。

有个英雄叫后羿,他是个神箭手,箭法超群,百发百中。他看到人们生活在火海中,心中十分不忍,便暗下决心射掉多余的九个太阳,帮助人们脱离苦海。

于是,后羿爬过了九十九座高山,越过了九十九条大河,穿过了九十九座峡谷,来到东海边,登上了一座大山,山脚下就是茫茫的大海。后羿拉开了万斤重的弓弩,搭上千斤重的利箭,瞄准天上火辣辣的太阳,"嗖"地一箭射去,第一个太阳被射落了。后羿一枝接一枝地把箭射向太阳,无一虚发,射掉了九个太阳。直到最后剩下一个太阳,他怕极了,就按照后羿的吩咐,老老实实地为大地和万物继续贡献光和热。

从此,这个太阳每天从东方的海边升起,晚上从西边的山上落下,温暖着人间,人们安居乐业。

寒来暑往,秋收冬藏。闰余成岁,律吕调阳。

【注释】

[1]闰余成岁:中国古代历法以月亮圆缺变化一次为一个月,十二个月为一年,但人们实际经历的一年(地球绕太阳运行一圈所用的时间)和它之间存在差额,这个时间差额被称为"闰余"。为了解决这个问题,古人每过几年就把积累到一定程度的"闰余"相加,合成"闰月",插入该年份中,有"闰月"的这一年就是"闰年"。 [2]律吕:中国古代将一个八度分为十二个不完全相等的半音,从低到高依次排列,其中奇数各律叫作"律",偶数各律叫作"吕",总称"六律""六吕",简称"律吕"。 [3]调阳:调节阴阳。相传黄帝时伶伦制乐,用律吕以调阴阳。

【解读】

寒暑循环变换,来了又去,去了又来;秋天收割庄稼,冬天储藏粮食。积累数年的闰余并成一个月,放在闰年里;用六律、六吕来调节阴阳。

知识锦囊

伶伦创音律

伶伦又称泠伦。《吕氏春秋·古乐》里记载,伶伦是中国音乐的始祖。相传,他是黄帝时代的乐官,是中国古代发明律吕并据以制乐的始祖。

当年黄帝命伶伦作乐律,伶伦取嶰谷之竹,用其中厚薄均匀的做成竹管。开始,吹出来的音调没有阴阳之分,根本不成音律。

有一天,伶伦独自一人来到凤岭,躺在一块石头上冥思苦想,不知不觉睡着了。当他睡得正香时,忽然被树上一阵美妙的鸟声唤醒。只见树上两只羽毛美丽、体形优美的凤凰在鸣叫,声音婉转悠扬,十分动听,伶伦睁大双眼,细心倾听,而且情不自禁地拿起自制的竹管,模仿凤凰的叫声吹了起来。

从此,伶伦每天来到凤岭,坐在一块大石头上,专等凤凰来鸣叫。伶伦经过长时间观察发现,在鸣叫的凤凰中,凤的鸣叫声激情昂扬,凰的鸣叫声柔和悠长。每对凤凰栖落后,各鸣六声,然后连声合叫一遍,就飞走了。

伶伦根据凤凰鸣叫的六声,经过长时间的揣摩、推敲,终于创制出十二音律。

云腾致雨,露结为霜。金生丽水,玉出昆冈。

【注释】

[1]腾:升起。 [2]丽水:金沙江,自古出产黄金。 [3]昆冈:昆仑山,自古盛产美玉。

【解读】

云气上升遇冷就形成了雨，夜里露水遇冷就凝结成霜。黄金产在金沙江，玉石出在昆仑山。

知识锦囊

黄金和玉石

黄金和玉石都是非常珍贵、稀有的天然物产。古人认为黄金可以驱邪避凶，故此多用黄金做首饰。中国最有名的沙金产地是金沙江。

相传玉是山石千百年来受日精月华而成，所以有"观祥云知山有美玉"的说法。古人非常珍视玉，《礼记·玉藻》说："古之君子必佩玉。"昆仑山在中国的西北边陲，以出产美玉而闻名，是古代中国采玉的主要矿脉，又是传说中神仙所居之地，据传王母娘娘的洞府就在西昆仑之上。

知识锦囊

卞和献玉

楚国有一个人叫卞和，在荆山里得到一块璞玉。卞和捧着璞玉去奉献给楚厉王，厉王命玉工查看，玉工说这只不过是一块石头。厉王大怒，以欺君之罪砍下卞和的左脚。厉王死后，武王即位，卞和再次捧着璞玉去见武王，武王又命玉工查看，玉工仍然说只是一块石头，楚王又以卞和犯了欺君之罪为由砍掉了他的右脚。武王死后，文王即位，卞和抱着璞玉在楚山下痛哭了三天三夜，文王得知后派人询问："天下被砍去双脚的人那么多，为什么你哭得这么悲伤呢？"卞和说："我并不是哭我被砍去了双脚，而是哭宝玉被当成了石头，忠贞之人被当成了欺君之徒，无罪而受刑辱。"文王命人剖开这块璞玉，见真是稀世之玉，就为其命名为和氏璧。

卞和献玉

剑号巨阙，珠称夜光。果珍李柰，菜重芥姜。

【注释】

[1]巨阙：越王允常命欧冶子铸造了五把宝剑，名为纯钧、湛卢、胜邪、鱼肠、巨阙，全都锋利无比，而以巨阙为最。　[2]夜光：《搜神记》中说，隋侯救了一条受伤的大蛇，后来大蛇衔了一颗珍珠来报答他的恩情，那珍珠夜间放射出的光辉能照亮整个殿堂，人称"夜

光珠"。 ［3］奈(nài)：似苹果，又名"花红""沙果"。

【解读】

最锋利的宝剑叫"巨阙"，最贵重的明珠叫"夜光"。水果里最珍贵的是李子和奈子，蔬菜中最重要的是芥菜和生姜。

知识锦囊

三长两短

巨阙剑是宝剑里面最有名气的一把剑。春秋时期，越国有一位著名的铸剑大师叫欧冶子，他铸了五把有名的宝剑，其中三把是长剑，两把是短剑。长剑中头一把就是巨阙剑，第二把叫纯钧剑，第三把叫湛卢剑。两把短剑就是胜邪剑和鱼肠剑。三长两短五把剑全都锋利无比。

后来，他铸的短剑中，有一把被吴国公子光买下，送给剑客专诸，要专诸刺杀吴王僚，夺回王位。公子光就请吴王僚到家里做客，专诸假扮厨师，把短剑放到鱼的肚子里，然后把鱼进献上去。到了吴王僚跟前，专诸从鱼中取出短剑刺杀吴王僚，吴王僚当场毙命。公子光自立为国君，就是吴王阖闾。那把锋利的短剑就是鱼肠剑。因为欧冶子所铸的宝剑是三把长的，两把短的，所以"三长两短"也就成了意外、灾祸的代名词。

知识锦囊

隋侯之珠

战国时，隋侯出巡封地，行至溠水地方，隋侯突然发现山坡上有一条巨蛇，被人拦腰斩了一刀。由于伤势严重，巨蛇已经奄奄一息了，但它两只明亮的眼睛依然神采奕奕。隋侯见此蛇巨大非凡且充满灵性，遂动了恻隐之心，命令随从为其敷药治伤。不一会儿，巨蛇恢复了体力，它晃动着巨大而灵活的身体，绕隋侯的马车转了三圈，径直向苍茫的山林逶迤游去。

一晃几个月过去了，隋侯出巡归来，路遇一少年。他拦住隋侯的马车，从囊中取出一枚硕大晶亮的珍珠，要献给隋侯。隋侯探问缘由，少年却不肯说。隋侯认为无功不可受禄，坚持不肯收下这份厚礼。

第二年秋天，隋侯再次巡行至溠水地界，中午在一山间驿站小憩。睡梦中，隐约走来一个少年，跪倒在他面前，称自己便是去年获救的那条巨蛇的化身，为感谢隋侯的救命之恩，特意前来献珠。隋侯猛然惊醒，果然发现床头多了一枚珍珠，这枚硕大的珍珠似乎刚刚出水，显得特别洁白圆润，光彩夺目，近观如晶莹之烛，远望如海上明月，一看便知是枚宝珠。因为光洁无比，在夜里也能熠熠发光，所以人们又把它称作夜光珠。

海咸河淡，鳞潜羽翔。龙师火帝，鸟官人皇。

【注释】

［1］鳞：代指鱼。 ［2］羽：代指鸟。 ［3］龙师：伏羲氏用龙给百官命名，因此叫他"龙师"。 ［4］火帝：神农氏用火给百官命名，因此叫他"火帝"。 ［5］鸟官：少昊氏用鸟给百官命名，因此叫他"鸟官"。 ［6］人皇：传说中的三皇之一。《三皇本纪》中说："人皇

九头,乘云车,驾六羽,出谷口。兄弟九人,分长九州,各立城邑。凡一百五十世,合四万五千六百年。"

【解读】

海水是咸的,河水是淡的,鱼儿在水中潜游,鸟儿在空中飞翔。伏羲氏又叫龙师,神农氏又叫火帝,少昊氏又叫鸟官,远古时期部落的首领叫人皇。

知识锦囊

龙师、火帝、鸟官

龙师即伏羲氏。伏羲氏姓风,号太昊。伏羲氏用龙来给百官命名,如青龙官、赤龙官、黄龙官等,因此把伏羲氏叫作龙师。

火帝就是神农氏。神农氏姓姜,号炎帝。他用火给百官命名,所以神农氏也称"火帝"。神农氏选五谷、尝百草,教民稼穑,他是农业的始祖,又是医药之王,有的药王庙供奉的药王就是神农氏。

鸟官指少昊氏,又叫金天氏,他是黄帝的儿子,因为学会了太昊伏羲氏的学问,所以人称少昊氏。那个时候是太平盛世,有凤凰飞来,因此他手下的文武百官都用鸟来命名,比如凤鸟官、玄鸟官、青鸟官等,所以称他为"鸟官"。

始制文字,乃服衣裳。推位让国,有虞陶唐。

【注释】

[1] 推位:让位。　[2] 有虞:有虞氏,传说中的远古部落名,舜是它的首领。这里指舜。　[3] 陶唐:陶唐氏,传说中的远古部落名,尧是它的首领。这里指尧。

【解读】

仓颉创制了文字,嫘祖制作了衣裳。唐尧、虞舜英明无私,主动把君位禅让给功臣、贤人。

知识锦囊

仓颉造字

像 颉 仓

仓颉,号史皇氏,黄帝时的史官。一天,他参加集体狩猎,走到一个三岔路口时,几个老人为往哪条路走争辩起来。一个老人坚持要往东,说有羚羊;一个老人要往北,说前面不远处可以追到鹿群;一个老人偏要往西,说有两只老虎,不及时打死,就会错过机会。仓颉一问,原来他们都是看着地下野兽的脚印才认定的。仓颉心中猛然一喜:既然一个脚印代表一种野兽,我为什么不能用符号来表示事物呢? 他高兴地拔腿奔回家,开始创造各种符号来表示事物。黄帝知道后大加赞赏,命令仓颉到各个部落去传授这种方法。渐渐地,这些符号的用法推广开了,这样就形成

仓颉造字

了最初的文字。仓颉被后人尊为"造字圣人"。

知识锦囊

嫘祖制衣

嫘祖，西陵氏之女，轩辕黄帝的元妃。嫘祖养蚕缫丝，"教民育蚕"，为人类做出了重大贡献，人们出于感激，尊其为"先蚕娘娘"。

黄帝战胜蚩尤后，建立了部落联盟，黄帝被推选为部落联盟的首领。他带领大家发展生产，种五谷，驯养动物，冶炼铜铁，制造生产工具；而做衣冠的事，就交给正妃嫘祖了。她经常带领妇女上山剥树皮，织麻网，还把男人们猎获的各种野兽的皮毛剥下来，进行加工。不长时间，各部落的大小首领都穿上了衣服和鞋，戴上了帽子。

嫘祖心灵手巧，聪明能干。她经常到野外采食野果，发现广袤的原野上长着许多桑树，树上有一种能够吐丝做茧的昆虫，吐出的丝细而结实，就把它捉来试养。桑蚕取食桑叶后吐丝结茧，嫘祖发现将这种茧壳浸湿后，套在棍子上，可以拉出长长的线，就把这种线叫作"丝"。她又受蜘蛛结网的启发，把丝织成布，称它为"绸"。绸代替了树叶和兽皮，人们从此就有衣服穿了。

知识锦囊

有虞陶唐

"有虞陶唐"说的是五帝里面的最后两位。有虞是指舜帝，姓姚，名重华，号有虞氏，故人们称他为虞舜。陶唐指尧帝，他姓祁，号放勋，因为他的封地在陶和唐，所以叫他唐尧。

尧是帝喾之子，黄帝的玄孙，他为人简朴、严肃、恭谨，团结族人，德高望重，得到人民的拥戴。他年老时，四岳十二牧一致推举舜当继承人。尧把自己的两个女儿嫁给了舜，又对他进行了长期的考察，最后才放心地把君位禅让给了舜。

舜是颛顼一脉的子孙，他宽厚待人，孝顺父母，慈爱兄弟，为政仁和。舜在位六十一年后，把君位禅让给禹，自己死于巡视的路上。舜的两位夫人娥皇、女英闻讯，泪洒君山斑竹，双双投江而亡，化为传说中的湘水之神。

吊民伐罪，周发殷汤。坐朝问道，垂拱平章。

【注释】

[1]吊：安抚，慰问。　[2]伐：讨伐。　[3]周发：西周的第一位君主武王姬发，他讨伐暴君商纣王而建立了周朝。　[4]殷汤：历史上商朝又称殷，成汤是第一位君主，他讨伐夏朝暴君桀而建立了商朝。　[5]问道：询问治理国家的方法。　[6]垂拱：语出《尚书·武成》"淳信明义，崇德报功，垂拱而天下治"，意思是不做什么而天下太平，称颂皇帝无为而治。　[7]平：太平。　[8]章：通"彰"，彰明，显著。

【解读】

安抚百姓、讨伐暴君的，是周武王姬发和商王成汤。贤明的君主坐在朝廷上向大臣们询问治国之道，垂衣拱手，毫不费力就能使天下太平，功绩彰著。

坐朝问道

"坐朝问道"是秦始皇开始的规矩,君臣坐着共商国是。在此之前为"立朝",后写为"莅朝",君臣上朝都是站着。君坐臣立的规矩由宋太祖赵匡胤开始。《千字文》所处的时代是南北朝时期,君臣上殿临朝之礼还是沿用秦汉之制,所以这里称为"坐朝问道"。

爱育黎首,臣伏戎羌。遐迩一体,率宾归王。

【注释】

[1]黎首:黎民百姓。 [2]戎:古时居住在西北部的少数民族。 [3]羌:古时居住在西部的游牧民族。 [4]遐迩:远近。 [5]率宾:出自《诗经·小雅·北山》"普天之下,莫非王土;率土之滨,莫非王臣"。

【解读】

他们爱抚、体恤老百姓,使四方各族人俯首称臣。普天之下都统一成了一个整体,所有的老百姓都服服帖帖地归顺于他们的统治。

鸣凤在竹,白驹食场。化被草木,赖及万方。

【注释】

[1]驹:小马。 [2]被(pī):通"披",覆盖,恩泽。 [3]赖:好处,这里指恩惠。

【解读】

凤凰在竹林中欢乐地鸣叫,小白马在草场上自由自在地吃草。圣君贤王的仁德之治使草木都沾受了恩惠,恩泽遍及天下百姓。

盖此身发,四大五常。恭惟鞠养,岂敢毁伤?

【注释】

[1]盖:语气词,多用在句首,无实义。 [2]四大:指道、天、地、人,还有一种说法是指地、水、风、火。 [3]五常:指仁、义、礼、智、信。 [4]鞠养:抚养,养育。

【解读】

人的身体发肤分属于"四大",一言一行都要符合"五常"。我们的身体发肤都是父母赐予的,为人处世要受到伦理道德的约束。我们要谨记父母的养育之恩,哪里敢损伤自己的身体呢?

陆绩怀橘

陆绩,字公纪,三国时吴国人。父亲陆康曾经在庐江当过太守,与将军袁术私交很好。

陆绩自小受父亲高风亮节的熏陶，深谙孝、悌、忠、义之道。

有一次，父亲带六岁的陆绩到袁术家里做客，对袁术提出的问题，陆绩对答如流，不卑不亢。袁术惊叹陆绩的才学，破例给他赐座，还命人端来一盘橘子。陆绩悄悄地往怀里塞了三个，在场的人谁也没有注意到。

当他向袁术拜别时，怀中的橘子滚落到地上。袁术很奇怪，大笑说："我招待你吃还不够吗？你为什么还拿？"陆绩说："母亲爱吃新鲜的橘子，她没吃到，我是为了孝敬母亲。"袁术听了这一番话，觉得非常稀奇，称赞他小小年纪就有这样的孝心，将来肯定是个不同凡响的人物。

后人赞曰："陆绩六岁，作客归来，母性所爱，怀橘三枚。"

女慕贞洁，男效才良。知过必改，得能莫忘。

▌【注释】

[1]效：学习，效仿。　[2]过：过错。　[3]能：技能，才能。

▌【解读】

女子要仰慕那些持身严谨的妇女，男子要仿效那些有才能、有道德的人。知道自己有过错，一定要改正；适合自己做的事，不要放弃。

知识锦囊

周处除三害

晋朝时有个人名叫周处，他脾气暴躁，横行霸道。村民们把他和山中的老虎、水中的恶龙归在一起，称为"三害"。但周处自己并没有意识到。有一天，周处到山上杀了老虎，又到水中杀了恶龙，激烈搏斗了三天三夜，才兴冲冲地回到村子。他看到村民们敲锣打鼓地开庆祝会，以为自己为乡亲们除掉了祸患，大家在为他庆功，没想到大家是以为他和

老虎、恶龙同归于尽,在庆祝他的死亡。现在见他回来了,大家非常失望,都躲着他。这时,周处才恍然大悟,决心改正自己的毛病。

第二天,周处找到当地的一个名人陆云,对他说了自己的想法,担心自己的年龄太大,改正错误为时已晚。陆云劝他说:"古人说得好,如果早上明白了道理,即使晚上死去也不会有遗憾。人只要志向坚定,不必担心美好的名誉被埋没。"陆云的话坚定了周处改过自新的想法。从此以后,周处不再胡作非为,弃恶从善。

孔子说:"德之不修,学之不讲,闻义不能徙,不善不能改,是吾忧也。"孔子认为,有四件事是最让人担忧的:第一是人不讲品德的修养;第二是人人浮躁,不肯老老实实地做学问;第三是明明知道应该做的事却不肯去做;第四就是自己的毛病、缺点总也改正不了。

罔谈彼短,靡恃己长。信使可覆,器欲难量。

▌【注释】

　　[1]罔:不要。　　[2]靡:不要。　　[3]恃:依赖,依仗。　　[4]覆:审查,考验。
[5]器:胸怀。

▌【解读】

　　不要谈论别人的短处,也不要依仗自己有长处就不思进取。诚实的话要经得起考验,度量要大到难以估量。

知识锦囊

取长补短

　　隋朝时有一位著名画家,名字叫展子虔。他画工非凡,画的人物栩栩如生,呼之欲出;画的骏马活灵活现,状似奔腾;画的高山雄伟挺拔,巍峨险峻。他常常受到别人的夸赞,以致自负起来,不把别人的画作放在眼里。

　　当时还有一位画家叫董伯仁,他的画工不比展子虔差,而且还会画展子虔并不擅长的南方山水,但是没有展子虔有名气。为了杀杀展子虔的锐气,董伯仁说:"展子虔的画没什么了不起,只是画一些北方风景,连一张江南山水画都没画过!"这话传到展子虔的耳中,展子虔有些生气,但董伯仁说的是实话,他自己确实没有画过江南的风景。他没有在言语上回敬董伯仁,而是找来董伯仁的画细心观摩,经过对比发现,董伯仁的画中有很多值得自己学习的东西。于是,他特地拜访董伯仁,希望能够相互学习。从此以后,两人便相互切磋,取长补短,把各自擅长的画法都教给对方,共同取得了很大进步。

知识锦囊

宰相肚里能撑船

　　"宰相肚里能撑船"说的是三国时期的蜀国丞相蒋琬。诸葛亮去世后,蒋琬主持朝政。他的属下中有个叫杨戏的,性格孤僻,讷于言语。蒋琬与他说话,他只应不答。有人看不惯,在蒋琬面前说:"杨戏这人对您如此怠慢,太不像话了!"蒋琬坦然一笑,说:"人都有各自的脾气、秉性。让杨戏当面说赞扬我的话,那不是他的本性;让他当着众人的面说我的不是,他会觉得我下不来台。所以,他只好不作声了。其实,这正是他为人的可贵之处。"后来,有人赞蒋琬"宰相肚里能撑船"。

知 古 鉴 今

为人处世的智慧之一就是宽容。宽容别人方能建立起良好的人际关系,宽容他人的过错,就会赢得朋友,赢得别人的佩服与尊敬。"不责人小过,不发人隐私,不念人旧恶,三者可以养德,亦可以远害。"宽容他人,需要自己有度量。个人度量大小不一,根本原因在于是否志存高远。有远大抱负的人是不会计较眼前的得失、个人的荣辱的,只有胸怀大志,才能胸襟开阔。

墨悲丝染,诗赞羔羊。景行维贤,克念作圣。

【注释】

[1]墨:墨子,名翟,战国初期思想家,墨家学派创始人。他看见匠人把白丝放进染缸里染色,悲叹道:"染于苍则苍,染于黄则黄。"这强调人要注意抵御不良环境的影响,保持天生的善性。 [2]羔羊:语出《诗经·召南·羔羊》"羔羊之皮,素丝五纮",通过咏羔羊毛色的洁白,来赞颂君子"节俭正直,德如羔羊"。 [3]景行:语出《诗经·小雅·车辖》"高山仰止,景行行止",意思是对高山要抬头瞻仰,对贤人的品德要看齐。 [4]克:能。

【解读】

墨子悲叹白丝被染上了杂色,《诗经》赞颂羔羊能始终保持洁白如一。要仰慕圣贤的德行,要克制私欲,努力仿效圣人。

鲁相嗜鱼

战国时期的鲁国丞相公孙仪特别喜欢吃鱼。在他为官的日子里,很多人给他送鱼,被公孙仪一律回绝。一天,公孙仪一位非常好的朋友来看望他,并带来自己亲自钓的鱼。老朋友觉得两人交情非比常人,加上自己又不是有求于他,他应该会收下的。公孙仪却说:"我要是吃了你的鱼,只怕会拴住我的手脚啊!"老朋友一听,立刻解释道:"你放心,我不会麻烦你的。"可是,公孙仪手一摆、头一摇,严肃地道:"既然你无所求,我如果收下你的鱼,岂不是让你背上行贿的嫌疑吗?"由于公孙仪坚持拒绝,老朋友只好把鱼拿回家了。

知 古 鉴 今

一个道德高尚的人是不贪图小利益的。可是现实生活中,很多人在利益面前舍不得,也不懂得放弃。越是这样,人的贪婪心理就越发膨胀。这些欲望和诱惑吞噬了人生中最宝贵的幸福和欢乐。如果能早一点明白这个道理,并懂得放弃,人生就可能拥有另一番美景。

德建名立,形端表正。空谷传声,虚堂习听。

【注释】

[1]虚堂:宽敞的厅堂。　[2]习:反复。

【解读】

道德修养良好,自然就会拥有美好的名声;体态端庄,仪表自然端正。在空旷的山谷,声音可以传播很远;在宽敞的厅堂,声音可以听得很清楚。

知识锦囊

不改本色

东晋时期,殷仲堪因为政绩卓著,被任命为荆州刺史。他走马上任的时候,正赶上当地闹水灾,老百姓收成很不好,连吃饭都成了问题。殷仲堪号召大家节约粮食,并从自身做起,每餐吃饭时,总是用小碟盛菜;饭粒掉在桌子上,也会赶快捡起来接着吃。他的子女们见他这样节俭,非常不理解,便问他:"您现在的地位这样高,又有很大的权力,为什么要这么省吃俭用呢?"殷仲堪回答说:"虽然我的地位得到了提升,出任一州长官,但是我不会把平时的习惯丢弃。节俭是读书人的本分,我现在的位置来之不易,怎么能够因为登上高枝就忘了根本呢!你们要记住这个道理:无论何时,优秀的品质都不能被抛弃,这样才能做一个贤德的人。"

祸因恶积,福缘善庆。尺璧非宝,寸阴是竞。

【注释】

[1]庆:福气,吉庆。

【解读】

灾祸是作恶多端的结果,福禄是乐善好施的回报。一尺长的美玉不能算是真正的宝贝,但是即使是片刻时光也值得珍惜。

知识锦囊

陶母教子惜阴

陶侃是东晋时期的名将。其父早逝,家里非常贫困。母亲湛氏深知读书的重要,因而省吃俭用,以自己纺纱织布的微薄收入供儿子读书。可是陶侃生性贪玩,读书不用心,这可急坏了母亲湛氏。有天下雨,由于家无斗笠、雨伞,陶侃没法上学,便蹲在母亲的织布机旁玩。陶侃盯着穿来穿去的梭子,甚是好奇。湛氏见状,灵机一动,停下织布机,把陶侃拉到身边,轻声细语问陶侃老师教了什么,陶侃说老师教读了昔时贤文,湛氏就让儿子背出来。当背到"光阴似箭,日月如梭"时,湛氏叫陶侃停下,让他解释,陶侃想了半天,结结巴巴说不出个所以来。湛氏因势利导地指着手里的织布梭子,问他:"这是什么?""梭子。"母亲接着问:"你看这梭子来来去去快不快呀?""快。真快!""对。刚才这两句的意思是,日子好像这来回织布的梭子,很快就过去了。你现在因为下雨就不上学,一天很快就没

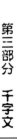

了,可惜吗?""娘,我明白了,我要珍惜光阴,用功读书。"从此,他发奋苦读,不负母望,一举成才。

资父事君,曰严与敬。孝当竭力,忠则尽命。

【注释】

[1]资:侍奉。 [2]事:侍奉,辅佐。

【解读】

奉养双亲、侍奉君主,要严肃而恭敬。孝顺父母应当竭尽全力,忠于君主要不惜献出生命。

知识锦囊

拾葚供亲

拾葚供亲

东汉时的蔡顺,少年丧父,事母甚孝。当时正值王莽之乱,又遇饥荒,柴米昂贵,蔡顺只得拾桑葚充饥。一天,巧遇农民起义军,义军士兵厉声问道:"为什么把红色的桑葚和黑色的桑葚分开装在两个篓子里?"蔡顺回答:"黑色甜桑葚供老母食用,红色酸桑葚留给自己吃。"义军士兵怜悯他的孝心,送给他三斗白米,带回去供奉他的母亲,以示敬意。

临深履薄,夙兴温清。似兰斯馨,如松之盛。

【注释】

[1]履:行走。 [2]夙兴:"夙兴夜寐"之略,早起晚睡的意思。夙,早。 [3]温清(qìng):"冬温夏清"之略。清,凉。 [4]斯:这样。

【解读】

要"如临深渊,如履薄冰"那样小心谨慎;要早起晚睡,侍候父母,让他们感到冬暖夏凉。让自己的德行像兰草那样清香,像松柏那样茂盛。

知识锦囊

鹿乳奉亲

郯子年幼好学,聪慧仁德,非常孝敬父母。郯子的父母老了以后,眼睛患上了疾病,什么都看不清楚。郯子很着急,四处打听,求医问药。后来听人说鹿乳可以治好这种病,郯子就到处买鹿乳,可是怎么也买不到。有人跟他提建议说:"买是买不到的,只有找到一头母鹿,在它身上挤出来才是唯一的办法。"郯子见父母受眼疾折磨,心急如焚,就想了一个办法。他找到一张鹿皮,披在身上,假扮成鹿,在深山老林中寻找鹿群。一天,身披鹿皮的郯子正在荒山野岭中寻找机会,忽然看见一个猎人拿着弓箭在瞄准他,吓得连忙站起身,向猎人大喊："别射,别射,我不是鹿,是人!"猎人问清楚了情况,非常感动,赠鹿乳给郯子。郯子得到鹿乳,赶紧跑回家中,为父母治疗眼病。

鹿乳奉亲

川流不息,渊澄取映。容止若思,言辞安定。

【注释】

[1]澄:清澈。　[2]容止:容貌、举止。

【解读】

延及子孙,像大河川流不息;影响世人,像碧潭清澄照人。仪容举止要沉静安详,言语措辞要稳重,显得从容沉静。

知识锦囊

谢安宠辱不惊

谢安是东晋杰出的政治家、军事家,素以从容不迫的风度著称。383 年,前秦皇帝苻坚亲率八十万大军,准备灭掉东晋。谢安镇定自若,派出自己的弟弟谢石、侄子谢玄,率军八万前去迎敌。事前谢安已将战事部署周密。两军在淝水河边摆开阵势,隔河对峙。苻坚登高远望,他见对岸晋军阵容严整,士气高昂,而且身后山上的树林里影影绰绰,像是埋伏了千军万马,苻坚内心有点犹豫了,考虑着过不过河进攻。恰好这时,谢玄派人向苻坚提出要求,要秦军稍往后退,让出一点地方,以便晋军渡河作战。苻坚心想:"晋军连这点作战忌讳都不懂呀! 自己正怕中埋伏,他倒送上门了。"他便爽快地答应了,准备趁晋军渡河之际,杀他个措手不及。谁知,他刚下令撤退,就有人大喊:"秦军败了! 秦军败了!"秦军乱作一团,自相践踏,纷纷逃命。东晋部队趁机过江,乘胜追击,连苻坚也中箭负伤。谢玄派人将捷报送回京城,当时,谢安正与客人下棋。他拿过捷报看了看,就不动声色地放在一边,照旧下棋。客人忍不住了,问:"前方战事怎么样?"谢安慢吞吞地说:"没什么,孩子们打了个大胜仗罢了。"

笃初诚美,慎终宜令。荣业所基,籍甚无竟。

【注释】

[1] 笃:忠实,诚信。 [2] 诚:确实,的确。 [3] 宜:当然。 [4] 令:善,美好。
[5] 籍甚:盛大。 [6] 竟:终了,完毕。

【解读】

无论修身还是求学,重视开头固然不错,但认真去做,有好的结果更为重要。这是一生事业的基础,有此根基,发展就没有止境。

知识锦囊

《汉　书》

班固是东汉时期著名的史学家。《汉书》是我国历史上第一部纪传体断代史,是班固倾尽毕生心血撰写的传世之作。最初,班固是准备在父亲留下的文稿基础上续写的,但他发现父亲撰写的内容并不详尽,于是重新收集资料,并定书名为《汉书》。正当班固专心致志撰写《汉书》时,有人向皇帝举报,说班固私撰国史,他因而被捕入狱。他的弟弟班超替他上书辩解,说明班固写书的目的。皇帝亲自审阅了班固的书,发现对朝廷很有益处,就任命班固为兰台令史,主修《世祖本纪》。班固用了二十多年时间,在汉章帝时期完成了《汉书》的主体部分。后来因为政治牵连,班固病死。他的妹妹班昭续写了剩下的内容,终于完成了《汉书》。《汉书》主要记载了从汉高祖元年到王莽建立的新朝地皇四年共二百二十九年间发生的史实,有记、表、志、传共一百篇。

学优登仕,摄职从政。存以甘棠,去而益咏。

【注释】

[1] 学优:《论语》中有"学而优则仕"之语。 [2] 摄:代理。 [3] 甘棠:棠梨树。
[4] 去:去世。 [5] 益:更加。 [6] 咏:歌颂。

【解读】

为学优秀,就能做官,行使职权,参与国家政务管理。召公活着时曾在甘棠树下理政,他去世后百姓对他更加怀念,经常歌颂他的功绩。

知识锦囊

棠梨树下理朝政

召公是周文王的儿子,周武王的弟弟,因为封地在召,故被称为召公。他和周公旦一起辅佐武王、成王,是周朝初期的三朝元老。传说召公经常到辖区巡视。他每次巡视公务、体察民情时,轻车简从,不打扰百姓,常常在棠梨树下搭建一间临时草舍。有官员想讨好召公,建议给他建造豪华官邸,召公却说:"为我一人大兴土木,营建官邸,劳民伤财,这不是当年文王所倡导的。"召公不管走到哪里,从不接受别人请客,也不打扰百姓。他办案公允、勤政爱民,因此深受百姓爱戴。召公去世后,老百姓常常怀念召公在棠梨树下办公的情景,就把棠梨树当作清廉、贤明、德政、爱民的象征来敬拜。"召公棠"成为一个典故,用来称颂惠政及官吏的惠施惠行。"甘棠遗爱"也成为成语,成为良吏政绩的代称。

　　乐殊贵贱,礼别尊卑。上和下睦,夫唱妇随。

【注释】

　　[1]殊:区分。　[2]别:区别。　[3]唱:同"倡",倡导。

【解读】

　　音乐要根据人们身份的贵贱而有所不同,礼节要根据人们地位的高低而有所区别。上下要和睦相处,夫妇要协调和谐。

　　外受傅训,入奉母仪。诸姑伯叔,犹子比儿。

【注释】

　　[1]傅:师傅。　[2]奉:尊奉。　[3]比:等同。

【解读】

　　在外接受师傅的训诲,在家遵从父母的教导。对待姑姑、伯伯、叔叔等长辈,要像他们的亲生子女一样。

　　孔怀兄弟,同气连枝。交友投分,切磨箴规。

【注释】

　　[1]孔怀:出自《诗经·小雅·常棣》"死丧之威,兄弟孔怀",后多用"孔怀"来代指兄弟。　[2]投分:情投意合。　[3]切磨:本指加工玉石等器物,此引申为学问上的探讨、研究。　[4]箴:劝诫,劝勉。

【解读】

　　兄弟之间要相互关心,因为同受父母血气,如同树枝相连。结交朋友要意气相投,要能学习上切磋琢磨,品行上互相劝勉。

知识锦囊

吕岱哭徐原

　　东吴名将吕岱镇岭南、抚山越、战长沙、守武昌,功业卓著,"君子叹其德,小人悦其美"。吕岱清廉忠贞、勤谨敬业,与他结交了一位名叫徐原的朋友很有关系。徐原为人忠直,"慷慨有才志",后来由吕岱推荐,当上了御史。吕岱平时偶有过错,徐原总是毫不客气地指出来,有时还当着众人的面批评他。有人看不惯,便在吕岱面前议论徐原这样做对不起朋友。吕岱听后说:"我敬重他,原因就在这里啊。"后来徐原去世,吕岱十分悲伤地感叹:"他是我的净友,我以后还能从谁的口中知道自己的过失呢?"诚哉斯言。一个能经常给自己忠告、指出自己不足的人,一定是最关心、最爱护、最希望自己能有所发展的人。

人与人之间如果能像吕岱、徐原那样"相交出于无心,相助出于无为",怎能不说是人生的一大幸事呢?古有名言:"砥砺岂必多,一璧胜万珉。"意思是说,交朋友不在多,贵在交净友。《诗经》中"如切如磋,如琢如磨"的咏叹,也是提倡朋友之间要互相帮助、互相批评,讲君子之交,求道义之交,贵心灵之交。

仁慈隐恻,造次弗离。节义廉退,颠沛匪亏。

【注释】

[1]隐恻:怜悯,同情。 [2]造次:匆忙。 [3]弗:不。 [4]离:丢弃,抛弃。
[5]退:谦逊,退让。 [6]颠沛:跌倒,比喻处境窘迫、困顿。 [7]匪:通"非",不是。

【解读】

仁义、慈爱、对人的恻隐之心,在任何时候、任何地方都不能抛离。气节、正义、廉洁、谦让这些品德,在最穷困潦倒的时候也不可缺失。

人在什么时候,不管是做人还是行事,都应有一条底线。这条底线就是做人行事的标准。美好的品德不应因环境改变而改变,更不能被利益和诱惑"诱骗"而改变。不管外界如何变化,我们都要坚持自己美好的品行。

性静情逸,心动神疲。守真志满,逐物意移。

【注释】

[1]逸:闲适。 [2]守真:保持本性。

【解读】

保持内心清静平定,情绪就会安逸舒适;心为外物所动,精神就会疲惫困倦。保持自己天生的善性,愿望就可以得到满足;追求物欲享受,善性就会改变。

知识锦囊

淡泊明志

陶渊明生活的晋代是一个政权更迭的时代。当时社会动荡,人民生活非常困苦。陶渊明为了养家糊口,来到离家乡不远的彭泽县当县令。晋代的县令只有五斗米的俸禄,很是微薄。这年冬天,督邮来检查公务。这个督邮以凶狠贪婪闻名,每次巡视,都要向管辖范围内的县令索要贿赂,否则就栽赃陷害。这次督邮一到彭泽县,就让手下人去叫县令来见他。见官场这么势利,陶渊明再也忍不住了,他气愤地说:"罢了罢了,我不能为这五斗米的薪俸,低声下气去向小人弯腰献殷勤。"说完,他马上写了辞职信,取出官印封好,离开只当了八十一天县令的彭泽县。从此以后,陶渊明过起了隐居的生活。尽管归隐生活十分贫苦,他仍创作出了一百二十多首诗歌,大多都是描写农民生活的田园诗,为后世留下了宝贵的精神财富。

坚持雅操,好爵自縻。都邑华夏,东西二京。

▌【注释】

[1]雅操:高尚的品德。 [2]爵:爵位。 [3]縻:牵连,拴住。 [4]邑:国都,京城。 [5]二京:西京长安与东京洛阳。

▌【解读】

坚定地保持着高雅情操,好的职位自然就会属于你。中国古代的都城华美壮观,有东京洛阳和西京长安。

知识锦囊

悬鱼太守

羊续,后汉人,为官清廉奉法。羊续在南阳郡太守任上,廉洁自守,赴任后数年未回家乡探亲。一次,他的夫人领着儿子从老家千里迢迢到南阳郡看望丈夫,不料被羊续拒之门外。原来,羊续身边只有几件短衣、数斛麦,根本无法招待妻儿,不得不劝说夫人和儿子返回故里,自食其力。

羊续虽然任庐江、南阳两郡太守多年,但从不请托受贿、以权谋私。他到南阳郡上任不久,他属下的一位府丞给他送来一条白河鲤鱼。羊续拒收,推让再三,这位府丞执意要太守收下。这位府丞走后,羊续将这条鲤鱼挂在屋外的柱子上,风吹日晒,成为鱼干。后来,这位府丞又送来一条更大的白河鲤鱼。羊续把他带到屋外的柱子前,指着柱上悬挂的鱼干说:"你上次送的鱼还挂着,已成了鱼干,请你一起都拿回去吧。"这位府丞甚感羞愧,悄悄地把鱼取走了。

此事传开后,南阳郡百姓无不称赞,敬称其为"悬鱼太守",再无人敢给羊续送礼了。明朝于谦有感于此事,曾赋诗曰:"剩喜门前无贺客,绝胜厨内有悬鱼。清风一枕南窗下,闲阅床头几卷书。"

背邙面洛,浮渭据泾。宫殿盘郁,楼观飞惊。

▌【注释】

[1]邙(máng):邙山。 [2]洛:洛水。 [3]渭:渭河。 [4]泾:泾河。

▌【解读】

洛阳北靠邙山,面临洛水;长安北横渭水,远据泾河。宫殿回环曲折,楼台宫阙凌空欲飞,使人心惊。

图写禽兽,画彩仙灵。丙舍旁启,甲帐对楹。

【注释】

[1]丙舍:正殿两边的配室。 [2]甲帐:古时遮墙的帐幕。 [3]楹:厅堂的前柱。

【解读】

宫殿里画着飞禽走兽,还有彩绘的天仙神灵。正殿两边的配殿从侧面开启,豪华的帐幕对着高高的楹柱。

肆筵设席,鼓瑟吹笙。升阶纳陛,弁转疑星。

【注释】

[1]陛:帝王宫殿的台阶。 [2]弁:古时的一种官帽,通常配礼服用。赤黑色布做的叫爵弁,是文冠;白鹿皮做的叫皮弁,是武冠。后泛指帽子。

【解读】

宫殿里摆着酒席,弹琴吹笙一片欢腾。官员们上下台阶互相祝酒,官帽像满天的星斗。

知识锦囊

乌纱帽

起初,乌纱帽并不是官帽,普通人也可以戴。《中华古今注》记载,唐武德九年(626),唐太宗李世民云:"自古以来,天子服乌纱帽,百官士庶皆同服之。"这说明唐朝时,乌纱帽仍为百姓常戴的一种便帽。乌纱帽成为官员专用的帽子并成为官员的代称,则是在明朝洪武三年(1370),太祖朱元璋规定"凡常朝视事,以乌纱帽、团领衫、束带为公服"。从此,乌纱帽成为官员才能戴的帽子,官员不分身份高低,一律戴乌纱帽。可是到了清代,乌纱帽又被换成红缨帽,乌纱帽便不再作为官员的标志。但现在人们仍然习惯把"乌纱帽"作为官员的代名词,如丢官职依然被说成"丢掉乌纱帽"。

右通广内,左达承明。既集坟典,亦聚群英。

【注释】

[1]广内:汉代宫廷藏书之所,指帝王的书库。 [2]承明:古代天子左右路寝称承明,因承接明堂之后,故称。 [3]坟:《三坟》,记载三皇事迹的书。 [4]典:《五典》,记载五帝事迹的书。

【解读】

右面通向用以藏书的广内殿,左面通向朝臣休息的承明殿。这里收藏了很多典籍名著,也集聚着成群的文武英才。

杜稿钟隶,漆书壁经。府罗将相,路侠槐卿。

【注释】

[1]杜稿:东汉大臣杜度的草书奏章。 [2]钟隶:三国时期著名书法家钟繇的隶书

真迹。 [3]漆书:古代用漆写成的竹木简。 [4]壁经:汉代在孔子旧宅的墙壁中发现的藏书。 [5]府:朝廷。 [6]侠:同"夹",排列。 [7]卿:公卿。

【解读】

里边有杜度草书的手稿和钟繇隶书的真迹,有从汲县魏安厘王冢中发掘出来的漆写古书,以及汉代鲁恭王在曲阜孔庙墙壁内发现的古文经书。宫廷内将相依次排成两列,宫廷外大夫公卿夹道站立。

知识锦囊

书法家钟繇

钟繇,字元常,三国时期著名的书法家,和晋代书法家王羲之并称为"钟王"。他尤其擅长书写小楷,人称"楷书鼻祖"。有一次,钟繇在书法家韦诞的家里见到了蔡邕的真迹《九势八字诀》,非常羡慕,要求韦诞借给他拿到家中看看。但韦诞出于对《九势八字诀》的珍视,只同意他在家翻阅,不肯让他携宝出门。钟繇又着急又沮丧,晚上睡在床上,还是不停地用手指在被子上比画,以至于被子磨出了许多口子。钟繇的书法遒劲有力,又自然顺畅,以隶书为蓝本,开创了楷书的新篇章。

户封八县,家给千兵。高冠陪辇,驱毂振缨。

【注释】

[1]封:赏赐。 [2]毂:泛指车。 [3]缨:用来系头冠的丝带,具有装饰的作用。

【解读】

他们每家都有八县以上的封地,还有上千名的侍卫武装。戴着高大帽子的官员们陪着皇帝出游,驾着车马,帽带飘舞着,好不威风。

世禄侈富,车驾肥轻。策功茂实,勒碑刻铭。

【注释】

[1]勒:雕刻。 [2]铭:在石碑上刻字。

【解读】

他们的子孙世代领受俸禄,奢侈豪富,出门时轻车肥马,春风得意。朝廷还详尽确实地记载他们的功德,刻在碑石上流传后世。

知识锦囊

君子一言,驷马难追

战国以前,车马是合用的,没有无马的车。驾二马为骈,驾三马为骖,驾四马为驷。驷是速度最快的车,所以有成语"君子一言,驷马难追",意思是一句承诺的话说出了口,就是套上四匹马拉的车也难以追上,形容话已说出就无法追回,或说话算数。

磻溪伊尹，佐时阿衡。奄宅曲阜，微旦孰营。

【注释】

[1]磻溪：指姜太公吕尚。吕尚在磻溪钓鱼，遇文王，被拜为太师，辅佐周武王灭商。
[2]伊尹：原为有莘氏女的陪嫁奴隶，商汤用为小臣，后来被任以国政，辅佐商汤攻灭夏桀。　[3]阿衡：商朝官名，相当于宰相。《诗经·商颂·长发》中的"实维阿衡，实左右商王"则专指伊尹。　[4]奄：古国名。　[5]宅：定居。　[6]微：没有。　[7]旦：周公姬旦。　[8]营：经营。

【解读】

吕尚在磻溪钓鱼时，遇到周文王，后被封为"太公望"；伊尹辅佐商汤治理朝政，被封为"阿衡"。如果不是周公旦辅佐，周成王哪里能成功占领古奄国的曲阜一带呢？

知识锦囊

姜太公钓鱼

姜太公钓鱼

姜太公姓姜，名尚，字子牙。他才华横溢，满腹经纶，有治国平天下的本事。相传商纣王暴虐无道，商朝的附属国诸侯姬昌想起兵反纣，求贤若渴，广纳贤士。一天，姬昌经过磻溪边，看到一位老人正在钓鱼，嘴里念念有词："鱼儿啊鱼儿，你要是愿意，就来咬我的钩吧！"鱼钩不仅离水面三尺多高，而且是直的，没有鱼饵。姬昌和这位老人聊起来，发现这位老人学识广博，无所不知，特别是对当今天下形势分析得透彻精辟。姬昌坚信这就是上天派给他的贤才，便邀请老人帮助自己。这老人就是姜太公。他听说姬昌在招贤纳士，就在磻溪边垂钓，等他来请自己。这就是"姜太公钓鱼，愿者上钩"的出处。后来姜太公果然帮助姬昌推翻商朝，建立周朝，并辅佐周武王将周朝治理得非常强盛。

知识锦囊

伊尹佐商

伊尹是夏末商初人，最早是有莘氏部落做饭的奴隶，喜欢钻研学问。他的抱负就是成为治国理政的人才。后来，伊尹来到了商汤的部落，商汤一开始仍然让伊尹做饭。一天，伊尹对商汤说："做菜不能太咸，也不能太淡。只有咸淡适宜、五味调和，吃起来才有味道。治国与做菜的道理一样，既不能操之过急，也不能放松懈怠。只有恰到好处，才能如愿以偿。"听完这番话，求贤若渴的商汤不再犹豫，马上重用伊尹。在伊尹的辅佐下，商汤一举灭了夏朝。商汤去世后，伊尹又接连辅佐了外丙、仲壬、太甲、沃丁四任皇帝，为商朝的建立和中兴立下了汗马功劳。

桓公匡合，济弱扶倾。绮回汉惠，说感武丁。

【注释】

[1]匡：纠正，端正。　[2]济：救助。　[3]倾：危亡。　[4]绮：绮里季吴实，"商山四皓"之一。汉惠帝做太子时，汉高祖想废掉他另立太子。吕后采用张良的计策，以厚礼迎来"商山四皓"，使他们与太子相处。汉高祖看到惠帝羽翼已成，就打消了另立太子的念头。　[5]说：傅说。傅说原是傅岩筑墙的奴隶，殷高宗武丁梦见了他，便画像访求，找到以后，用他为宰相。

【解读】

齐桓公多次联合各诸侯国帮助弱小的国家，扶助即将灭亡的周王室；汉惠帝在绮季里的帮助下，才保住了王位；商王武丁在梦中得到感应，才找到傅说做自己的宰相。

知识锦囊

"商山四皓"

"商山四皓"指的是秦末汉初的东园公唐秉、角里先生周术、绮里季吴实和夏黄公崔广四位著名黄老学者。他们不愿意当官，长期隐居在商山，出山时都眉皓发白，故被称为"商山四皓"。

刘邦登基后，立长子刘盈为太子，封次子如意为赵王。后来，刘邦见刘盈天生懦弱，才华平庸，次子如意却聪明过人，才学出众，有意废刘盈而立如意。

刘盈的母亲吕后闻听非常着急，便遵照开国大臣张良的主意，聘请"商山四皓"辅佐太子。有一天，刘邦与太子一起饮宴，他见太子背后有四位白发苍苍的老人，问后才知是"商山四皓"。"四皓"上前谢罪道："我们听说太子礼贤下士，就一齐来做太子的宾客。"刘邦知道大家很同情太子，又见太子有四位大贤辅佐，打消了改立赵王如意为太子的念头。刘盈后来继位，为汉惠帝。

知识锦囊

傅说辅国

商朝传位到武丁的时候，已经很衰败了。武丁即位后，想重振殷商，但是没有贤臣辅佐，他一直想找一个能安邦辅国的人。有一天，武丁得知在一个建筑工地上有个叫傅说的奴隶发明了"版筑法"，有效治理了洪水，被百姓称为圣人。武丁前去探访，和他长谈后，发现这个奴隶洞悉民间疾苦，忧国忧民，还能讲出一套安邦治国之策。为了抬高傅说的身价，武丁对外宣称，先王汤托梦，推荐给他一名辅国贤臣，就是傅说。傅说被武丁提拔为相后，直言不讳地分析了当朝王室的弊端，规劝武丁从整饬朝纲开始，推行了一系列改革，整治腐败，推行新政。他还主张与周边国家修好关系，并严惩那些敢于进犯的小国。终于，商朝富强起来，国势复兴，开创了历史上有名的"武丁中兴"。

俊乂密勿，多士寔宁。晋楚更霸，赵魏困横。

【注释】

[1] 乂(yì):治理,安定。　[2] 密勿:勤勉努力。　[3] 宁:安定。　[4] 更:更替。
[5] 横:连横。战国时,苏秦游说六国联合拒秦,称为合纵。张仪主张拆散合纵,使六国一个个服从秦国,称为连横。由于实行连横,秦国采取远交近攻的政策,首先打击赵、魏,所以说"赵魏困横"。

【解读】

正是因为能人志士的勤勉努力,国家才富强安宁。晋、楚两国先后成为霸主,赵、魏等六国却因连横受困于秦,最后被吞并。

知识锦囊

合纵连横

合纵连横指的是战国时期著名的说客苏秦、张仪所实行的合纵和连横的外交和军事政策。合纵就是南北纵列的国家联合起来,共同对付强国,阻止齐、秦两国兼并弱国;连横就是秦或齐拉拢一些国家,共同进攻另外一些国家。合纵的目的在于联合许多弱国抵抗一个强国,以防止强国的兼并。连横的目的在于以一个强国为靠山从而进攻另外一些弱国,以达到兼并和扩展土地的目的。

苏秦"头悬梁,锥刺股",苦读《阴符经》,研究韬略,游说六国,最后"并相六国",令"秦人恐惧,不敢窥兵于关中,天下不交兵者二十有九年"(《战国策》)。后来,苏秦在齐国被刺而死,其弟苏代、苏厉继续他的路线。

六国合纵之后,秦国处于长达十余年的围困之中,秦惠文王很想改变这一局面,但苦无良策。这时,张仪拜会了秦王,陈述了"近交远攻、远交近攻"的连横破纵之策,秦王大喜过望,特拜张仪为上卿。

张仪审时度势,善于通过权变立于不败之地。张仪对六国表示,联合起来对付一个假想敌是不可取的,这样是逼着秦与六国为敌。六国被张仪连劝带哄地说服了,都与秦国签订了互不侵犯条约,苏秦的合纵就被拆散了。秦国随之采取远交近攻、各个击破的策略,灭了六国,统一了天下。秦惠文王曾御诏"张仪为秦建功树勋如天之覆地之载,日月常昭,永著千秋",封张仪为武信君,采邑五城。

假途灭虢,践土会盟。何遵约法,韩弊烦刑。

【注释】

[1] 假:借。　[2] 何:萧何。　[3] 韩:韩非子。　[4] 弊:作法自毙。　[5] 烦刑:苛刻的刑法。

【解读】

晋国向虞国借道去灭虢国,返回途中又出兵灭掉了虞国;晋文公在践土与诸侯会盟,成为霸主。萧何遵循简约的精神制定了新的法律,韩非子却惨死在自己主张的严酷刑法之下。

知识锦囊

假途灭虢

晋献公想攻打虢国，但需要从虞国经过，就派荀息去向虞国借路。荀息说："用垂棘之璧和屈地良马作为礼物送给虞公，虞公一定会同意。"晋献公说："垂棘之璧是先王传下来的宝贝，屈地良马是我的坐骑。送给虞国，我怎么办？"荀息说："您不用担心，把垂棘之璧和屈地良马送给虞国，就好像把垂棘之璧从我们的内室放到外厅，把屈地良马从内厩牵到外厩一样，您明白吗？"晋献公笑着同意了。

荀息带着礼物来到虞国，虞公一见宝玉和骏马，就满口答应了荀息。虞国的大臣宫之奇劝虞公说："虞国跟虢国就像唇齿相依，嘴唇没有了，牙齿就会感到寒冷。如果我们借路给晋国，那么虢国灭了，虞国也会跟着灭亡。"虞公不听，执意把路借给了晋国。荀息带兵消灭了虢国，回师的时候，又消灭了虞国。荀息拿着玉璧，牵着骏马，重新归还给了晋献公。

起翦颇牧，用军最精。宣威沙漠，驰誉丹青。

【注释】

[1]起翦颇牧：白起、王翦、廉颇、李牧。　　[2]宣威：宣扬声威。　　[3]丹青：史册。

【解读】

秦将白起、王翦，赵将廉颇、李牧，用兵作战最为精通。他们的声威远扬到北方的沙漠，美名流传在千古史册之中。

知识锦囊

将相和

蔺相如屡建奇功，被赵惠王任命为上卿。老将廉颇心中感到极不平衡，便扬言见到蔺相如，一定要给他点颜色看看。蔺相如得知后，称病不去上朝，以此避开廉颇。许多人都说蔺相如惧怕廉颇。

负荆请罪

有一天，他们乘坐的马车在同一条大街上快要相遇，蔺相如忙叫下人远远将马车避到一边的角落，等廉颇的马车驶过才出来。下人非常不满，纷纷询问蔺相如怎么这么胆小怕事。蔺相如笑了笑，反问道："廉将军与秦王谁可怕？"下人说："当然是秦王。"蔺相如又说："现在秦国之所以不敢侵犯我国，是顾忌我和廉将军团结御敌。如果我们将相不和，秦国就会乘虚而入。我连秦王都不怕，怎么会怕廉将军呢？我是为国家大局着想啊。"蔺相如的苦心让廉颇感动不已。他脱去上

衣,赤裸着上身,背上荆条,到蔺相如家里请罪。蔺相如连忙出来迎接。将相二人齐心协力维护赵国,使秦国多年不敢进犯。

九州禹迹,百郡秦并。岳宗泰岱,禅主云亭。

【注释】

[1]九州:汉族先民将汉族原居地划分为九个区域,即所谓的"九州"。根据《尚书·禹贡》的记载,九州分别是冀州、兖州、青州、徐州、扬州、荆州、豫州、梁州和雍州。 [2]岱:泰山的别称,也叫"岱宗""岱岳"。 [3]云亭:云山、亭山两座山的合称。祭天的仪式叫"封",在泰山举行;祭地的仪式叫"禅",在泰山脚下的云山和亭山举行。

【解读】

九州之内都留下了大禹治水的足迹,全国各郡在秦并六国后归于统一。五岳以泰山为尊,历代帝王都在云山和亭山举行禅礼。

知识锦囊

泰山封禅

泰山作为五岳之首,在古人心中的地位非同一般。古代贤明皇帝的最高荣誉就是封禅于泰山。按照儒家观点,泰山封禅是统一天下的人才能举行的一种国家大典。统治者只有举行泰山封禅才能得到天帝的认可,真正成为天下之主。秦始皇统一六国后,认为自己统一了天下。他是第一个举行封禅大典的皇帝,这次封禅增强了他在社会上的实际影响力。泰山封禅对于秦始皇来说,就是天帝对他认可的一种象征。

雁门紫塞,鸡田赤城。昆池碣石,钜野洞庭。

【注释】

[1]紫塞:北方边塞,这里指长城。 [2]鸡田:西北塞外地名。 [3]赤城:山名,在浙江省天台县西北。 [4]昆池:昆明滇池。 [5]钜野:古湖泽名。

【解读】

名关有北疆雁门,要塞有万里长城,驿站有边地鸡田,奇山有天台赤城。赏池赴昆明滇池,观海临河北碣石,看泽去山东钜野,望湖上湖南洞庭。

知识锦囊

雁门关

要看雄伟的关隘，首屈一指的是雁门关，《吕氏春秋》记载："天下九塞，雁门为首。"雁门关得名于《山海经》："雁门，飞雁出于其门。"为什么大雁要从关门飞过？原来雁门群山环抱，只有过雁峰旁边有一处较低矮的山口，大雁只能从这里经过。雁门关正好坐落在这个山口之上。相传每年春来，南雁北飞，口衔芦叶，飞到雁门盘旋半晌，直到叶落方可过关，故有雁阵过关的奇景。

秦始皇统一六国后，曾派遣大将蒙恬率兵三十万，从雁门关出塞，"北击胡，悉收河南之地"，把匈奴赶到阴山以北，并且修筑了万里长城。此后历代名将如卫青、霍去病、李广、薛仁贵等，都曾驰骋在雁门关内外，保家卫国。自春秋以来，发生在雁门关前的战事，有记载的就有一千多次，可见它确是兵家必争之地。北宋的徽、钦二帝从这里被掳走，昭君从这里出塞，慈禧被洋人追赶至此，多少古今故事都发生在雁门关。

旷远绵邈，岩岫杳冥。治本于农，务兹稼穑。

【注释】

[1] 绵邈(miǎo)：连绵遥远的样子。

【解读】

中华土地辽阔，连绵不绝，名山奇谷幽深秀丽，气象万千。治国之本在于农业，百姓一定要把播种和收割等农活做好。

知识锦囊

神农尝百草

传说神农氏的部落居住在炎热的南方。在发现农作物之前，老百姓经常误吃一些有毒的植物，导致丧命。于是，神农氏就亲自尝食各种植物。他尝完这座山的花草，又到另一座山去尝。白天，他到山上尝百草，晚上，就把尝百草的情况详细记载下来。他发现麦、稻、谷子、高粱、豆能充饥，就把种子带回去，让百姓种植，这就是后来的五谷。他还尝出了三百六十五种草药，写成《神农本草》。为了纪念神农尝百草造福人间的功绩，老百姓就把

他尝百草的那片茫茫林海取名为"神农"。

俶载南亩,我艺黍稷。税熟贡新,劝赏黜陟。

【注释】

[1]俶(chù):开始。　[2]载:从事。　[3]黜:贬职,罢免。　[4]陟(zhì):晋升,奖励。

【解读】

一年的农活开始了,有种上小米的,有种上高粱的。到了收获的季节,用刚熟的粮食交纳田税,官府按照各地上交田税的多少,给予奖赏或惩罚。

孟轲敦素,史鱼秉直。庶几中庸,劳谦谨敕。

【注释】

[1]敦素:敦厚朴素。　[2]秉直:正派直爽。　[3]敕:告诫。

【解读】

孟子崇尚朴素,史官子鱼秉性刚直。做人要尽可能合乎中庸的标准,必须勤劳谦逊、谨慎检点,懂得规劝、告诫自己。

聆音察理,鉴貌辨色。贻厥嘉猷,勉其祗植。

【注释】

[1]贻(yí):赠送,给予。　[2]厥(jué):他的。　[3]猷(yóu):计划,谋划。[4]祗(zhī):恭敬。　[5]植:树立。

【解读】

听人之言要审察其是非道理,看人容貌要辨别其邪正。将其美好的谋略遗留下来,勉励子孙们谨慎小心地立身处世。

家　训

　　家训是先辈留与后人的为人处世、持家治业的宝典,最早可追溯到周公告诫子侄周成王的诰辞,自此绵延数千年,精深宏富。家训对个人有着重要的约束作用。家训或单独刊印,或附于宗谱中。家训的其他名称还有家诫、家诲、家约、遗命、家规、家教等。

　　自汉初起,家训随着朝代演变渐丰富多彩。家训中记录了许多治家教子的名言警句,成为人们倾心企慕的治家良策,成为"修身""齐家"的典范。例如"一粥一饭,当思来之不易"的节俭持家思想,今天看来仍有积极意义。在家谱中有不少详记家训、家规等以供子孙遵行的。为人称道的名训,如《了凡四训》《周公诫子》《诫子书》《曾国藩家书》等,至今脍炙人口。

省躬讥诫,宠增抗极。殆辱近耻,林皋幸即。

【注释】

　　[1] 极:极端,过度。　　[2] 殆:接近。　　[3] 皋(gāo):水边的高地。　　[4] 即:接近,靠近。

【解读】

　　听到别人的讥讽、告诫,要反省自身;备受恩宠时不要得意忘形。如果知道有危险、耻辱的事快要发生就退隐山林,还可以幸免于祸。

冯异不居功自傲

　　东汉时期,光武帝刘秀手下有一位将军,名叫冯异。冯异追随刘秀南征北战,立下了很多战功。作战时,他总是身先士卒,冲锋在前。将士们在他的率领下,个个英勇无比,打了无数次胜仗。在当时,他的军队所向披靡,横扫战场,令敌人闻风丧胆,是个名副其实的常胜将军。冯异对待自己的部下情同手足。在将士们眼中,他是个平易近人的将军,没有一点儿官架子,总是和大家吃住在一起。每次打了胜仗,大家论功行赏的时候,冯异都会把自己得到的赏赐毫无保留地让给部下。特别是那些家里贫困的战士,总是得到他的接济。

　　冯异是位了不起的军事家,有着杰出的指挥才能,立下了无数战功,却一直低调做人,从来不自夸。他这种不居功自傲的高尚品格,值得我们每个人去学习和效仿。

两疏见机,解组谁逼? 索居闲处,沉默寂寥。

【注释】

　　[1] 两疏:指汉宣帝时的疏广、疏受叔侄两人。此二人曾为太子太傅与太子少傅,是皇帝的两位老师,位高名显。　　[2] 解组:"组"是"组绶"的简称。组绶是一种丝质、有刺绣的缎带,窄的叫组,宽的叫绶,古代常用来拴印或拴勋章。解组就是将组绶解下来,表示辞官不干。　　[3] 索居:独居。　　[4] 闲处:无所事事,清静悠闲。

【解读】

汉代疏广、疏受叔侄见机归隐,有谁逼迫他们辞去官职呢?离群独居,悠闲度日,不用多费唇舌,清净无为,岂不是好事?

知识锦囊

范蠡功成身退

周敬王二十四年(前496),吴国和越国发生了槜李之战,吴王阖闾阵亡,因此两国结怨,连年战乱不休。周敬王二十六年(前494),阖闾之子夫差为报父仇,与越国在夫椒决战,越王勾践大败,仅剩五千兵卒逃入会稽山。范蠡于勾践穷途末路之际向勾践陈述"越必兴、吴必败"之断言,进谏:"屈身以事吴王,徐图转机。"被拜为上大夫后,他陪同勾践夫妇在吴国为奴三年,"忍以持志,因而砺坚,君后勿悲,臣与共勉!"

三年后归国,他与文种拟定兴越灭吴九术,是越国"十年生聚,十年教训"的策划者和组织者。为了实施灭吴战略,也是九术之一的"美人计",范蠡亲自跋山涉水,终于在苎萝村访到德、才、貌兼备的奇女西施,谱写了西施深明大义献身吴王,里应外合兴越灭吴的传奇篇章。范蠡事越王勾践二十余年,成就越王霸业,被尊为上将军。

范蠡认为有功于越王,难以久居,"飞鸟尽,良弓藏;狡兔死,走狗烹"。他深知勾践为人,可与共患难,难与同安乐,遂功成身退,隐居而终老。

求古寻论,散虑逍遥。欣奏累遣,戚谢欢招。

【注释】

[1]散:驱散,放逐。 [2]虑:心中的忧虑,杂念。 [3]遣:排遣,排除。 [4]戚:忧虑,悲哀。 [5]谢:拒绝。 [6]招:招致,聚集。

【解读】

探求古人古事,读点至理名言,就可以排除杂念,自在逍遥。把轻松的事凑到一起,费力的事丢在一边,消除无尽的烦恼,得来无限的快乐。

渠荷的历,园莽抽条。枇杷晚翠,梧桐蚤凋。

【注释】

[1]的历:光彩烂灼的样子。 [2]莽:草木茂盛的样子。

【解读】

池塘中的荷花开得多么鲜艳,园林内的青草生出嫩芽。到了冬天枇杷的叶子还是绿的,梧桐一到秋天叶子就凋落了。

知识锦囊

佛教中的莲花

莲花与佛教的关系十分密切。走进佛教寺庙,随处可看到莲花的形象。大雄宝殿中,佛祖端坐在莲花宝座之上,西方三圣阿弥陀佛、观世音菩萨和大势至菩萨也端坐在莲花之上。其余的菩萨,有的手执莲花,有的脚踏莲花,或做莲花手势,或做向人间抛洒莲花状。

寺庙的墙壁、藻井、栏杆、桌围、香袋、拜垫之上,也到处雕刻、绘制或缝绣各种莲花图案。莲花代表圣洁、美好。在佛教故事中,悉达多太子降生时,皇宫御苑中出现了八种瑞相,其中之一便是池中长出大如车轮的白莲花。

佛教中,以莲花为喻的词语数不胜数。佛座称为"莲座"或"莲台";西方极乐世界被比作清净不染的莲花境界,故称"莲邦";佛教庙宇称为"莲刹";僧尼所受之戒称"莲花戒";等等。

陈根委翳,落叶飘摇。游鹍独运,凌摩绛霄。

【注释】

[1]委翳(yì):枯萎,衰败,荒芜。　　[2]鹍(kūn):鹍鸡,古书上指像鹤的一种鸟。[3]凌:升高。　　[4]摩:迫近,接近。

【解读】

老树根蜿蜒盘曲,落叶在秋风里四处飘荡。只有远游的鲲鹏独自翱翔,直冲布满彩霞的云霄。

知识锦囊

鲲鹏展翅

《庄子·逍遥游》载:"北冥有鱼,其名为鲲。鲲之大,不知其几千里也。化而为鸟,其名为鹏。鹏之背,不知其几千里也。怒而飞,其翼若垂天之云。是鸟也,海运则将徙于南冥。南冥者,天池也。……鹏之徙于南冥也,水击三千里,抟扶摇而上者九万里,去以六月息者也。……有鸟焉,其名为鹏,背若泰山,翼若垂天之云,抟扶摇羊角而上者九万里,绝

第三部分　千字文

107

云气,负青天,然后图南,且适南冥也。"后遂以"鲲鹏展翅"比喻人奋发有为、建功立业,形容其豪迈气概。

耽读玩市,寓目囊箱。易輶攸畏,属耳垣墙。

【注释】

［1］耽:沉浸。 ［2］寓:寄托。 ［3］囊:口袋。 ［4］易:轻易,疏忽。 ［5］輶:一种轻便的车子。 ［6］攸:所。 ［7］垣:矮墙。

【解读】

汉代王充在街市上沉迷于读书,眼睛注视的全是书袋和书箱。换了轻便的车子要注意危险,说话要防止隔墙有耳。

知识锦囊

王充书铺站读

王充是东汉时期杰出的思想家。他小时候不但聪明,而且用功,6岁开始识字读书,8岁被送入本乡书塾。20岁的时候,王充被推荐到洛阳的太学里学习。他还感到不满足,就用课余时间读各种书。日子久了,他把太学里收藏的书几乎都读遍了,没办法,他又去街市的书铺里找书来读。因为他买不起书,所以每次都站在书铺前拿着书看,而不买。洛阳的街道上人来人往,熙熙攘攘,非常嘈杂,而王充就像没有听见一样,只顾专心致志地读书。就这样,王充脑海中积累的知识越来越多。后来,他终于写成了思想巨著《论衡》。

具膳餐饭,适口充肠。饱饫烹宰,饥厌糟糠。

【注释】

［1］具:准备,料理。 ［2］餐:吞食。 ［3］饫(yù):吃饱了而厌倦,不想再吃了。［4］厌:满足。 ［5］糟:酒渣。 ［6］糠:谷子的外壳。

【解读】

平时准备的饭菜,要适合口味,让人吃得饱。饱的时候,遇见大鱼大肉也不想吃;饿的时候,即使酒糟、糠皮也会饱餐一顿。

知识锦囊

糟糠之妻不下堂

"糟糠之妻"比喻共患难的妻子。

东汉初年的大司空宋弘为人正直，做官清廉，对皇上直言敢谏，曾先后为汉室推荐和选拔贤能之士三十多人，有的官至相位。光武帝刘秀对他甚为信任和器重，封他为宣平侯。

光武帝的姐姐湖阳公主新寡后，光武帝有意将她嫁给宋弘，但不知她是否同意。一天，光武帝与湖阳公主共论朝臣。湖阳公主说："宋公威容德器，群臣莫及。"光武帝听后很高兴，召见宋弘，让公主在屏风后观听。光武帝对宋弘说："谚言'贵易交，富易妻'，人情乎？"大意是，俗话说，高贵了就忘掉了旧交情，富有了就想另娶妻子，这是人之常情吗？宋弘答道："臣闻贫贱之知不可忘，糟糠之妻不下堂。"大意是，我听说，贫穷卑贱时的知心朋友不可忘记，共患难的妻子不可抛弃。光武帝听后，对湖阳公主说："此事不成了。"

亲戚故旧，老少异粮。妾御绩纺，侍巾帷房。

【注释】

〔1〕绩纺：纺纱、绩麻。　〔2〕帷房：寝房内室。

【解读】

与亲属、朋友会面要盛情款待，老人、小孩的食物应该区别开。小妾、婢女纺纱织麻，尽心、恭敬地服侍好主人。

纨扇圆洁，银烛炜煌。昼眠夕寐，蓝笋象床。

【注释】

〔1〕纨：很细的丝织品。纨扇是白而圆的绢扇，可以在上面题字、作画。

【解读】

圆圆的绢扇洁白素雅，白白的蜡烛明亮辉煌。白日小憩，晚上就寝，有青篾编成的竹席和带象牙雕屏的床榻。

弦歌酒宴，接杯举觞。矫手顿足，悦豫且康。

【注释】

〔1〕觞（shāng）：酒杯。　〔2〕矫：高举的样子。

【解读】

奏着乐，唱着歌，摆酒开宴；接过酒杯，开怀畅饮。情不自禁地手舞足蹈，真是又快乐又安康。

嫡后嗣续，祭祀烝尝。稽颡再拜，悚惧恐惶。

【注释】

〔1〕嫡：正妻。　〔2〕嗣：子嗣。　〔3〕续：继承，接续。　〔4〕烝尝：《礼记·王制》云"天子诸侯宗庙之祭，春曰礿（yuè），夏曰禘（dì），秋曰尝，冬曰烝"。郑玄云"此盖夏殷之祭名，周则春曰祠，夏曰礿"。此指四时祭祀。　〔5〕稽颡（qǐsǎng）：屈膝下拜，以额触地的

一种跪拜礼。

【解读】

子孙一代一代传续，四时祭祀不能懈怠。跪着磕头，拜了又拜；礼仪要周全恭敬，心情要悲痛虔诚。

知识锦囊

清明节、中元节、寒衣节

清明节，又称踏青节、行清节、三月节、祭祖节，节期在仲春与暮春之交。清明节源自上古时代的春祭活动，兼具自然与人文两大内涵，既是自然节气，也是传统节日。清明节是传统的重大春祭节日，扫墓祭祀、缅怀祖先，是中华民族数千年以来的优良传统，不仅有利于弘扬孝道亲情、唤醒家族共同记忆，还可增强家族成员乃至民族的凝聚力和认同感。清明节的节俗丰富，扫墓祭祖与踏青郊游是清明节的两大礼俗主题，这两大传统礼俗主题在中国自古传承，至今不辍。清明节的主要活动是祭祖，另外还有插柳枝、放风筝、荡秋千、踏青、蹴鞠、打马球、射柳、蚕花会等。

中元节，即农历七月十五，节日习俗主要有祭祖、放河灯、祀亡魂、焚纸锭等。中元节由上古时代"七月半"农作物丰收后的秋尝祭祖演变而来。"七月半"是民间初秋庆贺丰收、酬谢大地的节日，有若干种农作物成熟，民间按例要祀祖，用新米等祭供，向祖先报告秋成，是追怀先人的一种文化传统节日，其文化核心是敬祖尽孝。"七月半"原本是上古时代民间的祭祖节，而被称为"中元节"，则源于东汉后道教的说法。道教认为"七月半"是地官诞辰，阴曹地府将放出全部鬼魂，已故祖先可回家团圆，因此将"七月半"的秋尝祭祖节称为"中元节"。

寒衣节是每年农历十月初一，又称十月朝、祭祖节、冥阴节，是我国传统的祭祀节日，相传起源于周代。不少人会在这一天祭扫，纪念仙逝的亲人，谓之"送寒衣"。

笺牒简要，顾答审详。骸垢想浴，执热愿凉。

【注释】

[1]笺：文书，书信。　[2]骸：骨骼，此指身体。

【解读】

给人的书信要简明扼要，回答别人的问题时要审慎周详。身上脏了就想洗个澡，捧着热东西就希望有风把它吹凉。

知识锦囊

澡豆为饭

王敦，字处仲，东晋初期权臣，开国元勋王导的堂兄。他出身琅琊王氏，仪容俊美，精通《左传》，尤好清谈，初仕西晋，迎娶晋武帝之女，拜驸马都尉，累拜左将军、扬州刺史。

王敦与公主成亲不久，在公主府中如厕，婢女端来金澡盆、琉璃碗，里面分别盛着水与澡豆，让他净手。他却以为是干粮，便将澡豆倒进水里吃掉。婢女全都掩口而笑。后世以"澡豆为饭"形容一个人没见过世面的窘态。

驴骡犊特,骇跃超骧。诛斩贼盗,捕获叛亡。

【注释】

[1]骧:腾跃不已。 [2]诛:杀死,铲除。

【解读】

家里有了灾祸,连驴子、骡子等大小牲口都会受惊,狂蹦乱跳,东奔西跑。官府诛杀盗贼,捕获叛乱分子和亡命之徒。

布射僚丸,嵇琴阮啸。恬笔伦纸,钧巧任钓。

【注释】

[1]布:吕布,曾辕门射戟,为刘备、纪灵和解。 [2]僚:熊宜僚,善于抛弹丸。[3]嵇:嵇康,善弹琴、咏诗。 [4]阮:阮籍,能啸。 [5]恬:蒙恬,晋朝崔豹的《古今注》说蒙恬开始用兔毫、竹管做笔。 [6]伦:蔡伦,他开始创造性地用树皮、麻头、破布等来造纸,人称"蔡侯纸"。 [7]钧:马钧,三国时人,有巧思,曾做指南针和龙骨水车。[8]任:任公子,善钓,事见《庄子·外物》。

【解读】

吕布善于射箭,熊宜僚善于抛弹丸,嵇康善于弹琴,阮籍善于撮口长啸。蒙恬制造了毛笔,蔡伦发明了造纸术,马钧很有巧思,任公子善于钓鱼。

知识锦囊

吕布辕门射戟

袁绍之弟袁术派大将纪灵率领十万大军攻打刘备。袁术担心在徐州的吕布救援刘备,派人给吕布送去粮草和密信,要吕布按兵不动。刘备考虑到自己兵力不足,也写信求助于吕布。吕布收了袁术的粮草,又收了刘备的求援信,自忖:不救刘备,术得逞,我也危险;若救刘备,袁术恨我。于是,吕布让人把刘备和纪灵同时请来赴宴。席间吕布提议:"把我的画戟拿来,插到辕门外一百五十步的地方,如我射中画戟的戟尖,两家罢兵;不中,各自为之。"结果他射中画戟,免了一场厮杀。

熊宜僚抛丸

熊宜僚是楚国人,会一手抛丸的绝活儿,一次能抛九个,还是单手。《丸经·序》载:"昔者,楚庄王僵兵宋都,得市南勇士熊宜僚者,工于丸,士众称之。"楚军包围了宋国都城,久攻不下。熊宜僚于两军阵前表演抛丸绝技,使宋军将士都看傻了。突然,楚军掩杀过来,宋军大败。

嵇康抚琴

嵇康是西晋时的名士,善弹琴、赋诗。西晋时有著名的"竹林七贤"(嵇康、阮籍、山涛、刘伶、阮咸、向秀和王戎),嵇康是其中之一。嵇康精通音乐,著过《琴赋》,善弹奏《广陵散》。嵇康看不惯司马氏的所作所为,常常借酒醉讥讽司马昭,终于把司马昭惹恼了,要杀嵇康。嵇康面不改色,只要求再弹奏一次《广陵散》,三千太学生上书要求学习这首名曲,遭到朝廷拒绝。嵇康轻抚瑶琴,最后弹了一遍《广陵散》,叹息说:"我死之后,此曲绝矣!"

蒙恬造笔

毛笔是我国一种独特的传统书写、绘画工具,它与墨、纸、砚一起被称为"文房四宝"。相传蒙恬驻军边疆,经常要向秦始皇奏报军情。由于边情瞬息万变,文书往来频繁,用刀刻字速度太慢,不能适应战时需要,蒙恬急中生智,随手从士兵手中的武器上撕下一撮红缨,绑在竹杆上,在白色的丝缯上书写,由此大大地加快了写字速度。此后,他又因地制宜,不断地改良,根据北方狼、羊较多之便,利用狼毛和羊毛做笔头,制成了早期的狼毫和羊毫笔。马缟《中华古今注》载:蒙恬始作秦笔,以枯木为管,鹿毛为柱,羊毛为被,谓之"苍毫"。

"名巧"马均

马钧,字德衡,三国时期魏国人,是中国古代科技史上最负盛名的机械发明家之一。

马钧年幼时家境贫寒,自己又有口吃的毛病,所以不擅言谈,却精于巧思,后来在魏国担任给事中的官职。马钧最突出的贡献有还原指南车;改进当时笨重的织绫机;发明一种由低处向高地引水的龙骨水车;制作出一种轮转式发石机,能连续发射石块,远至数百步;把木制原动轮装于木偶下面,叫作"水转百戏图"。马钧为科学发展和技术进步做出了贡献,被誉为"天下名巧"。

知识锦囊

任公子钓鱼

任公子钓鱼的故事出自《庄子·外物》。任公子做了大鱼钩和绳子,以五十头肥壮的牛作为鱼饵,蹲在会稽山上,将钓钩甩到东海,天天在那里钓鱼,等了一年还没钓到。后来有一条大鱼咬钩了,将巨大的鱼钩拖入水下,迅速地昂头扬尾、摆动脊背,激起的白色波涛就像山一样,整个大海为之震荡,发出的声响好像出自鬼神,骇人的声威震慑千里。任公子将这条大鱼切小,然后腌制成干鱼肉,从制河以东到苍梧以北的人们,没有不饱食这条鱼的。

庄子通过这篇寓言告诉我们:要想成就一番大事业,就得胸怀大志,朝着既定的目标一直走下去,持之以恒,狠下工夫,才会到达胜利的彼岸。

释纷利俗,竝皆佳妙。毛施淑姿,工颦妍笑。

【注释】

[1]释纷:解人纠纷。 [2]利俗:便利人民。 [3]竝(bìng):同"并"。 [4]毛:毛嫱。 [5]施:西施。《庄子·齐物论》云:"毛嫱、西施,人之所美也。" [6]淑姿:姿容姣美。 [7]工:善。 [8]颦:皱眉。 [9]妍:美丽。

【解读】

他们或者善于为人解决纠纷,或者善于发明创造,有利于社会,这些都非常好。毛嫱、西施姿容姣美,一颦一笑无不动人。

知识锦囊

西施浣纱

春秋战国时期,越国的西施在河边浣纱时,清澈的河水映照着她俊俏的身影,使她显得更加美丽,这时,鱼儿看见她的倒影,忘记了游水,渐渐地沉到河底。从此,西施这个"沉鱼"的代称就流传开来。

知识锦囊

东施效颦

西施长得很姣美,但有心口疼的毛病,发作起来就手捂心口,皱眉咬唇,惹人爱怜。村东头有个丑女叫东施，她看"病西施"样子姣美，也学着皱眉捂胸，结果更加难看，庄子把她叫作"东施效颦"。

年矢每催，曦晖朗曜。璇玑悬斡，晦魄环照。

【注释】

［1］矢：漏矢，古代的计时工具，用孔壶滴漏。 ［2］曦晖：日光。 ［3］曜：照耀。
［4］璇玑：北斗七星中的两颗星，此处指北斗七星。 ［5］斡：旋转。 ［6］晦魄：月亮。

【解读】

青春易逝，岁月匆匆，催人渐老，只有太阳的光辉永远朗照。高悬的北斗随着四季变换转动，明朗的月光洒遍人间每个角落。

指薪修祜，永绥吉劭。矩步引领，俯仰廊庙。

【注释】

［1］指薪：《庄子·养生主》云"指穷于为薪，火传也，不知其尽也"，意思是用木柴烧火，木柴有穷尽的时候，而火往下传，却不会灭。此喻人的肉体会死亡，而人类的生命是延续无穷的。 ［2］修祜(hù)：修福积德。 ［3］绥：平安，安抚。 ［4］劭：美好。 ［5］矩步：迈着方步。 ［6］引领：伸着脖子。

【解读】

顺应自然，修德积福，永远平安，多么美好。如此心地坦然，方可以昂头迈步，一举一动都像在神圣的庙宇中一样庄重。

束带矜庄，徘徊瞻眺。孤陋寡闻，愚蒙等诮。

【注释】

［1］矜：自夸，自恃。 ［2］诮：讥讽，嘲讽。

【解读】

穿着整齐端庄，举止从容，高瞻远瞩。这些道理孤陋寡闻就不会明白，只能和愚昧无知的人一样空活一世，让人耻笑。

知识锦囊

老子言"道"

春秋时期，孔子听说老子知识渊博，经过多年的苦心钻研，已经悟得"道"，就做出决定，要拜访老子。

老子说："所谓的'道'是眼睛看不到、耳朵听不到、言语表达不了的，也是一般的智慧所无法把握的。所以说，所谓的得'道'，其实是只能体悟'道'，你如果想像认识有形、有声的实物一样去认识'道'，那是既听不到又看不到的，如果想用语言来表达，也没有适当的言辞能够表达清楚。"

老子看了看孔子，稍微停了一下，又接着说："你说你已经寻求了十二年而没有得'道'，那是理所当然的。如果'道'是可以奉献出来的，那么大家都会把它奉献给君王；如果'道'是可以用来进献的，那么子女就都会把它进献给自己的父母；如果'道'可以告诉给别人，那么就没有人不把它告诉自己的兄弟；如果'道'可以赠予别人，那么就没有人不把它赠予自己的子孙后代。但是，这些都只是假设，是根本实现不了的。原因就在于'道'看不见、听不着，不可言传，不可赠送。寻求'道'，关键就在于你内心的感悟。如果心中没有这种感悟，那么就不能保留住'道'；心中悟到了'道'，还需要和外界环境相印证。可以说，真正的得'道'之人是清净无为的。"

孔子听了这些话，深有感悟，于是起身告辞。

临别之时，老子又对孔子说："富贵之人喜欢用钱财送人，有学问的人喜欢用言辞送人，我算不上是有学问的人，但还是送你几句话吧！"

老子停了一下，说道："孔丘，你所极力要恢复的周礼早就已经失去生命力了。你时来运转的时候就驾着马车去为官，一旦生不逢时就像蓬草一样随风旋转。你应当知道，善于经商的人，总是把货物藏起来，好像什么都没有一样；道德高尚的人外表谦虚得像个愚人。抛弃你的那些傲气和欲望吧，这些东西对你来说没什么好处。"

老子的这番话对孔子触动非常大，他对自己的弟子们说："鸟，我知道它们善于飞翔；鱼，我知道它们善于游水；兽，我知道它们善于奔跑。对于鸟，我可以用弓箭射它；对于鱼，我可以用渔网捕捉它；对于兽，我可以用陷阱将它擒获。至于高飞于天上的龙，我不知道它的形状，也不知道它是怎样乘风飞天的。"

谓语助者，焉哉乎也。

◀ 【解读】

至于我的学识嘛，也就是知道几个谓语助词，焉、哉、乎、也，仅此而已。

综合实践

一、活动主题

走进经典——《千字文》学习、诵读活动。

二、指导思想

为进一步弘扬中华传统文化，使学生感受中华民族的传统美德，感悟古训的深刻内涵，树立正确的道德观、人生观，立君子品，做文明人，特开展"走进经典——《千字文》诵、悟、行读书活动"，推进经典诵读深入课堂，与学校的教学、育人融为一体，全面提高学生的传统文化修养、思想道德修养，培养学生懂文明、讲礼仪的良好品行。

三、活动目标

1. 使学生获取大量的传统文化知识，修习良好的行为规范，进行传统美德的熏陶，培养汉语的节奏感和韵律感。

2. 引领学生身体力行，内化于心，外化于行，争做有道德、讲文明的新时代大学生。

3. 提升学校文化内涵，提升学生文明素养，提升教育质量，构建和谐的学习、生活氛围。

四、活动安排

1. 开展《千字文》知识讲座活动。

2. 开展"诵《千字文》，创国学风"主题诵读活动。

3. 开展"读《千字文》，讲名人故事"活动。

4. 开展"学《千字文》，做有德人"演讲比赛活动。

第四部分

弟子规

作品简介

　　《弟子规》原名《训蒙文》，是清代教育家李毓秀编写的。其内容采用《论语》"学而篇"第六条的文义，列述弟子在家、出外、待人、接物与学习上应该恪守的规范，三字一句，两句或四句连意，合辙押韵，朗朗上口。全篇先为"总叙"，然后分为"入则孝""出则悌""谨""信""泛爱众""亲仁""余力学文"七个部分。全书文字通俗易懂，韵律优美，内容符合中国传统伦理和道德。诵读、学习《弟子规》，对学生成长有着深远的影响。当然，我们也应该看到《弟子规》中某些词句带有封建礼教迂腐的色彩，已经不再适应现代社会的发展，因此我们应"取其精华，去其糟粕"，学习其中的精髓，这才是最重要的。

原典作者

　　李毓秀（1647—1729），字子潜，号采三，清初学者、教育家。李毓秀人生经历平实，性情温和豁达，在年轻的时候，师从同乡学者党冰壑，游学近二十年。科举不中后，他放弃了仕进之途，终身为秀才，致力于治学，精研《大学》《中庸》，创办敦复斋讲学。根据传统对童蒙的要求，也结合他自己的教书实践，他写成了《训蒙文》，后来经过贾存仁修订，改名《弟子规》。他的著作还有《四书正伪》《四书字类释义》《学庸发明》《读大学偶记》《宋孺夫文约》《水仙百咏》等。

作品影响

　　此书以浅近通俗的文字、三字韵的形式阐述了学习的重要、做人的道理，以及待人接物的礼貌常识等。《弟子规》总叙中说:"弟子规,圣人训。首孝悌,次谨信。泛爱众,而亲仁。有余力,则学文。"这里面有七个科目,即孝、悌、谨、信、爱众、亲仁、学文,前六项属于德育修养,学文属于智育修养。《弟子规》明确强调了做人的各项准则,首先教育我们孝顺父母、尊敬兄长,继而教育我们把对父兄的孝敬扩大到社会,"事诸父,如事父。事诸兄,如事兄",进而教育我们泛爱众,"凡是人,皆须爱",通篇讲的是爱心。父母对子女倾注了无私的爱,子女应该以无私的爱回报父母。

原文赏析

总 叙

弟子规,圣人训。首孝悌,次谨信。泛爱众,而亲仁。有余力,则学文。

入则孝

父母呼,应勿缓。父母命,行勿懒。父母教,须敬听。父母责,须顺承。
冬则温,夏则凊。晨则省,昏则定。出必告,反必面。居有常,业无变。
事虽小,勿擅为。苟擅为,子道亏。物虽小,勿私藏。苟私藏,亲心伤。
亲所好,力为具。亲所恶,谨为去。身有伤,贻亲忧。德有伤,贻亲羞。
亲爱我,孝何难?亲憎我,孝方贤。亲有过,谏使更。怡吾色,柔吾声。
谏不入,悦复谏。号泣随,挞无怨。亲有疾,药先尝。昼夜侍,不离床。
丧三年,常悲咽。居处变,酒肉绝。丧尽礼,祭尽诚。事死者,如事生。

出则悌

兄道友,弟道恭。兄弟睦,孝在中。财物轻,怨何生?言语忍,忿自泯。
或饮食,或坐走。长者先,幼者后。长呼人,即代叫。人不在,己即到。
称尊长,勿呼名。对尊长,勿见能。路遇长,疾趋揖。长无言,退恭立。
骑下马,乘下车。过犹待,百步余。长者立,幼勿坐。长者坐,命乃坐。
尊长前,声要低。低不闻,却非宜。进必趋,退必迟。问起对,视勿移。
事诸父,如事父。事诸兄,如事兄。

谨

朝起早,夜眠迟。老易至,惜此时。晨必盥,兼漱口。便溺回,辄净手。
冠必正,纽必结。袜与履,俱紧切。置冠服,有定位。勿乱顿,致污秽。
衣贵洁,不贵华。上循分,下称家。对饮食,勿拣择。食适可,勿过则。
年方少,勿饮酒。饮酒醉,最为丑。步从容,立端正。揖深圆,拜恭敬。
勿践阈,勿跛倚。勿箕踞,勿摇髀。缓揭帘,勿有声。宽转弯,勿触棱。
执虚器,如执盈。入虚室,如有人。事勿忙,忙多错。勿畏难,勿轻略。
斗闹场,绝勿近。邪僻事,绝勿问。将入门,问孰存。将上堂,声必扬。
人问谁,对以名。吾与我,不分明。用人物,须明求。倘不问,即为偷。

借人物，及时还。后有急，借不难。

信

凡出言，信为先。诈与妄，奚可焉？话说多，不如少。惟其是，勿佞巧。
奸巧语，秽污词，市井气，切戒之。见未真，勿轻言。知未的，勿轻传。
事非宜，勿轻诺。苟轻诺，进退错。凡道字，重且舒。勿急疾，勿模糊。
彼说长，此说短。不关己，莫闲管。见人善，即思齐。纵去远，以渐跻。
见人恶，即内省。有则改，无加警。唯德学，唯才艺，不如人，当自砺。
若衣服，若饮食，不如人，勿生戚。闻过怒，闻誉乐。损友来，益友却。
闻誉恐，闻过欣。直谅士，渐相亲。无心非，名为错。有心非，名为恶。
过能改，归于无。倘掩饰，增一辜。

泛爱众

凡是人，皆须爱。天同覆，地同载。行高者，名自高。人所重，非貌高。
才大者，望自大。人所服，非言大。己有能，勿自私。人所能，勿轻訾。
勿谄富，勿骄贫。勿厌故，勿喜新。人不闲，勿事搅。人不安，勿话扰。
人有短，切莫揭。人有私，切莫说。道人善，即是善。人知之，愈思勉。
扬人恶，即是恶。疾之甚，祸且作。善相劝，德皆建。过不规，道两亏。
凡取与，贵分晓。与宜多，取宜少。将加人，先问己。己不欲，即速已。
恩欲报，怨欲忘。报怨短，报恩长。待婢仆，身贵端。虽贵端，慈而宽。
势服人，心不然。理服人，方无言。

亲　仁

同是人，类不齐。流俗众，仁者希。果仁者，人多畏。言不讳，色不媚。
能亲仁，无限好。德日进，过日少。不亲仁，无限害。小人进，百事坏。

余力学文

不力行，但学文。长浮华，成何人？但力行，不学文。任己见，昧理真。
读书法，有三到。心眼口，信皆要。方读此，勿慕彼。此未终，彼勿起。
宽为限，紧用功。工夫到，滞塞通。心有疑，随札记。就人问，求确义。
房室清，墙壁净。几案洁，笔砚正。墨磨偏，心不端。字不敬，心先病。
列典籍，有定处。读看毕，还原处。虽有急，卷束齐。有缺坏，就补之。
非圣书，屏勿视。蔽聪明，坏心志。勿自暴，勿自弃。圣与贤，可驯致。

 全文注解

总　叙

弟子规，圣人训。首孝悌，次谨信。

【注释】

[1] 弟子:这里指学生或孩子。凡是想要学习古圣先贤文化的人都可以称为"弟子"。

[2] 规:规矩,行动的准则。　　[3] 圣人:儒家的创始人孔子。　　[4] 训:教训,教诲。

[5] 悌:敬爱兄长。　　[6] 谨:谨慎,小心。

【解读】

《弟子规》是学童们的生活规范,是依据圣贤孔子的教诲编成的。日常生活中,一要孝顺父母,尊敬兄长;二要言语、行为小心谨慎,讲求信用。

知识锦囊

李密辞官尽孝

李密幼年时父亲去世,母亲改嫁,由祖母抚养成人。长大后,李密当上了外交官,为蜀国做出了很大贡献,一时间声名显赫。蜀国灭亡后,李密决定回家对祖母尽孝。

在家中,李密对祖母的照顾无微不至。冬天,他天不亮就把炭火点好,放在祖母的身旁;夏天,他怕祖母被蚊虫叮咬,就在睡前为祖母扇扇子。祖母的被褥脏了,李密耐心地拆下换洗;祖母的衣服脏了,李密便背到河边去洗。就这样,祖母在李密的照料下,生活得非常舒适。

后来,朝廷想要李密入朝做官,李密却写了一封书信,说要终养祖母,再报效国家,这封信便是名传千古的《陈情表》。

泛爱众,而亲仁。有余力,则学文。

【注释】

[1] 亲仁:亲近有道德的人。　　[2] 文:典章文献,泛指一切学问。

【解读】

和众人相处时要平等博爱,亲近有仁德的人。在努力学习做人的同时,还有多余的时间和精力,就要去学习更多有益的文化知识。

知识锦囊

董遇惜"三余"

董遇是汉献帝的侍讲官,对《左传》等经典著作很有研究,被称为儒学大师。有不少人想拜董遇为师,但董遇不肯收徒。他说:"书本是最好的老师,你们只要书读百遍就可以,为什么一定要拜我做老师呢?"

"为什么要书读百遍呢?"有人问。

"书读百遍,其义自见。你读了一百遍书,难道还不能理解书中的意思吗?"董遇回答。

"我们哪里有这么多时间呢?"

董遇笑着说:"可以利用'三余'来读呀!冬天,是一年中最空余的时间;夜间,是一天中最空余的时间;阴雨天,是平时最空余的时间。你们只要好好利用这'三余',怎么会没有时间读书呢?"

入则孝

父母呼,应勿缓。父母命,行勿懒。

【解读】

父母呼唤,应及时回答,不要迟缓不答。父母交代的事情,要立刻去做,不可拖延或推辞偷懒。

知识锦囊

啮指痛心

曾子是春秋时期鲁国人,孔子的得意弟子,以孝著称。曾子少年时家里非常贫困,常常要到山里打柴。有一天,曾子又进山打柴了,而母亲独自留在家里。突然,家里来了一位拜访曾子的客人。母亲见到有客人来访,而曾子此时又不在,急得不知所措,于是用牙咬破了自己的手指。这时候,正在打柴的曾子忽然感觉到自己的心抽痛了一下,他马上意识到可能是母亲出了什么事,在着急呼唤自己。曾子立刻背着柴迅速返回家中,问母亲:"我打柴的时候,忽然感到心痛,您是不是出什么事了?"母亲说道:"有客人忽然到来,我不知如何是好,咬破手指盼你回来。"曾子听到此才放下心来,赶忙去接见客人。

啮指痛心

父母教,须敬听。父母责,须顺承。

【解读】

父母教导我们为人处世的道理,应恭敬地聆听。父母责备、教训时,应恭顺地虚心接受。

—— 知古鉴今 ——

古时候,长者为尊,父母对子女具有绝对的权威,子女对父母要做到言听计从,不可反抗。用现在的眼光来看,这种观点不免有些陈腐了。如今,父母的观点如果有欠妥的地方,我们可以据理明辩,但并不是说我们可以任意妄为。我们需要讲究说话的方式,应该摆事实、讲道理,做到基本的尊重。

冬则温,夏则清。晨则省,昏则定。

【注释】

[1] 清:清凉。　[2] 省:安慰,问候。　[3] 定:服侍父母就寝。

【解读】

侍奉父母要用心体贴,冬天寒冷时为父母温暖被窝,夏天睡前为父母铺床扇凉。早晨起床,应先探望父母,向父母请安问好;晚上伺候父母安睡。

知识锦囊

行佣供母

江革是东汉时齐国临淄人,少年丧父,侍奉母亲极为孝顺。战乱中,江革背着母亲逃难,遇到匪盗。贼人欲杀死他,江革哭告老母年迈,无人奉养,贼人见他孝顺,不忍杀他。后来,他迁居江苏下邳,做雇工供养母亲,自己缺衣少食,而对母亲供养甚丰。汉明帝时,江革被推举为孝廉。有诗云:"行难负母数遇贼,佣丐尚孝感贼退。供母甚丰足下微,母由孝廉脱徒卑。"

出必告,反必面。居有常,业无变。

【注释】

[1] 反:通"返",返回。　[2] 常:规律。　[3] 业:事业,从事的工作。

【解读】

外出时,须告诉父母去处,回家以后,也要当面禀报父母,让他们心安。平常起居作息,要保持规律,做事有规矩,不任意改变世代相沿的事业。

知识锦囊

鲁迅孝母

鲁迅非常孝顺自己的母亲。他在北京安定以后,立即把母亲接到了北京。为了让母亲能过得更舒适,鲁迅把最好的房间给母亲住,自己却住在一间简陋的小屋里,他把这间小屋既当书房又当卧室。

当时,鲁迅已经四十多岁了,但还是像小时候一样晨昏问安。外出上班,他一定要到母亲那里说声:"阿娘,我出去了。"下班回家时,他也一定要和母亲打招呼:"阿娘,我回来了。"鲁迅除了承担每月的家庭开支,每个月还给母亲二十六元零花钱,让母亲自由支配。从这些看似不起眼的小事,足以看出鲁迅对自己母亲的一片孝心。

知 古 鉴 今

古代的中国是农耕社会,人们理想的生活方式是不轻易离开乡土,而且要继承父母的家业,所以,《弟子规》里说要"居有常,业无变"。如今,随着社会的进步,大多数年轻人离开家乡去奋斗,这样一来就不能时时刻刻陪在父母身边,文中的"晨昏定省""事业无变"恐怕就不能实现了。即使这样,关怀父母、体贴父母的精神也不可改变,我们可以通过其他方式来表达自己的孝心。

事虽小,勿擅为。苟擅为,子道亏。

【注释】

[1] 擅:自作主张,随意。　[2] 苟:如果,假如。　[3] 子道:子女应该懂的道理和应

尽的本分。　[4]亏：有缺陷。

【解读】

事情即使再小，也不能擅自去做，如果擅自去做，就有损为人子女的本分。

刘备教子

刘备是三国时期蜀汉的开国皇帝。他在临死时，对儿子刘禅一直放心不下，除了把他托付给丞相诸葛亮，还写下了一封情真意切的信来教育他。信中说："勿以恶小而为之，勿以善小而不为。唯贤唯德，能服于人。"这是在告诫刘禅，即使是很不起眼的坏事，也不能掉以轻心，放任自己去做；同样，也不要因为是不起眼的好事而不去做。只有具备良好的德行，才能让人信服。

刘备死后，刘禅在诸葛亮的辅佐下，得以维持蜀国。但诸葛亮死后，刘禅把父亲的教诲抛在了脑后，开始宠信宦官，放纵自己，最终蜀国被曹魏灭掉，刘禅也成了俘虏。

知古鉴今

自古以来，如何教育好孩子一直是家庭教育中最为重要，也是最为棘手的问题。为人父母者，都希望自己的孩子能成龙成凤。然而，良好的主观愿望并不一定都能取得良好的教育效果。其中就有一个教育方法的问题。孟母断机的故事之所以能流传至今，并为人们所称颂，其根本原因就在于孟母的循循善诱。面对孟子的逃学，孟母既没有骂，也没有打，而是用"断机"一事使孟子明白半途而废是多么可惜，从而勤学不止。借助事物的道理来教育孩子确实是一个好方法。因此，在教育孩子的时候，应当向孟母学习，少一些大而空的说教，多通过具体而微的事例对孩子进行启发引导。这种以事说理的教育方法，才能让孩子真正深刻地理解事物的内在道理和父母的良苦用心。

物虽小，勿私藏。苟私藏，亲心伤。

【解读】

物品即使再小，也不可私自占为己有。如果这样，品德就有缺失，父母知道了一定很伤心。

亲所好，力为具。亲所恶，谨为去。

【注释】

[1]力：努力，尽力。　[2]具：准备。　[3]去：除去。

【解读】

父母亲所喜爱的，做子女的应尽力为他们办好；父母所厌恶的，就应该小心谨慎地为他们排除。

身有伤,贻亲忧。德有伤,贻亲羞。

【注释】

[1] 贻:招致。

【解读】

如果身体受到了创伤,就会让父母为我们担忧。如果德行上有了缺失,就会连累父母蒙羞。

知识锦囊

霍家败亡

霍光是汉朝的名臣,只可惜娶妻不贤,他的妻子霍显是个既贪婪又歹毒的人。霍显为了让自己的小女儿霍成君当上皇后,私下里买通宫中的侍医,毒死了待产的许皇后。后来霍光死了,霍显从此更加无法无天,甚至想设计害死太子。

霍显为人傲慢,生活挥霍无度,霍家人也因此个个挥金如土、飞扬跋扈。甚至连家中的仆人都骄横无礼。整个长安城的百姓都对霍家怨声载道。

因为霍家势力太大,大家不敢与之正面冲突,但霍显谋害许皇后的事还是逐渐流传开来,并传到了宣帝的耳朵里。慢慢地,朝廷中对霍家的反对声也越来越大,宣帝便趁机削了霍家人的官职。

霍显感到大事不妙,立刻召集族人商量对策。霍家人议论纷纷,最后霍显决定先下手为强,要谋反。但是此时,霍家的势力已经大不如从前,谋反无异于以卵击石。最终,宣帝不费吹灰之力就将霍家人一网打尽,霍显和几个儿子被斩首,此案牵连到上千人,整个霍氏家族也从此败落。

亲爱我,孝何难? 亲憎我,孝方贤。

【解读】

当父母喜爱我们时,我们做到孝顺有什么难的呢? 当父母不喜欢我们,或者管教过于严厉时,我们一样孝顺,这样的孝顺才是难能可贵的。

知识锦囊

卧冰求鲤

卧冰求鲤

晋朝有个叫王祥的人,心地十分善良。他幼年时失去了母亲,继母朱氏对他并不疼爱,时常在他父亲面前挑拨离间、搬弄是非,因此父亲对他也逐渐冷淡。但是王祥并没有放在心上,仍然对父母十分孝顺。

一年冬天,天气很冷,冰冻三尺,王祥的继母生病了,特别想吃新鲜的鲤鱼。王祥知道后立刻就琢磨起了办法,他跑到了河边,准备把冰凿开来捉鱼。可是冰太厚了,很难敲碎,他便光着身子卧在厚厚的冰上,祈祷能有奇迹出现。正在他祈祷之时,冰突然开裂。王祥喜出望外,正准备跳入河中捉鱼时,忽然从冰缝中跳出两条活蹦乱跳的鲤鱼。王祥的孝心感动了天地,同时也感动了继母。

知识锦囊

闵子骞芦衣顺母

闵子骞是春秋时期鲁国人。他很小的时候,母亲就死了。尽管后母对他不好,还经常虐待他,但闵子骞还是像孝敬生母一样地孝敬她。

后母做棉袄的时候,给自己亲生的两个儿子用的是新棉花,给闵子骞用的却是芦花。一天,闵子骞驾着马车跟父亲和两个弟弟出去办事,因为天气太冷,闵子骞手脚冰冷,一不留神,鞭子掉在了地上。父亲大声地责骂他,还捡起鞭子抽打他,芦花从打破的衣缝里飞了出来。他的父亲脸色立刻变了,摸摸两个小儿子的手,都是暖乎乎的,再摸闵子骞的手,却是冰凉的。

父亲回到家就要把妻子休掉。闵子骞跪在地上说:"父亲留下母亲,只有我一个受冻;若是休掉了母亲,我们三个都要受冻了啊。"

父亲听了十分感动,就依了他。后母听后,悔恨知错,从此再也不虐待闵子骞了。

亲有过,谏使更。怡吾色,柔吾声。

【注释】

[1]谏:劝说,规劝。　[2]更:改正,更改。　[3]怡:使……愉悦。

【解读】

父母有过错,应规劝使之改正。劝导的时候,要脸色温和愉悦,话语柔顺平和。

知识锦囊

李世民诚恳劝父

唐朝还没建立的时候,李世民就跟随父亲南征北战。一次,李世民发现父亲的军事战略存在严重的问题,如果贸然行事,很可能全军覆没。他毫不犹豫地向父亲提出了自己的建议,但当时的李渊已被胜利冲昏了头脑,根本听不进去任何建议。

就在父亲出兵的前一天晚上,李世民辗转反侧,难以入睡。他不敢想象自己和父亲辛辛苦苦打下的半壁江山,因为这一次的战略决策而付之东流。想到这里,李世民再也控制不住自己,放声痛哭起来。哭声引来了父亲。他又一次态度诚恳地劝导父亲。这次父亲终于心平气和地听了李世民对战事的预测。最后,李渊认为确实是自己错了,调整了作战计划,取得了这一场战争的胜利。

 知 古 鉴 今

劝谏长辈应注意:态度要恰当;要看存心;要看态度;要用对方法,选对时机;要有耐性。

谏不入,悦复谏。号泣随,挞无怨。

【注释】

[1] 号:哭喊。　[2] 挞:鞭打。

【解读】

如果父母不听规劝,要寻找适当的时机继续劝导;若父母仍不接受,有孝心的人不忍父母一错再错,甚至会放声哭泣来恳求父母改过,即使招来父母责打,也毫无怨言。

知识锦囊

孙元觉巧劝父亲

春秋时有个叫孙元觉的孩子,十分孝顺长辈,他的父亲对祖父却不孝顺。

有一天,父亲要把病弱的祖父扔到深山里去。孙元觉哭着跪倒在父亲面前,恳求他不要这样做,父亲却哄骗他:"爷爷年老不死,并非好事。"来到山里,父亲狠心地把行动不便的祖父放下,就要离开。孙元觉却一声不吭地背起了装祖父的竹筐。父亲不明白他的意思,孙元觉说:"等到你老了,就能用上它了。"父亲听了大吃一惊,不禁心生惭愧,改变主意,把祖父接回了家。

亲有疾,药先尝。昼夜侍,不离床。

【解读】

父母生病了,熬好的汤药,做子女的一定要先尝尝,看是否太凉或太热。我们应该不分昼夜地侍奉在父母身边,不可以随意离开父母的病床。

知识锦囊

亲尝汤药

汉文帝虽然贵为皇帝,却很孝顺自己的母亲。每天不管公务多忙,他都要去母亲的房中请安。

有一次,文帝的母亲生了一场大病,这一病就是三年。三年间,汉文帝每天忙完公务后的第一件事情就是去照料母亲,即使到了晚上也不敢深睡。每次煎好的汤药,文帝都要亲口尝一尝,唯恐太苦、太烫。后来,古书以"目不交睫,衣不解带"来形容文帝对母亲尽孝

的程度,意思是说,即使累了,也不敢闭上眼睛、解开衣服的带子好好睡一觉。

丧三年,常悲咽。居处变,酒肉绝。

【注释】
[1] 丧:守丧。

【解读】
父母去世后,因为思念父母,常常悲伤哭泣。自己的起居生活必须调整、改变,不能贪图享受,应该禁绝酒肉。

知识锦囊

董永卖身葬父

相传东汉时期有个叫董永的人,母亲去世后和父亲相依为命。后来父亲也不幸去世了,由于家里穷,董永连埋葬父亲的费用也凑不出来。为了埋葬父亲,他只好把自己卖给富人家做奴仆,将父亲好好安葬。董永的孝行感动了天上的仙女,她偷偷来到人间,帮助董永还清了债务,还和董永喜结良缘。后来人们便把仙女下凡的地方称作"孝感"。

丧尽礼,祭尽诚。事死者,如事生。

【注释】
[1] 事:对待。

【解读】
办理父母的丧事要尽可能依照礼仪,不可草率,祭拜时要诚心诚意。对待已经去世的父母,要如他们生前一样恭敬。

孝子蔡邕

东汉文学家蔡邕是一个出名的孝子。他每天早晚都向父母请安问候,对父母的生活起居照顾得非常周到。父亲去世后,母亲也得了重病,在床上一躺就是三年。蔡邕心中非常难过,总是在母亲床前服侍。看到母亲将不久于人世,蔡邕无心学习,连衣服也不换洗,日夜守候在母亲床前,直到她去世。

埋葬母亲之后,蔡邕哭倒于坟前,不愿回家。他叫仆人在坟墓旁搭了个小房子,自己住在那里,继续守墓,以表达对母亲的怀念之情。

出则悌

兄道友,弟道恭。兄弟睦,孝在中。

【解读】

作为兄长要对弟弟友爱,而作为弟弟要对兄长恭敬,一家其乐融融,孝心也就体现在其中了。

李绩焚须煮粥

李绩是唐代的名臣,他对自己的姐姐非常恭敬,年老之后仍不忘照顾姐姐。

一次,李绩去看望姐姐。姐姐想喝粥,他就亲自帮着煮。谁知火势太猛,李绩一不小心把自己的胡子烧了。姐姐知道后非常心疼地说:"家里的仆人很多,让他们去做就好了,你又何苦亲自去做?"

李绩却说:"姐姐,你从小对我关怀备至,我时时都想要回报你。我们年纪都这样大了,我还有多少机会能够亲手帮你煮粥呢!"姐弟之间的深厚情谊一时被传为佳话。

财物轻,怨何生?言语忍,忿自泯。

【注释】

[1]轻:看轻,以……为轻。　[2]忿:愤怒,怨恨。　[3]泯:消失,消灭。

【解读】

如果大家都能把财物看得轻一点,不斤斤计较,怨恨就无从生出。彼此的言语都包容忍让,冲突、怨恨自然就会消失了。

卜式重义轻财

卜式是西汉时期著名的贤士。父母在世的时候,他就对弟弟很好,照顾得很周到。后来父母去世了,兄弟俩分了家,他把家中的财产都给了弟弟,自己只要了一百多只羊。

卜式持家有道,而且非常勤俭,因此他的生活越过越好。最后,原来分的羊已繁殖到上千只,他还盖了新房,置了不少田地。弟弟却花天酒地,整天不务正业,没过几年就因经营不善破了产,日子越过越艰难。

看到这种状况,卜式十分着急。他顾念兄弟之情,主动又把自己的财产分给弟弟一半,让弟弟也过上了好日子。卜式的行为感动了当时所有的人,大家都说他是个重亲情、不爱财的君子。

◇知◇识◇锦◇囊◇

田真哭荆

古时候有个叫田真的人,他有两个弟弟。父母亡故后,田真本想三兄弟继续在一起生活,两个弟弟却张罗着要分家争财产。田真不好多说什么,只能默默地看着两个弟弟忙前忙后,心里很不是滋味。把能分的都分完之后,两个弟弟又打起了陪他们一起长大的紫荆树的主意。

后来两个弟弟商量,决定将紫荆树砍掉,换作钱财分了。田真知道这件事后非常难过,他觉得是自己这个当哥哥的没有做好,才使得弟弟们贪恋钱财。晚上,田真来到即将被砍掉的紫荆树旁,抚摸着树干,伤心地哭泣起来。

第二天,当两个弟弟兴致勃勃地去砍紫荆树的时候,惊奇地发现,紫荆树竟然一夜之间枯萎了。见到此景,两个弟弟深受触动,仿佛明白了什么,从此以后再也没有提及分家产的事。

◇知◇识◇锦◇囊◇

天下第一家

明朝郑濂家里七代同堂。明太祖朱元璋听说他们家一千多口人从来不吵架,把郑濂召来,问:"你的家人和睦相处,有什么秘诀吗?"郑濂回答:"其实也没有什么,就是不听闲话,不传闲话,言语不合就忍一忍。"朱元璋一听,说:"很好,来,领赏。"于是,派左右拿来两个梨,赏给了郑濂。

郑濂回到家里,举着两个梨说:"今天皇上赏了我们家两个梨。"说完,他叫人搬来一口大缸,打来一缸水,把梨捣碎了泡在缸里,一千多口人每人喝了一碗梨汤。

朱元璋派去的校尉看到这一幕后,就回去禀告给了朱元璋。朱元璋听了,封这一家为"天下第一家"。

或饮食,或坐走。长者先,幼者后。

▌【解读】

无论用餐、就座或行走,都应该谦虚礼让,让年长者优先,年幼者在后。

◇知◇识◇锦◇囊◇

信陵君敬老爱贤

信陵君是战国时期著名的"四公子"之一,他是个敬老爱贤的人。魏国大梁城里有一个人叫侯嬴,七十岁了,家中贫穷,靠看守城门为生。他其实是位身怀奇才的隐者。信陵君听说了,就去请他,还送给他很多财物。侯嬴并不接受,说:"我修身洁行数十年了,不能因为贫穷就接受公子的财物。"

信陵君请不动他,就摆了好几桌酒席,宾客们落座以后,信陵君便驾上马车,把车上尊贵的位子空出来,亲自去迎接侯嬴。到了侯嬴的家,只见侯嬴穿着破衣,戴着破帽,一上车就坐在首位,也不道谢。信陵君却毫不在意,亲自为他驾车,而且态度更加恭敬。不料,侯嬴又说:"我还有一个朋友叫朱亥,在街市上卖肉,我想过去问候一下他。"信陵君驾车经过街市,侯嬴下车故意和朋友站着聊了很久,一边说,还一边斜视着信陵君。信陵君的态度却更加平和。

侯嬴终于告别朋友,上了车。两人来到信陵君府邸的大堂上,信陵君恭恭敬敬地让侯嬴坐在上首,向宾客们极口称赞他,还持酒向他祝寿。这时,侯嬴说:"我是个地位卑微的守门人,公子本不该屈尊去请我,还驾车绕过街市。我站立很久,是为了观察公子,也是为了成就公子的名声。公子敬老爱贤,真是一位仁厚的君子!"

后来,为了报答信陵君的知遇之恩,侯嬴和他的朋友朱亥都为信陵君出了大力,直至献出生命。

长呼人,即代叫。人不在,己即到。

【解读】

长辈有事呼叫人时,就要立即代为传唤。如果那个人不在,就马上赶过去看长辈有什么吩咐。

称尊长,勿呼名。对尊长,勿见能。

【注释】

[1]见:通"现",显现,表现。　[2]能:才华,才能。

【解读】

称呼长辈时不可以直呼长辈的名字;在长辈面前,不可以炫耀自己的才华。

知识锦囊

张释之绑袜

张释之是汉朝有名的大臣,他非常尊敬长辈。有一次,朝廷举行朝会,许多达官贵人前来参加,场面十分热闹。这时有位叫王生的老人对张释之说:"我袜子的带子松开了,你帮我绑一下吧。"在场的人听到这话,都觉得这位老人太过分了,心想张释之贵为朝廷大臣,怎能屈膝为他人绑袜呢?张释之却没有一点不情愿的样子,他二话没说,毕恭毕敬地蹲了下来,在众目睽睽之下从容地给这位老人绑好袜子。张释之身为高官,能够礼贤下士、尊敬长辈,使得群臣无不称赞,从此他的威信就更高了。

知识锦囊

冯友兰尊敬陈寅恪

著名哲学家冯友兰和著名史学家陈寅恪都是清华大学的教授,两个人的学问都非常大。但因为陈寅恪比冯友兰年长五岁,所以冯友兰对陈寅恪非常尊敬。

20世纪30年代,在清华大学校园内,每次上"中国哲学史"课时,已经是清华大学文学院院长、大名鼎鼎的哲学家冯友兰教授,总是非常恭敬地跟着陈寅恪从教员休息室里出来,边走边听陈先生讲话。走到教室门口时,冯友兰总是对陈先生深深地鞠一躬,然后才离开。

路遇长,疾趋揖。长无言,退恭立。

【注释】

[1]趋:奔向。

【解读】

路上遇见长辈,要赶紧走上前去行礼问好,如果长辈没有什么吩咐,就恭恭敬敬退到一旁,等长辈离去。

知识锦囊

张良取履

张良少年的时候就非常尊敬长辈。有一天,他在一座桥上散步,一位白发苍苍的老人坐在桥头上,见张良走过来,故意把脚上穿的草鞋甩到桥下,对张良说:"小伙子,给我把鞋捡上来。"张良有点生气,但见老人年纪很大了,本着尊敬老人的心思,还是替老人拿回了鞋子。谁知老人竟然将脚伸到张良面前,说:"既然捡回来了,就给我穿上吧。"张良很是无奈,但并没有弃老人于不顾,索性好人做到底,给老人穿上了鞋子。不料,这位老人是著名学者黄石公。经过一番考验,黄石公将《太公兵法》传给了张良。张良凭借从这本书上所学到的技艺辅佐刘邦建立了大汉朝,成为一代名臣。

骑下马,乘下车。过犹待,百步余。

【解读】

如果自己正骑在马上,就该赶快下马;如正坐在车上,就该赶快下车。要一直等到长辈走远约一百步,才能离开继续赶路。

知识锦囊

卫玠倾城

晋朝时有个叫卫玠的年轻人,长得特别俊美。有一个叫王济的人长得也很英俊,可是和卫玠一比就差远了。王济心里很嫉妒,只要卫玠出门,他就跟在后面,试图找出卫玠的缺点。

这一天，卫玠和往常一样出门，路上正好遇见老师，卫玠立刻跳下马车，快步走上前去，一躬到地，向老师问好。老师和他说话的时候，卫玠恭恭敬敬地回答；老师走的时候，卫玠还一直恭恭敬敬地目送。直到老师走远，他才坐上车继续前行。王济看到这一切，感叹："卫玠不但外表俊美，而且知礼，我真的不如他啊。"

长者立，幼勿坐。长者坐，命乃坐。

【解读】

如果长辈站着，晚辈不应该先坐下来；如果长辈坐着，吩咐晚辈坐下，才可以坐下。

知识锦囊

刘庄敬师

刘庄是东汉继光武帝后的第二位皇帝，他对以前做太子时的老师桓荣非常敬重。

有一天，明帝刘庄去看望老师桓荣。桓荣一家见明帝亲自来访，立即跪迎明帝。明帝立刻把老师桓荣扶起来，让他坐在主位上，还像以前那样，拿着书在桓荣面前诵读。临走时，明帝赏赐给桓荣很多宫中物品，来表达对老师的感激之情。

尊长前，声要低。低不闻，却非宜。

【解读】

在长辈面前讲话，声音要柔和适中，但是声音太低，听不清楚，也是不合适的。

进必趋，退必迟。问起对，视勿移。

【注释】

［1］进：上前，拜见。　［2］趋：快步走。　［3］起：起立，站起来。　［4］对：回答。

【解读】

有事到长辈面前，应快步向前，等到告退时，要慢慢退出。当长辈问话时，应站起来回答，注视长辈，不可东张西望。

知识锦囊

张燕昌拜师

清朝时有一位有名的书法篆刻家叫张燕昌，他小时候家里很穷，但他很喜欢篆刻，总是找东西琢磨着刻。

张燕昌长大后，听说杭州城里有位精通雕刻的老人，就前去拜师，但老人当时不愿收徒弟。张燕昌回到家里，并没有灰心，还是天天自己练习篆刻。

第二年，张燕昌再次来到老人家里，真诚地说："这些是我平时学刻的章，特意拿来请先生指教。"老人被张燕昌好学的诚心打动了，破例将他收到门下。张燕昌在老师的指导下,更加勤奋地学习篆刻,终成一代名家。

事诸父,如事父。事诸兄,如事兄。

【注释】

[1] 诸父:各位叔叔、伯伯。

【解读】

对待叔叔、伯伯等长辈,要像对待自己的父亲一样恭敬;对待同族兄长,要像对待自己的亲兄长一样友爱。

知识锦囊

杜环赡老

明代有个叫杜环的人,他宅心仁厚,心地善良。杜环的父亲有一位朋友名叫常允恭,杜环曾经跟父亲到常家做过客,因此认识了常家的老夫人,也就是常允恭的母亲。后来,杜环的父亲去世了,两家也就没了来往。

几年后的一天,天下着大雨,杜环正在家中闲坐,突然从外面走进来一位老妇人,全身上下都湿透了。杜环仔细一看,顿时吃了一惊,这老妇人正是常老夫人。他随即叫家人拿来干净衣服并准备饭菜,将老人扶进屋中。原来常允恭早在半年前就病死了。儿媳没有生育,并且将家里的钱财席卷一空离开了。现在,常家就只剩下常老夫人了。杜环知道事情的原委后,深感悲痛,哭着对常老夫人说:“我父亲与您儿子是故交,父亲若在人世,必然将您视为亲娘;如今父亲已不在了,我就应该将您当作祖母啊!”

此后,常老夫人便在杜环家里安顿了下来,杜环将她当成自己的亲祖母小心侍奉着,老人也得以安享晚年。

谨

朝起早,夜眠迟。老易至,惜此时。

【解读】

早上要尽量早起,晚上要晚点睡觉,人生岁月有限,衰老很容易到来,所以要珍惜此刻的时光。

知识锦囊

温公警枕

司马光是北宋时期著名的政治家、史学家和文学家,人们又称他为司马温公。他从小就聪明过人,被誉为神童,但他从不骄傲自满,学习十分勤奋。

司马光奉旨编写《资治通鉴》时,用圆木做了一个枕头,取名“警枕”,意在警告自己,切莫贪睡。他枕着这个枕头睡觉时,只要稍一动弹,“警枕”就会翻滚,被惊醒的司马光便立刻坐起身来,点上油灯继续发奋著述。就这样,司马光花费了 19 年的时间,终于完成了

《资治通鉴》这部旷世巨著。

不叫一日闲过

齐白石是我国杰出的画家，他的画举世闻名。许多人前来拜访齐白石，请他介绍经验，传授画画的秘诀。一次接待客人时，齐白石诚恳地说："作画并无秘诀，这全在一天时间的利用上。"

齐白石的确是这样做的。他从46岁起就定居在北京，以那时开始，他坚持每天都画画，从来没有间断过。每天，他都早早地起床，睡觉却很晚，把大部分的时间都用在了读书作画上。

在齐白石85岁那一年，有一天，他一连画了四张画。这对他来说已是够累的了，但他还是坚持又画了一张，并在画上题了几行字："昨天大风雨，心绪不宁，不曾作画，今朝特此一张补充之，不叫一日闲过也。"

晨必盥，兼漱口。便溺回，辄净手。

【注释】

[1]辄：就。

【解读】

每天早上起床后必须洗手洗脸，还要刷牙漱口。大小便以后把手洗干净，养成良好的卫生习惯。

冠必正，纽必结。袜与履，俱紧切。

【注释】

[1]结：系上。 [2]切：切合，合适。

【解读】

帽子要戴端正，穿衣服时要把纽扣纽好；袜子和鞋子都要穿得合适，鞋带要系紧，这样全身仪容才整齐。

结缨而死

孔子的学生子路在卫国做官。这一年，卫国发生了内乱，正在城外的子路听说，急忙驾车往城内赶。走到离城门不远处，遇到了刚从城里逃出来的老朋友，朋友劝他："现在城内十分危险，回去很可能遭受灾祸。"子路却回答："我拿了国家的俸禄，就不能躲避祸难。"

子路竭力帮助国君平叛，可惜的是寡不敌众。子路知道自己难逃一死，说："君子虽死，但不能让帽子脱落而失礼。"他低头弯腰，拾起帽子重新戴在头上，然后从容赴死。

置冠服,有定位。勿乱顿,致污秽。

【注释】

[1]顿:放置,安放。

【解读】

摘下来的帽子和脱下来的衣服应当放置在固定的位置,不要随手乱丢乱放,以免弄皱、弄脏。

衣贵洁,不贵华。上循分,下称家。

【注释】

[1]循:遵循,符合。　[2]分:身份。　[3]称:符合,相当。

【解读】

穿衣服注重的是整洁整齐,不必讲究昂贵华丽。穿着应考虑自己的身份及场合,更要衡量家庭的经济状况。

知识锦囊

戚父教子

戚继光出身于将门世家,父亲戚景通是个治军有方又清正廉洁的武官。他晚年得子,对戚继光钟爱有加,但同时也十分严格。

戚继光十三岁时,外婆送给他一双做工考究的丝鞋作为礼物。戚继光虽然世代将门,但一直生活很俭朴,戚继光从小到大穿的都是布衣布鞋,拿着这样一双丝鞋,戚继光爱不释手,想要穿上这鞋。

这时,父亲进来了,看到戚继光对着鞋子得意快活的样子,不禁叹了口气,对戚继光说:"衣服鞋袜只要整齐干净就好,这双鞋虽然好看,但一点也不结实。你这么喜欢这些华而不实的东西,以后怎么当将军,怎么在艰苦的环境下带兵打仗呢?"戚继光听到父亲的话,感觉惭愧极了,便把丝鞋藏好,再也没有穿过。

戚继光在父亲的熏陶和教育下,从小就养成了生活俭朴、吃苦耐劳的品质,这为他后来成为一代名将打下了基础。

知识锦囊

布衣本色

宋朝清官包拯生活非常俭朴。包拯的长子包缯时常与父亲同僚的子弟交往,看到那些人披金戴银、锦衣玉食,渐渐地产生了羡慕之心。

一天,包拯见包缯闷闷不乐,便问他原因。包缯说自己因衣着寒酸而遭到别人奚落。包拯听后,把自己手抄的一本《古圣贤言录》交给包缯,让儿子认真阅读。

包缯翻看第一页,只见上面写有孔子的话:"士志于道,而耻恶衣恶食者,未足与议也。"包缯毕竟是包拯之子,自幼受父亲高风亮节的熏陶,一直以俭为荣,以奢为耻,他看到孔子的话便幡然醒悟,羞愧满面,急忙到包拯面前认错。

 知古鉴今

随着生活水平的提高,人们开始注意自己的形象,提高自己的消费水平,越来越多的学生开始追求大牌、名牌。爱美之心人皆有之,但什么才是真正的美呢?其实,对于大学生来说,能做到活泼而不轻佻,文雅又不呆板,大方而富有朝气,新颖但不离奇是最好的。与此同时,我们更应注重内涵的修养,学会自我完善,提高自我素质,语言文明,行为端正,不讲粗言秽语,不做不正当的行为,培养高尚的情趣,知情知礼,这些远比高消费带来的盲目攀比要有意义。生活本不应是单调的,而是色彩斑斓的。让我们一起塑造属于自己的个人形象吧!

对饮食,勿拣择。食适可,勿过则。

【注释】

[1] 则:范围。

【解读】

对于饮食不要挑剔偏食,而且要吃适当的量,不要吃得过多。

知识锦囊

吃相看人

唐代文学家郑浣生活简朴,对饮食从不挑挑拣拣。有一天,他的远房亲戚从老家来找他,这个亲戚没有见过世面,也不懂礼节,穿的衣服很破旧,郑浣家里的很多人都嘲笑他,只有郑浣没有,他觉得这个亲戚很朴素。郑浣得知他这个亲戚是为求一官半职而来,觉得他很上进,就写了一封信,把他介绍给了某一个地方的县令,看看能不能找个活干。

在郑浣给亲戚送行的饭桌上,他观察着这个亲戚的吃相。那天吃的是蒸饼,郑浣看到这个亲戚把饼的皮都剥掉了,专掏里面的瓤吃。郑浣边叹息边说:"饼的皮和瓤有什么区别呢?你居然这样奢侈浪费!"郑浣打发人把这个亲戚送回了家,认为他不堪重任。郑浣就是通过这样一个饮食的细节来观察一个人的德行的。

年方少,勿饮酒。饮酒醉,最为丑。

【解读】

年纪如果还小就不要喝酒,喝醉了丑态百出,最容易有不当的言行。

知识锦囊

齐桓公醉酒

齐桓公在宫中喝酒大醉,酒醒以后,突然发现帽子不见了。在古代,如果一个国君丢了帽子,那是巨大的羞耻。于是,齐桓公三天不上朝,躲了起来。

这时,国内正闹着饥荒,各地饥荒的消息都报了上来。丞相管仲不敢做主,去宫中找

齐桓公。可是齐桓公因为帽子丢了,觉得很难为情,谁都不见。管仲下令开仓放粮,自作主张,把粮食发放给了灾民。后来,大家都得知这一情况后,齐国就开始流行一首歌谣:"国君啊国君,你的帽子何时再丢啊?你丢一次帽子,就放一次粮。"

步从容,立端正。揖深圆,拜恭敬。

【解读】

走路时脚步要从容不迫,站立的姿势要端正,作揖时要把身子深深地躬下,参拜时要恭敬、尊重。

知识锦囊

张九龄举止得体

张九龄是唐朝著名诗人,也是一位优秀的政治家。他容貌清秀,平时总是衣帽整洁,彬彬有礼,如果走在街上,更是风度潇洒,与众不同。

当时在朝廷里,他不是一个很重要的人物,但他非常注意自己的举止,所以在众多臣子中显得很出众。每当朝廷举行重要朝会,他那得体的举止、文雅的谈吐,在众人当中总是十分突出,连皇帝也赞赏不已。因此,不论什么时候、什么场合,只要有张九龄在,那里的气氛就会格外愉快,大家都乐意同他这位衣帽整洁,又有风度的人在一起说笑、玩乐和探讨学问。

勿践阈,勿跛倚。勿箕踞,勿摇髀。

【注释】

[1]阈:门槛。 [2]跛倚:身体歪斜、不平衡地倚靠。 [3]箕踞:坐着时把两腿呈八字形分开。 [4]髀:大腿。

【解读】

不要踩踏门槛,站立时要避免身子斜倚,坐着时不要双脚展开像簸箕,不要抖脚或摇腿。

知识锦囊

刘邦箕踞

刘邦出身草莽,作风粗野。他有一个很不好的习惯,就是喜欢"箕踞",也就是叉开两腿,像个簸箕一样坐着。在当时,这是一种十分无礼的行为,也是对别人极大的不尊重。

一次,刘邦接见谋士郦食其时,也在榻上箕踞而坐。郦食其看了很气愤,不肯依礼拜见,仅作长揖,还很不客气地说:"你的理想是诛灭无道的暴君秦皇,但我看你这样箕踞着,想实现理想很困难。"刘邦听了自觉有愧,赶忙站起来,整理好衣裳,请郦食其上坐。

缓揭帘,勿有声。宽转弯,勿触棱。

【解读】

进门时要慢慢地揭开帘子,尽量不发出声响;走路转弯时与物品的边角保持较宽的距离,才不会碰伤了身体。

知识锦囊

苏嘉折辕

苏嘉是汉朝名臣苏武的哥哥,负责给皇帝驾车。有一次皇帝外出,苏嘉驾车,从都城长安来到郊外的行宫。当皇帝正要下车时,苏嘉不小心一下子将车辕撞到了门前的柱子上,车辕折断了,皇帝也受了惊吓。结果,苏嘉被判了大不敬的罪。

执虚器,如执盈。入虚室,如有人。

【注释】

[1] 虚:空的。 [2] 盈:满的。

【解读】

拿空的器具要像拿盛满东西的一样小心谨慎;进入没人的房间里,要像有人在一样,不可随便。

知识锦囊

贤士蘧伯玉

春秋时卫国有个贤人,名叫蘧伯玉。当时的史官认为他仁智兼备,有过人的外交能力,而且讲究礼教、谦虚谨慎,人品也十分令人钦佩,因此将他推荐给了卫灵公。

一天夜里,卫灵公和夫人一同坐在宫中闲聊,忽然听到远处车声辚辚。到了宫门口,那车声戛然而止,过了好一会儿,车声才又在远处响了起来。

卫灵公的夫人说,这一定是蘧伯玉的车。卫灵公问夫人怎么知道的,夫人说:"从礼节上来讲,做臣子的经过宫门口一定要下车,这是表示敬重君主的行为。君子绝不会在没有人看见的地方就放弃他的品行。蘧伯玉是个贤人君子,他平日里就十分尽礼,这样的人一定不肯在暗地里失了礼仪,哪怕此刻是深夜。"

卫灵公点了点头,次日差人暗访,发现昨夜驾车之人果然是蘧伯玉。

事勿忙,忙多错。勿畏难,勿轻略。

【注释】

[1] 轻:轻视,轻率。 [2] 略:简略,忽略。

【解读】

做事不要急忙慌张,一慌张就容易出错。遇到该办的事情不要怕困难而犹豫退缩,也不要轻率随便、应付了事。

欲速则不达

周容想要进城,吩咐小书童捆扎了一大摞书跟随着。这个时候,太阳已经落山,傍晚的烟雾缭绕在树顶上,望望县城还有将近两里路。周容便问摆渡的人:"还来得及赶上南门开着吗?"摆渡的人仔细打量了小书童,回答:"慢慢地走,城门还会开着,急忙赶路,城门就要关上了。"周容听了有些动气,认为他在戏弄人。

于是,他们快步赶路。忽然,小书童摔了一跤,捆扎的绳子断了,书也散乱了。小书童哭着,赶快蹲下来整理书,可是等到把书理齐捆好,前方的城门已经关了。

知 古 鉴 今

"欲速则不达",谓性急求快反而不能达到目的。语出《论语·子路》:"无欲速,无见小利。欲速则不达,见小利则大事不成。"凡事都要讲究循序渐进,有了量变的积累,才会有质变的产生,如果做事一味追求速度,结果反而会离目标更远。如果只想着要快速完成某件事,结果只会大失所望。

斗闹场,绝勿近。邪僻事,绝勿问。

【解读】

凡是容易发生争吵打斗的不良场所,绝不靠近。对于邪恶怪僻的事情绝不打听。

葛洪劝赌

葛洪是晋代著名的药物学家,杭州西湖畔的葛岭传说就是他结庐炼丹的地方。在古代,杭州是一个奢靡享乐蔚然成风的城市,城里盛行赌博。一些朋友经常来约葛洪一起去赌两把,但葛洪从来不去,还婉言相劝:"我们还是避开争斗喧闹的地方为好,赌博这样的事,十赌九输,而且容易上瘾,甚至导致家破人亡。社会风气如此,我们应该洁身自好,为自己营造一个清静的环境,把精力花在有意义的事情上不更好吗?"

就这样,葛洪惜时如金、静心读书,将城市的浮躁喧嚣隔绝在外,他写的《抱朴子》一书,在药学和医学领域都取得了巨大的成就。

刘胜非礼不视

东汉时有个叫刘胜的人,他为人端正,从来不管闲事。有一次,刘胜和朋友杜密看见街上有两个人在打架。杜密说:"我们去看看是怎么回事吧!"刘胜摇摇头:"算了,我不想看,也不想知道是怎么回事。"杜密非常不屑地说:"我看你就像秋天的蝉一样,遇到事情什么也不说,只求自己平安!"

刘胜说:"你说错了! 就算我过去了,也没办法立即判断谁对谁错,而且打架本来就是不合规矩的事,双方一定都有错。别人做一些不合规矩的事,我去管,不仅会惹祸上身,还会助长这种不良风气。"

将入门，问孰存[1]。将上堂，声必扬。

【注释】

[1] 存：在。

【解读】

将要进门之前先问屋内是否有人，不要冒失地闯入。将要走进厅堂时，先提高声音，让厅堂里的人知道。

知识锦囊

孟子休妻

一日，孟子来到母亲面前，说要把妻子休掉。母亲很惊讶，问是什么原因。孟子生气地说："我刚才走进屋里，发现她竟然敞着衣服坐在那里，太不守礼法了。"孟子的妻子哭着说："我一个人在屋子里，感觉有些热，就敞开衣服乘凉，没想到他这时会突然进来。"孟子的母亲听了，看了看孟子说："你说你的妻子不懂礼，其实是你很不懂礼，进屋子之前你也没有打招呼，提醒里面的人啊。"孟子听了恍然大悟，赶忙向妻子道歉。

人问谁，对以名。吾与我，不分明。

【解读】

如果屋里的人问你是谁，回答时应说出名字，不要只说"吾"或是"我"，让人无法知道你到底是谁。

用人物，须明[1]求。倘不问，即为偷。

【注释】

[1] 明：明确，清楚。

【解读】

借用别人的物品，必须事先请求允许。如果没有得到允许就拿来用，那就相当于偷窃。

知识锦囊

义不摘梨

南宋时的许衡不但勤奋好学，而且十分注意自己的品德修养。一天，北方的金兵打过来了，人们纷纷逃离自己的家园。许衡也跟着逃难的人们向孟县方向逃去。一路上，烈日当头，逃难的人们干渴难熬，怨声载道。正当大家唇焦口燥的时候，有人在路边的村子里发现了一排结满果子的梨树，许多逃难的人蜂拥而上，争先恐后地去摘梨子吃。许衡却独自坐在一旁歇息，并不去吃梨，同乡问他原因，他说："未经主人的同意，我是不会吃这个梨的。因为，不经过主人家的允许就随便吃人家的梨，这是一种不道德的行为。"

同行的逃难者听说许衡不吃无主之梨的事儿，都围了过来，大家议论纷纷，表示对许衡的行为很不理解。

许衡却很认真，他一本正经地回答说："诚实是一个人必须具备的品质。尽管这梨树的主人不在，但它终究是其主人辛辛苦苦栽种出来的。再说，就算梨树没有主人，难道我的心也没有主人吗？我的心是不会同意我随随便便吃人家的梨的。"

借人物，及时还。后有急，借不难。

【解读】

借用他人的物品，用完了要及时归还。这样，日后有急事再向别人借用时，也就不难了。

知识锦囊

宋濂还书

明朝宋濂很爱读书，可是家里太穷了，根本买不起书，只好从别人那里借书来读。许多富有的人家虽然藏书很多，却不愿意借给他。

有一次，宋濂又到一富人家借书看。这家人不太愿意借给他，所以借的时候讲明，十天之内一定要还回来。

到了第十天早晨，天上飘着鹅毛大雪，宋濂早早起来，没顾上吃饭就向富人家赶去。那家人以为宋濂不会来还书了，宋濂却冒着大雪，准时把书送了回来。富人很感动，他告诉宋濂，以后可以随时来看书，而且再也不给他限定归还时间了。

信

凡出言，信为先。诈与妄，奚可焉？

【解读】

开口说话，首先要讲究信用，遵守承诺。欺骗或花言巧语之类的事，绝不能去做。

知识锦囊

曾子杀猪

曾子的妻子要到集市去，她的儿子边跟着她边哭，曾子的妻子说："你回去，等我回家后为你杀一头猪吃。"

妻子从集市回来，曾子就抓住一头猪，要把它杀了。妻子制止他说："我刚才只不过是与小孩子闹着玩儿罢了。"曾子说："小孩子是不能和他闹着玩儿的。小孩子是不懂事的，如今你欺骗他，是教他学会欺骗。母亲欺骗儿子，做儿子的就不会相信自己的母亲，这不是教育孩子该用的办法。"于是曾子就杀了猪。

话说多,不如少。惟其是,勿佞巧。

▌【注释】

［1］佞巧:花言巧语,逢迎讨好。

▌【解读】

话说得多不如说得少,应实实在在,不要讲不合实际的花言巧语。

奸巧语,秽污词,市井气,切戒之。

▌【解读】

刻薄的言语、下流肮脏的话,以及街头无赖粗俗的口气,都要切实地戒除。

见未真,勿轻言。知未的,勿轻传。

▌【注释】

［1］的:的确,确切。

▌【解读】

还未了解真相之前,不轻易发表意见;对于事情了解得不够清楚时,不任意传播。

知识锦囊

三人成虎

庞葱要陪太子到邯郸去做人质,临行前对魏王说:"现在如果有一个人说大街上有老虎,您相信吗?"魏王说:"不相信。"庞葱说:"如果是两个人说呢?"魏王说:"那我就疑惑了。"庞葱又说:"如果是三个人呢?"魏王说:"我相信了。"庞葱说:"大街上不会有老虎,那是很清楚的,但是三个人说有老虎,就像真的有老虎了。如今邯郸离大梁比我们到街市远得多,而毁谤我的人超过了三个。希望您能明察秋毫。"

庞葱离去后,毁谤他的话很快传到了魏王那里。后来庞葱返回,魏王果真不愿再见他了。

事非宜,勿轻诺。苟轻诺,进退错。

【解读】

不合义理的事,不要轻易答应;如果轻易答应,就会使自己进退两难。

凡道字,重且舒。勿急疾,勿模糊。

【解读】

说话要口齿清晰,语速舒缓,不要说得太快,或者说得模糊不清。

彼说长,此说短。不关己,莫闲管。

【解读】

遇到别人搬弄是非,与己无关就不必多管。

见人善,即思齐。纵去远,以渐跻。

【注释】

[1] 齐:一样,相同。　[2] 去:相差。　[3] 跻:登,上升。

【解读】

看见他人的优点善行,就向他看齐,虽然目前还差得很远,只要肯努力,就能渐渐赶上。

知识锦囊

曾子一日三省

曾子是个非常注重道德修养的人。每天晚上睡觉之前,曾子都会对自己这一天的言行进行反思。他说:"我每天早晚三次反省自己:替人家谋划事情是否尽心尽力了?和朋友交往是否诚实守信?老师传授的知识是否温习过了?"曾子就是靠着这种方法和精神,不断努力进步,后来成为一代圣贤。

见人恶,即内省。有则改,无加警。

【解读】

看见他人的缺点,先反省自己。有则改之,如果没有,就警醒不要犯同样的过错。

唯德学，唯才艺，不如人，当自砺。

【解读】

人应当重视自己的品德、学问和才能、技艺的培养，如果有不如人的地方，应当自我惕厉、奋发图强。

若衣服，若饮食，不如人，勿生戚。

【注释】

[1]戚：悲伤。

【解读】

穿着或者饮食不如他人，不必放在心上，更没有必要忧虑自卑。

阮咸晒衣

阮咸是西晋著名的文学家，年轻的时候家里不富裕，可他在有钱人面前泰然自若，一点也不自卑。当时阮咸住在道路南边，其他姓阮的人住在道路北边。北阮都很富有，南阮却很贫穷。七月七日那天，北阮把衣服搬出来放在太阳下，尽是绫罗锦绣，光彩夺目；阮咸也用竹竿挂着粗布牛鼻裈，晒在庭院里。这些人见阮咸晾晒自己的旧衣服，都来观看，但阮咸一点也不在意，说："我不能免除社会习俗，姑且学大家这样做罢了。"

如果一味追求物质享受，跟人攀比，把人生短暂的时间、有限的精力都用在奢侈、浪费、享受上，就会虚度青春，荒废学业。所谓"欲是深渊、欲不可纵"，假如让自己的欲望无限制地膨胀下去，就会带给你很大的痛苦，当你入不敷出的时候，想回头都相当困难，因为"由俭入奢易，由奢入俭难"。所以我们要防微杜渐，懂得知足，不要成为物质的奴隶，不要崇尚浮华。

闻过怒，闻誉乐。损友来，益友却。

【解读】

如果听到别人说自己的过错就生气，听到别人称赞自己就欢喜，那么狐朋狗友就会来接近你，真正的良朋益友反而逐渐远离你。

人往往看不到自己的过失，这就需要益友的提醒。真心批评、指正我们的人，那是我们的益友，没有他们的批评、指正，我们就看不到自己的问题所在，对此，我们感恩都来不及，怎么可以闻过而发怒呢？古人将朋友列为五伦之一，就是因为朋友可以帮助我们共同实践人生大道。曾子说："君子以文会友，以友辅仁。"真正的朋友是以道义为纽带的，而不是以功利为纽带的。

闻誉恐,闻过欣。直谅士,渐相亲。

【注释】

[1]谅:诚信。

【解读】

如果听到他人的称赞,不但没有得意忘形,反而会自省,唯恐做得不够好;当别人批评自己的缺失时,不但不生气,还能欢喜地接受,那么正直诚信的人就会渐渐喜欢和我们亲近了。

无心非,名为错。有心非,名为恶。

【解读】

无心之过称为错,若是明知故犯,有意犯错便是罪恶。

过能改,归于无。倘掩饰,增一辜。

【注释】

[1]辜:罪,过错。

【解读】

知错能改,错误就弥补了。如果不但不认错,还要去掩饰,那就是错上加错。

知识锦囊

曹操断发

一次,曹操统领大军去打仗,途中经过一片麦田,曹操下令:"所有将士都必须小心,凡有践踏麦子者,立即斩首示众。"突然,从麦田里飞起一只小鸟,曹操的坐骑惊得一下子蹿入麦田。曹操立即叫来随行的官员,要治自己践踏麦田的罪过。官员说:"怎么能给丞相治罪呢?"曹操说:"我亲口说的话,如果自己都不遵守,还有谁会心甘情愿地遵守呢?"他抽出腰间的佩剑,就要自刎,众将领赶忙拦住。这时,郭嘉走上前说:"《春秋》上说'法不加于尊'。丞相统领大军,重任在身,怎么能自刎呢?"曹操沉思了好长时间,才说:"既然有'法不加于尊'的说法,我现在又肩负着重要任务,那就暂且免去一死。但是我犯了错误,也应该受罚。"于是,他挥剑割断了自己的一缕头发,扔在地上说:"我就以割发代替砍头吧。"

曹操断发

古人认为"身体发肤,受之父母",随便割掉头发是不孝的表现。从此,军中将士对曹操更加信服了。

世上没有完美无缺的人,每个人都是在不断改正自己的错误中进步和发展的。一个人能改正错误就能超越自己,这需要极大的勇气与毅力,改错首先是知错、认识到错误,还

要有承认错误的勇气,最后才是有改正错误的毅力。知过能改,善莫大焉。《菜根谭》告诉我们:"弥天罪过,都当不得一个悔字。"犯下天大的过失,只要能够忏悔改过,就还有救。如果不肯改,还要为自己找借口来掩饰,那就是自暴自弃、自甘堕落。

泛爱众

凡是人,皆须爱。天同覆,地同载。

【注释】

[1]覆:覆盖。　[2]载:承载。

【解读】

凡是人,都应该相亲相爱,因为大家都生活在同一片天地下。

知识锦囊

陆离骂妻

清朝时有个人叫陆离。有一天,陆离在外出时遇到了一个倒在路边的人,看那个人的装束,陆离以为他是赶考的学子,就把他带回了家,并让妻子好好照顾他。那人醒来后,陆离才知道他不是赶考的学子,只是个穷苦人家的孩子。陆离的妻子说:"原来是个乞丐,亏我照料了他十几天,白白浪费了那么多粮食。"

陆离听了,生气地说:"我们来到这个世界上,谁都不能预测将来自己是书生还是乞丐,只因为后来的际遇不同,人生的道路才有了转向。我们生长在同一个世界上,本质都是一样的,为什么你要有这些偏见呢?"听了陆离的话,妻子惭愧地低下了头。

知古鉴今

一个人不可能孤立地生活在这个世界上,在衣食住行各个方面都离不开他人的辛勤劳动,大家相互依存,才构成了我们赖以生存的社会。作为社会的一分子,我们应该随时准备伸出援助之手,关怀他人,帮助他人,以尽到作为社会成员的一份责任,如此,人生才更有意义、更有价值。

行高者,名自高。人所重,非貌高。

【解读】

德行高尚者,名望自然隆盛。大家所敬重的是他的德行,不是外表、容貌。

知识锦囊

以貌取人

孔子有许多弟子。其中有一个叫宰予,能说会道,利口善辩。刚开始,孔子对他的印象很好,但后来渐渐发现,他既不孝敬父母,也不仁德,而且十分懒惰。后来宰予参与作乱被杀。孔子的另一个弟子子羽长得体态不雅,相貌丑陋,开始孔子认为他资质低下,不会成才。但他从师学习后,回去就致力于修身实践,处事光明正大。后来,追随他的学生有三百人,他的声誉传遍四方。孔子听说了,感慨地说:"我凭言语判断人的品质,对宰予的判断就错了;我凭相貌判断人的品质,对子羽的判断又错了。"

才大者,望自大。人所服,非言大。

【解读】

有才能的人,声望自然不凡,人们欣赏、佩服的是他的能力,而不是因为他会说大话。

知识锦囊

纸上谈兵

战国时期,赵国大将赵奢曾以少胜多,大败入侵的秦军,被赵惠文王提拔为上卿。他有一个儿子叫赵括,从小熟读兵书,爱谈军事,别人往往说不过他。因此他很骄傲,自以为天下无敌。赵奢却很替他担忧,认为他不过是纸上谈兵,并且说:"将来赵国不用他为将则已,如果用他为将,一定会使赵军遭受失败。"

果然,公元前259年,秦军又来犯,赵军在长平坚持抗敌。那时赵奢已经去世,廉颇负责指挥全军,他年纪虽大,打仗仍然很有办法,使得秦军无法取胜。秦国知道拖下去于己不利,就施行了反间计,派人到赵国散布"秦军最害怕赵奢的儿子赵括将军"的话。赵王上当受骗,派赵括替代了廉颇。赵括自认为很会打仗,死搬兵书上的条文,到长平后完全改变了廉颇的作战方案,结果四十多万赵军被歼灭,他自己也中箭身亡。

己有能,勿自私。人所能,勿轻訾。

【注释】

[1]轻:轻易,随便。　　[2]訾:诋毁,说坏话。

【解读】

有能力服务大众,就不要自私自利,舍不得付出。对于他人的才华,应当学习、欣赏,不要嫉妒、毁谤。

知识锦囊

嫉贤妒能的李斯

李斯和韩非是同学。秦王看到了韩非写的《说难》,很是赞赏,很想见见韩非。韩非来到秦国后,和秦王谈得十分投机。李斯怕秦王重用韩非,自己的地位会不保,于是暗下决心,一定要把韩非从秦王身边除掉。他开始在秦王面前说韩非的坏话。开始时秦王还不相信,但渐渐地就开始疏远韩非。最终,韩非含冤被杀。

勿谄富,勿骄贫。勿厌故,勿喜新。

【解读】

不要去讨好、巴结富有的人,也不要在穷人面前骄傲自大。不要喜新厌旧。

人不闲,勿事搅。人不安,勿话扰。

◀ 【解读】

对于正在忙碌的人,不要用事情去打扰他;当别人心情不好或身体欠安的时候,不要用言语干扰他。

知识锦囊

刘宽教妻

刘宽是东汉时的丞相。一天,侍女端来一碗鸡汤给刘宽。刘宽伸手去接鸡汤时,侍女失手把鸡汤洒在了刘宽的官服上。侍女连忙为刘宽擦拭官服,然后低头准备挨骂。谁知刘宽并没有责骂侍女,反而关心地问她:"你的手烫伤了没有?"侍女非常感动,流下泪来。

刘宽的夫人说:"你干吗不生气呢? 你应该责怪她呀!"刘宽却对夫人说:"谁都不想犯错误,我们怎么可以指责别人的无心之失呢?"刘宽的夫人满脸通红,对自己的丈夫更加敬佩了。

我们应注意,自己的言行不要影响到别人,这是一种做人的美德。我们不能总是以自我为中心来考虑问题,不替对方着想,譬如说我们要找人帮忙,不看对方是不是方便就贸然打扰,虽然对方往往碍于情面,不好意思拒绝,但是在心里已经对你形成了很不好的印象,在以后的相处中就会对你敬而远之。即使是再亲近的人,进退之间,也要站在对方的角度思考,这样大家自然就可以和睦相处。

人有短,切莫揭。人有私,切莫说。

◀ 【解读】

别人有缺点,不要去揭穿。对于他人的隐私,切忌去张扬。

道人善,即是善。人知之,愈思勉。

◀ 【解读】

赞美他人的善行就是行善。当对方听到你的称赞之后,必定会更加乐于行善。

知古鉴今

赞美是人际交往中最美的语言,它能让说者增光,听者得意。拥有赞美的习惯,生活会充满阳光;得到赞美,世界会变得更有光彩。在赞美他人的同时,我们也可以获得美好的人生。

扬人恶,即是恶。疾之甚,祸且作。

◀ 【注释】

[1] 疾之甚:因讨厌对方而过分宣传他的过错。 [2] 祸且作:为自己招来灾难。

【解读】

张扬他人的过失或缺点,就是做坏事。如果指责、批评太过分了,还会给自己招来灾祸。

善相劝,德皆建。过不规,道两亏。

【解读】

朋友之间应该互相规过、劝善,这样双方的修养都会有提高。如果对别人的过错不规劝,自己和对方的品德都会有缺失。

凡取与,贵分晓。与宜多,取宜少。

【解读】

财物的取得与给予,一定要分辨得清楚明白。宁可多给别人,自己少拿一些。

知识锦囊

管鲍之交

春秋时齐国有一对很要好的朋友,一个叫管仲,另一个叫鲍叔牙。年轻的时候,管仲家里很穷,又要奉养母亲。做生意的时候,管仲没有钱,所以本钱几乎都是鲍叔牙拿出来的,可是,当赚了钱以后,管仲却拿得比鲍叔牙还多。鲍叔牙的仆人说:"这个管仲本钱拿得比我们主人少,分钱的时候却拿得比我们主人还多!"鲍叔牙却对仆人说:"不可以这么说!管仲家里穷,又要奉养母亲,多拿一点没有关系。"

管仲和鲍叔牙一起去打仗,每次进攻的时候,管仲都躲在最后面,大家骂:"管仲是一个贪生怕死的人!"鲍叔牙马上替管仲说话:"你们误会管仲了,他不是怕死,他得留着他的命去照顾老母亲啊!"管仲听到之后说:"生我的是父母,了解我的是鲍叔牙啊!"

将加人,先问己。己不欲,即速已。

【解读】

事情要加到别人身上之前,先要问问换作是我愿不愿意。如果连自己都不愿意,就不要勉强别人。

恩欲报,怨欲忘。报怨短,报恩长。

【解读】

受人恩惠要时时想着报答,别人有对不起自己的事,应该宽大为怀,把它忘掉。怨恨不平的事不要在心里停留太久,过去就算了;别人对我们的恩德要感恩在心,常思报答。

知识锦囊

狄仁杰谈怨

狄仁杰是武则天执政时的名臣。他为人正直,在办案的过程中得罪了不少王公大臣,很多人都记恨他。

有一天,武则天对狄仁杰说:"虽然你的政绩非常突出,但是许多同僚说你的坏话。你想知道他们是谁吗?"狄仁杰摇了摇头,说:"臣本来没什么能力,所以别人批评臣,是对臣的爱护。如果陛下也认为臣做得不对,臣愿意明白自己的过失并及时改正;如果陛下认为臣做得对,那么他们是谁并不重要。臣又何必知道他们的姓名呢?"武则天对此大为赞赏,认为狄仁杰确实有修养和风度。

"受人滴水之恩,当以涌泉相报。"父母养育之恩、师长教诲之恩,我们感恩、回馈过多少呢? 人与人相处,难免会发生冲突,如果我们每天都把别人的过失放在心上,长此以往,只能给自己带来无穷的烦恼和痛苦。

待婢仆,身贵端。虽贵端,慈而宽。

【解读】

对待家中的婢女与仆人,要注重自己的品行并以身作则。虽然品行端正很重要,但是仁慈宽大更可贵。

势服人,心不然。理服人,方无言。

【解读】

如果仗势强逼别人服从,对方难免口服心不服。唯有以理服人,别人才会心悦诚服,没有怨言。

亲　仁

同是人,类不齐。流俗众,仁者希。

【解读】

同样是人,善恶邪正、心智高低却良莠不齐。跟着潮流走的俗人多,仁慈博爱的人少。

果仁者,人多畏。言不讳,色不媚。

【解读】

如果是有仁德的人,大家自然敬畏他,因为他说话公正无私,又不讨好他人。

能亲仁,无限好。德日进,过日少。

【解读】

能够亲近有仁德的人是再好不过了,这会使我们的德行一天比一天进步,过错也跟着减少。

知识锦囊

冯谖买义

孟尝君养着好几千门客。一次,临近年关,孟尝君问这些门客:"你们谁能替我去收回封地上的债务?"一个叫冯谖的门客站出来说:"我愿意去。"临行的时候,冯谖问孟尝君:"收了债,您不想买回点什么吗?"孟尝君随便说了一句:"您看着我家里缺少什么,就买回点什么吧!"

冯谖来到薛地,有不少人缴不出债。他把这些人召集到一片空地上,让大家都带着债券。冯谖站在高处的一个土台上,大声说:"孟尝君知道父老乡亲们衣食艰难,决定所有拖欠的粮款一律不收了。现在就当着大家的面,把这债券烧掉。"他下令点着一堆火,让欠债的人一个接一个地把自己的债券扔到火里去。众人无不感动,奔走相告。

冯谖回到相府交差,孟尝君问:"您收完债,买了什么东西回来?"冯谖说:"您说让我看着您府上缺少什么就买些什么。我琢磨再三,府上珍宝如山,骏马成群,美女无数,您缺少的,只不过是'义'罢了。我就给您买了'义'。"孟尝君奇怪地问:"什么叫买了'义'?"冯谖汇报了焚券买义的过程,孟尝君非常不悦。

过了一年,齐王听信别人造谣的话,罢了孟尝君的相国职务,让他回到薛地去。孟尝君闷闷不乐地离开了国都,来到离薛地不远的地方,忽然看到前面尘土飞扬,人声沸腾,薛地的百姓扶老携幼,前来夹道迎候孟尝君。此情此景把孟尝君感动得热泪盈眶。他回过头去对冯谖说:"先生您为我买的义,我今天算看到了啊!"

不亲仁,无限害。小人进,百事坏。

▌【解读】

如果不亲近仁人君子,就会有无穷的祸害,因为小人会乘虚而入,往往会坏很多事。

知识锦囊

齐桓公之死

齐桓公是春秋时的霸主,晚年开始昏庸,宠信小人,最宠信的是易牙、竖刁和开方。易牙听说人肉味道鲜美,就把自己的孩子杀了,把肉献给齐桓公。竖刁不惜残害自己的身体,来侍奉齐桓公。开方为了讨好齐桓公,连续 15 年不回家看望父母。管仲多次劝说齐桓公:"像他们这样杀死自己的孩子、残害自己的身体和背弃父母的人,没有一个靠得住的。"但齐桓公根本听不进管仲的话,继续宠信这三个小人。后来,齐桓公病倒了,三人原形毕露,对病重的齐桓公不理不睬。最终,齐桓公被活活饿死。

人一定要有道德,用圣贤智慧来巩固我们的道德修养,增强明辨是非的能力,使自己在诱惑面前不受干扰。如果一不小心把持不住,就有可能陷进去,尤其是沾染上赌博、色情等一些不良的习气,可以让人一辈子堕落。所以,我们不可一日远离良师益友,不可一日不读圣贤书。

余力学文

不力行,但学文。长浮华,成何人?

【注释】

[1] 力行:亲自实践,努力去做。

【解读】

不能身体力行孝、悌、谨、信、泛爱众、亲仁这些道德准则,一味死读书,纵然有些知识,也只是增长自己浮华不实的习气,如此读书又有何用?

知识锦囊

纸上得来终觉浅

有个叫王寿的人非常喜欢读书,在路上带了五卷竹简串成的书,随时阅读。隐士徐冯从这里经过,两人攀谈起来。徐冯说:"书是用来记载言论和思想的,所以评价一个人是否聪明,并不以读书多少来衡量。我原以为你是个聪明人,可现在才知道,你根本不去思考问题,只会背着这累人的东西到处走。"听了徐冯的话,王寿如梦初醒。

但力行,不学文。任己见,昧理真。

【解读】

如果只是一味去做,不肯读书学习,就容易任性而为,蒙蔽真理。

知识锦囊

郑人买履

有一个郑国人想去买一双鞋子,于是事先量了自己的脚的尺码。到了集市,挑好了鞋子,他才发现忘了带尺码。等到他满头大汗地从家中取来量好的尺码,集市已经散了。有人问:"你为什么不用自己的脚去试试鞋子?"他回答说:"我宁可相信量好的尺码,也不相信自己的脚。"

读书法,有三到。心眼口,信皆要。

【注释】

[1] 信:确实。

▐◀ 【解读】

读书的方法要注重三到，眼到、口到、心到，三者缺一不可。

方读此，勿慕彼。此未终，彼勿起。

▐◀ 【解读】

一本书才开始读没多久，不要想着其他的书。这本书没读完，不要读其他的书。

宽为限，紧用功。工夫到，滞塞通。

▐◀ 【解读】

在制定读书计划的时候，不妨把读书期限定得宽松一些，实际执行时，就要加紧用功，严格执行，不可以懈怠偷懒。日积月累，功夫深了，原先窒碍不通、困顿疑惑之处自然而然都迎刃而解了。

知识锦囊

纪昌学射

纪昌向飞卫学习射箭。飞卫说："你先学会看东西不眨眼睛，然后才可以谈射箭。"纪昌回到家里，仰卧在妻子的织布机下，注视着织布机上的梭子。两年之后，即使锥子刺在他的眼眶上，他也不眨一下眼睛。纪昌把自己练习的情况告诉了飞卫，飞卫说："这还不够，要练到看小物体像看大物体一样清晰，看细微的东西像显著的东西一样容易，然后再来告诉我。"纪昌用牦牛尾巴的毛系住一只虱子悬挂在窗户上，远远地看着它，十天之后，看虱子渐渐大了；三年之后，虱子在他眼里有车轮那么大。用这种方法看其他东西，都像山丘一样大。纪昌把自己练习的情况告诉了飞卫，飞卫高兴地说："你已经掌握了射箭的诀窍了！"

心有疑，随札记。就人问，求确义。

【解读】

求学时，心里有疑问，应随时做笔记，一有机会就向良师益友请教，务必明白它的真义。

知识锦囊

不耻下问

春秋时期，卫国有个大夫叫孔圉，聪敏好学，非常谦虚。孔圉死后，卫国国君为了让后人学习和发扬他的好学精神，赐给他一个"文"的称号。孔子的学生子贡去问孔子："为什么赐给孔圉'文'的称号？"孔子说："敏而好学，不耻下问，是以谓之'文'也。"孔子的意思是，孔圉非常勤奋好学，而且经常向比自己地位低下的人请教，一点也不感到羞耻，所以用"文"来称呼他。

房室清，墙壁净。几案洁，笔砚正。

【解读】

书房要整理清洁，墙壁要保持干净，读书时，书桌上笔墨纸砚等文具要放置整齐，不得凌乱，触目所及皆是井井有条，才能静下心来读书。

知识锦囊

陈蕃扫屋

东汉时的陈蕃学识渊博，胸怀大志，少年时代发奋读书，以天下为己任。一天，他父亲的老朋友薛勤来看他，见他独居的院内杂草丛生、秽物满地，就对他说："你怎么不打扫一下屋子，以招待宾客呢？"陈蕃不以为然地回答："大丈夫应当以扫除天下的不平为己任，怎么能把心思放在收拾一个小房间上呢？"薛勤当即反问道："你连一个小小的房间都打扫不好，怎么去扫除天下的不平事呢？"陈蕃听了觉得很有道理。从此，他开始注意从身边的小事做起，最终成为一代名臣。

墨磨偏，心不端。字不敬，心先病。

【解读】

如果心不在焉，墨就会磨偏了。写出来的字如果歪歪斜斜，表示你浮躁不安，心定不下来。

列典籍，有定处。读看毕，还原处。

【解读】

书籍应分类排列整齐，放在固定的位置，读诵完毕，须归还原处。

虽有急,卷束齐。有缺坏,就补之。

【解读】

即使有急事,也要把书本收好再离开。书本有缺损就要修补,使之保持完整。

非圣书,屏勿视。蔽聪明,坏心志。

【注释】

[1] 屏:除去。

【解读】

不是传述圣贤言行的著作,就应该摒弃不看,以免身心受到污染,智慧遭受蒙蔽,心志遭到损害。

勿自暴,勿自弃。圣与贤,可驯致。

【注释】

[1] 驯:渐进。　　[2] 致:达到。

【解读】

遇到困难或挫折的时候,不要自暴自弃。圣贤境界虽高,循序渐进,也是可以达到的。

综合实践

一、活动主题

走进经典——《弟子规》学习、诵读活动。

二、指导思想

《弟子规》以通俗的文字、三字韵的形式阐述了学习的重要性、做人的道理及待人接物的礼貌常识等,是一部蒙学经典。通过通读、学习《弟子规》,可以了解中华优秀传统文化,达到文化熏陶、智能锻炼与人格培养的目的,让中华优秀传统文化在学生的心灵中起到潜移默化地陶冶性情的作用。

三、活动目标

1. 弘扬中华优秀传统文化,了解、热爱中华优秀传统文化,提升人文素养。

2. 诵读经典,理解经典,养成良好的学习、行为习惯,培养开朗豁达的性情、自信自强的人格、和善诚信的品质。

3. 培养读书兴趣,掌握通读技巧,培养阅读习惯和能力,增强语感,感受文言精华,提高审美能力,提升语文素养。

4. 营造浓厚的校园阅读氛围，营造和谐的、人文的、丰富的校园文化。

四、活动安排

1. 精心组织，注重活动实际效果

可以与春节、清明节、端午节、中秋节等传统节日和其他节庆的重大演出相结合，挖掘与诠释传统节日的文化内涵，弘扬健康向上的节庆文化，彰显我国的语言与文化魅力，同时重视和加强学生诵读知识和能力的培养。

2. 创新形式，力求活动丰富多彩

以班级为点，以专业为线，以学校为面；以个人为根，以集体学习为干，以校园活动为叶；以开创风气为主，以文化熏陶为本，以文化教育为重。

各班级要在活动中注重艺术创新，用普通话和现代舞台艺术手段表现《弟子规》内容，通过通读活动学习知识、陶冶情操、感悟人生，体现时代精神。

第五部分

增广贤文

作品简介

　　《增广贤文》又名《昔时贤文》《古今贤文》。全书以韵文的形式,将格言排列在一起,各种句式交错而出,灵活多变,读起来抑扬顿挫,朗朗上口,从而突破了传统蒙学读物以一种句式贯穿始终的基本格式,使语句更接近于口语,更易于人们接受。其绝大多数句子都来自经史子集、诗词曲赋、戏剧小说及文人杂记,其思想观念都直接或间接地来自儒释道各家经典,从广义上来说,它是雅俗共赏的“经”的普及本,不需讲解就能读懂,通过读《增广贤文》,同样能领会到经文中的思想观念和人生智慧。

　　《增广贤文》的内容从表面上看似乎杂乱无章,但只要认真通读全书,不难发现其有内在的逻辑,大致分为以下四个方面:一是谈人心及人际关系;二是谈义利、善恶观;三是谈如何处世;四是谈劝勉勤学。

　　在谈人心及人际关系方面,《增广贤文》以冷峻的目光洞察社会人生,帮助人们更好地认识社会和人生。在谈义利、善恶观方面,《增广贤文》强调人应该有正确的义利观、善恶观,应该多行善事,不做恶事。在谈如何处世方面,《增广贤文》中既有积极的应对,也揭示了现实,提出警示。在谈劝勉勤学方面,书中强调了读书的重要性,劝人勤学上进。除了以上内容,《增广贤文》还倡导孝道观念、诚信观念等。

　　总之,《增广贤文》作为一部著名的古代格言集,内容十分广泛,从礼仪道德、典章制度到风物典故、天文地理,几乎无所不包,而又通顺易懂。其中一些谚语、俗语反映了中华民族千百年来形成的勤劳朴实、吃苦耐劳的优良传统,成为宝贵的精神财富。书中那些精辟的有关人生世态的哲言警句有极强的社会环境针对性和深厚的文化底蕴,是中国人处世经验、智慧和原则的总结,它集趣味性、研究性和实用指导性于一身,至今依然有鲜活的生命力。

原典作者

　　《增广贤文》的书名最早见于明代万历年间的戏曲《牡丹亭》,据此可推知此书最迟写成于万历年间。此书集结了从古到今的各种格言、谚语。后来,经过明、清两代文人的不断增补,才改成现在这个模样,称《增广昔时贤文》,通称《增广贤文》。作者一直未见任何记载,只知道清代同治年间儒生周希陶曾进行过重订,很可能是民间创作的结晶。

作品影响

　　《增广贤文》是一部极有影响的蒙学读本。其内容不仅兼采儒释道诸家,而且有很多百姓的生活哲理,包罗万象,有待读者自己去领略。文中的格言警句几乎都曾出现于民间通俗文学作品中,这也说明它是中国老百姓立身处世的智慧结晶、智囊手册和道德指针,是老百姓在自身生活经验基础上的自觉感悟或对文人、思想家思想成果的有选择的吸收与改造。它正视人性和社会的残酷,警示人们既要做一个好人,又要具备抵御坏人的能力,不至于陷入钩心斗角中,在内心保有一片净土。它不空喊口号,而是正视现实,书中主流的观念也是正能量的。因此对《增广贤文》的研读不失为继承中华优秀传统文化,全面了解中国民众思想性格的有效途径,《增广贤文》是值得一读再读的经典。

原文赏析

　　昔时贤文,诲汝谆谆。集韵增广,多见多闻。观今宜鉴古,无古不成今。

　　知己知彼,将心比心。酒逢知己饮,诗向会人吟。相识满天下,知心能几人?相逢好似初相识,到老终无怨恨心。

　　近水知鱼性,近山识鸟音。易涨易退山溪水,易反易覆小人心。运去金成铁,时来铁似金。读书须用意,一字值千金。

　　逢人且说三分话,未可全抛一片心。有意栽花花不发,无心插柳柳成荫。画虎画皮难画骨,知人知面不知心。钱财如粪土,仁义值千金。

　　流水下滩非有意,白云出岫本无心。当时若不登高望,谁识东流海样深?路遥知马力,日久见人心。

　　饶人不是痴汉,痴汉不会饶人。是亲不是亲,非亲却是亲。美不美,乡中水;亲不亲,故乡人。相逢不饮空归去,洞口桃花也笑人。

　　为人莫做亏心事,半夜敲门心不惊。两人一般心,有钱堪买金。一人一般心,有钱难买针。

　　黄芩无假,阿魏无真。客来主不顾,应恐是痴人。闹里有钱,静处安身。来如风雨,去似微尘。

　　长江后浪推前浪,世上新人赶旧人。近水楼台先得月,向阳花木早逢春。古人不见今时月，今月曾经照古人。

先到为君，后到为臣。莫道君行早，更有早行人。莫信直中直，须防仁不仁。

一年之计在于春，一日之计在于晨。一家之计在于和，一生之计在于勤。责人之心责己，恕己之心恕人。

守口如瓶，防意如城。再三须慎意，第一莫欺心。虎身犹可近，人毒不堪亲。来说是非者，便是是非人。

远水难救近火，远亲不如近邻。山中也有千年树，世上难逢百岁人。

力微休负重，言轻莫劝人。平生莫做皱眉事，世上应无切齿人。士者国之宝，儒为席上珍。

若要断酒法，醒眼看醉人。求人须求大丈夫，济人须济急时无。渴时一滴如甘露，醉后添杯不如无。

酒中不语真君子，财上分明大丈夫。出家如初，成佛有余。积金千两，不如明解经书。养子不教如养驴，养女不教如养猪。

有田不耕仓廪虚，有书不读子孙愚。仓廪虚兮岁月乏，子孙愚兮礼义疏。同君一席话，胜读十年书。人不通古今，马牛而襟裾。

茫茫四海人无数，哪个男儿是丈夫？美酒酿成缘好客，黄金散尽为收书。

救人一命，胜造七级浮屠。城门失火，殃及池鱼。庭前生瑞草，好事不如无。

欲求生富贵，须下死工夫。百年成之不足，一旦败之有余。

人心似铁，官法如炉。善化不足，恶化有余。

水至清则无鱼，人至察则无谋。知者减半，愚者全无。

是非终日有，不听自然无。宁可正而不足，不可邪而有余。宁可信其有，不可信其无。

竹篱茅舍风光好，道院僧房终不如。道院迎仙客，书堂隐相儒。庭栽栖凤竹，池养化龙鱼。

人情似水分高下，世事如云任卷舒。会说说都是，不会说无理。

磨刀恨不利，刀利伤人指。求财恨不多，财多害自己。知足常足，终身不辱；知止常止，终身不耻。

差之毫厘，失之千里。若登高必自卑，若涉远必自迩。三思而行，再思可矣。使口不如亲为，求人不如求己。

小时是兄弟，长大各乡里。妒财莫妒食，怨生莫怨死。人见白头嗔，我见白头喜。多少少年亡，不到白头死。

墙有缝，壁有耳。好事不出门，恶事传千里。贼是小人，智过君子。君子固穷，小人穷斯滥矣。

贫穷自在，富贵多忧。不以我为德，反以我为仇。宁可直中取，不向曲中求。

人无远虑，必有近忧。知我者谓我心忧，不知我者谓我何求。

晴天不肯去，直待雨淋头。成事莫说，覆水难收。是非只为多开口，烦恼皆因强出头。惧法朝朝乐，欺公日日忧。

人生一世，草生一春。黑发不知勤学早，转眼便是白头翁。月过十五光明少，人到中年万事休。

人生不满百,常怀千岁忧。今朝有酒今朝醉,明日愁来明日忧。路逢险处难回避,事到头来不自由。

药能医假病,酒不解真愁。一家养女百家求,一马不行百马忧。有花方酌酒,无月不登楼。三杯通大道,一醉解千愁。

深山毕竟藏猛虎,大海终须纳细流。受恩深处宜先退,得意浓时便可休。莫待是非来入耳,从前恩爱反成仇。

留得五湖明月在,不愁无处下金钩。休别有鱼处,莫恋浅滩头。去时终须去,再三留不住。

忍一句,息一怒;饶一着,退一步。一寸光阴一寸金,寸金难买寸光阴。

黄河尚有澄清日,岂可人无得运时? 得宠思辱,居安思危。念念有如临敌日,心心常似过桥时。

英雄行险道,富贵似花枝。人情莫道春光好,只怕秋来有冷时。送君千里,终须一别。

但将冷眼观螃蟹,看你横行到几时? 假缎染就真红色,也被旁人说是非。善事可作,恶事莫为。许人一物,千金不移。

龙生龙子,虎生虎儿。龙游浅水遭虾戏,虎落平阳被犬欺。一举首登龙虎榜,十年身到凤凰池。十载寒窗无人问,一举成名天下知。

酒债寻常行处有,人生七十古来稀。养儿防老,积谷防饥。当家才知盐米贵,养子方知父母恩。

常将有日思无日,莫把无时当有时。时来风送滕王阁,运去雷轰荐福碑。入门休问荣枯事,且看容颜便得知。

息却雷霆之怒,罢却虎狼之威。饶人算之本,输人算之机。好言难得,恶语易施。一言既出,驷马难追。

道吾好者是吾贼,道吾恶者是吾师。路逢侠客须呈剑,不是才人莫献诗。三人行,必有我师焉。择其善者而从之,其不善者而改之。

欲昌和顺须为善,要振家声在读书。少壮不努力,老大徒伤悲。人有善愿,天必佑之。

莫饮卯时酒,昏昏醉到酉。莫骂酉时妻,一夜受孤凄。种麻得麻,种豆得豆。天网恢恢,疏而不漏。

见官莫向前,做客莫在后。螳螂捕蝉,岂知黄雀在后。

不求金玉重重贵,但愿儿孙个个贤。一日夫妻,百世姻缘。百世修来同船渡,千世修来共枕眠。

杀人一万,自损三千。伤人一语,利如刀割。枯木逢春犹再发,人无两度再少年。未晚先投宿,鸡鸣早看天。

将相顶头堪走马,公侯肚里好撑船。击石原有火,不击乃无烟。人学始知道,不学亦枉然。

莫笑他人老,终须还到老。和得邻里好,犹如拾片宝。但能依本分,终须无烦恼。

大家做事寻常,小家做事慌张。大家礼义教子弟,小家凶恶训儿郎。

君子爱财,取之有道。贞妇爱色,纳之以礼。万恶淫为首,百行孝当先。

人而无信,不知其可也。一人道虚,千人传实。

凡事要好，须问三老。若争小可，便失大道。

家中不和邻里欺，邻里不和说是非。年年防饥，夜夜防盗。

好学者如禾如稻，不好学者如蒿如草。遇饮酒时须饮酒，得高歌处且高歌。

因风吹火，用力不多。不因渔父引，怎得见波涛？

无求到处人情好，不饮任他酒价高。知事少时烦恼少，识人多处是非多。世间好语书说尽，天下名山僧占多。

入山不怕伤人虎，只怕人情两面刀。强中更有强中手，恶人终受恶人磨。会使不在家豪富，风流不在着衣多。

光阴似箭，日月如梭。天时不如地利，地利不如人和。黄金未为贵，安乐值钱多。为善最乐，为恶难逃。

羊有跪乳之恩，鸦有反哺之义。孝顺还生孝顺子，忤逆还生忤逆儿。不信但看檐前水，点点滴滴旧窝池。

隐恶扬善，执其两端。妻贤夫祸少，子孝父心宽。

人生知足何时足，到老偷闲且是闲。但有绿杨堪系马，处处有路透长安。

既坠釜甑，反顾何益？已覆之水，收之实难。

见者易，学者难。莫将容易得，便作等闲看。用心计较般般错，退步思量事事宽。

道路各别，养家一般。从俭入奢易，从奢入俭难。知音说与知音听，不是知音莫与弹。

点石化为金，人心犹未足。信了肚，卖了屋。莫把真心空计较，儿孙自有儿孙福。

与人不和，劝人养鹅；与人不睦，劝人架屋。但行好事，莫问前程。

河狭水激，人急计生。明知山有虎，莫向虎山行。路不铲不平，事不为不成；人不劝不善，钟不敲不鸣。

无钱方断酒，临老始看经。点塔七层，不如暗处一灯。但存方寸土，留与子孙耕。

众星朗朗，不如孤月独明。兄弟相害，不如友生。合理可作，小利莫争。

牡丹花好空入目，枣花虽小结实成。随分耕锄收地利，他时饱暖谢苍天。

得忍且忍，得耐且耐；不忍不耐，小事成大。相论逞英豪，家计渐渐消。一人有庆，兆民咸赖。

人老心不老，人穷志不穷。人无千日好，花无百日红。杀人可恕，情理难容。

乍富不知新受用，乍贫难改旧家风。座上客常满，杯中酒不空。

屋漏更遭连夜雨，行船又遇打头风。笋因落箨方成竹，鱼为奔波始化龙。记得少年骑竹马，转眼又是白头翁。

礼义生于富足，盗贼出于赌博。天上众星皆拱北，世间无水不朝东。君子安贫，达人知命。良药苦口利于病，忠言逆耳利于行。

夫妻相和好，琴瑟与笙簧。爽口食多偏作病，快心事过恐生殃。富贵定要依本分，贫穷不必再思量。

画水无风空作浪，绣花虽好不闻香。贪他一斗米，失却半年粮；争他一脚豚，反失一肘羊。

龙归晚洞云犹湿，麝过春山草木香。平生只会说人短，何不回头把己量？见善如不及，见恶如探汤。

自家心里急,他人不知忙。贫无达士将金赠,病有高人说药方。

触来莫与竞,事过心清凉。秋至满山多秀色,春来无处不花香。

凡人不可貌相,海水不可斗量。清清之水,为土所防;济济之士,为酒所伤。

蒿草之下,或有兰香;茅茨之屋,或有侯王。无限朱门生饿殍,几多白屋出公卿。千里送鹅毛,礼轻仁义重。

人生一世,如驹过隙。良田万顷,日食一升;大厦千间,夜眠八尺。

千经万典,孝义为先。富从升合起,贫因不算来。家无读书子,官从何处来?

一毫之恶,劝人莫作;一毫之善,与人方便。欺人是祸,饶人是福。

人各有心,心各有见。口说不如身逢,耳闻不如目见。

养兵千日,用在一时。国清才子贵,家富小儿娇。利刀割体疮犹合,恶语伤人恨不消。

苗从地发,枝由树分。父子亲而家不退,兄弟和而家不分。官有公法,民有私约。

国乱思良将,家贫思贤妻。池塘积水须防旱,田土深耕足养家。根深不怕风摇动,树正何愁月影斜。

学在一人之下,用在万人之上。一字为师,终身如父。忘恩负义,禽兽之徒。劝君莫将油炒菜,留与儿孙夜读书。

莫怨自己穷,穷要穷得干净;莫羡他人富,富要富得清高。

别人骑马我骑驴,仔细思量我不如,等我回头看,还有挑脚汉。路上有饥人,家中有剩饭。积德与儿孙,要广行方便。

积钱积谷不如积德,买田买地不如买书。一日春工十日粮,十日春工半年粮。疏懒人没吃,勤俭粮满仓。

十分伶俐使七分,常留三分与儿孙;若要十分都使尽,远在儿孙近在身。君子乐得做君子,小人枉自做小人。

惜钱莫教子,护短莫从师。记得旧文章,便是新举子。

人在家中坐,祸从天上落。但求心无愧,不怕有后灾。

只有和气去迎人,哪有相打得太平?忠厚自有忠厚报,豪强一定受官刑。人到公门正好修,留些阴德在后头。为人何必争高下,一旦无命万事休。

山高不算高,人心比天高。白水变酒卖,还嫌猪无糟。贫寒休要怨,富贵不须骄。善恶随人作,祸福自己招。

奉劝君子,各宜守己;只此呈示,万无一失。

全文注解

昔时贤文,诲汝谆谆。集韵增广,多见多闻。观今宜鉴古,无古不成今。

【注释】

[1]谆谆:耐心引导、恳切教诲的样子。 [2]集:搜集。 [3]宜:应该,应当。

【解读】

用以前圣贤们的言论来谆谆教诲你。广泛搜集押韵的文字汇编成《增广贤文》,使你见多识广。应该以古人的经验教训来指导今天的行为,因为今天是古代的延续。

知己知彼,将心比心。

【解读】

知道自己怎么想的,也应该知道别人是怎样想的,所以要用自己的心,体谅别人的心,设身处地为别人着想。

酒逢知己饮,诗向会人吟。相识满天下,知心能几人?

【注释】

[1]会人:能领会诗的意思的人,懂诗的人。

【解读】

酒要和了解自己的人一起喝,诗要与懂得它的人一起吟。认识的人可以很多,但真正了解并知心的没有几个。

知识锦囊

管鲍之交

管仲和鲍叔牙是春秋时代齐国人。齐王有两个儿子,纠和小白。管仲是公子纠的老师,鲍叔牙是公子小白的老师。后来两个公子为争夺王位互相残杀,公子纠被杀,小白即位,鲍叔牙立刻向齐王小白推荐管仲,说:"管仲是一位有才干的人,请大王请他做宰相。"

齐王说:"你是我的老师,我愿拜你为相。"鲍叔牙语气坚定地说:"多谢大王的信任。以前管仲是公子纠的老师,难得他对公子纠的一片忠心。大王如果要干一番大事业,管仲可是个用得着的人。"齐王终于采纳了鲍叔牙的建议,任命管仲为相。管仲整顿内政、开发资源、发展农业,很快就使齐国强盛起来,当上了盟主。

管仲和鲍叔牙之间深厚的友情,成为中国代代流传的佳话。人们常常用"管鲍之交"来形容好朋友之间彼此信任的关系。

相逢好似初相识,到老终无怨恨心。

【解读】

人和人之间的相逢应该总是如同初次见面似的,这样即使到老也不会产生怨恨之心。

近水知鱼性,近山识鸟音。

【解读】

住在水边能掌握不同鱼儿的习性,住在山旁则能识别各种鸟儿的声音。

易涨易退山溪水,易反易覆小人心。

【解读】

容易涨也容易退的是山间的溪水,反复无常的是小人的心态。

运去金成铁,时来铁似金。

【注释】

[1] 时:机会。

【解读】

运气差时金子可以变成铁,时来运转的时候铁也会变成金子。

读书须用意,一字值千金。

【注释】

[1] 用意:用心。

【解读】

读书须用心,能下苦功夫,才会文辞精妙,一字千金。

知识锦囊

一字千金

"一字千金"出自《史记·吕不韦列传》:"布咸阳市门,悬千金其上,延诸侯游士宾客有能增损一字者予千金。"

吕不韦曾是战国末期的大商人,他因在赵国经商时,曾资助过后来的秦庄襄王子楚,又把他的妾赵姬送给子楚为妻,待子楚即王位后,便被封为文信侯,官居相国。庄襄王在位仅三年便病死了,由他十三岁的儿子政继位,便是历史上有名的秦始皇,尊吕不韦为仲父。

当时养士之风甚盛,有名的战国四公子便都养有门客数千人,吕不韦也养了三千门客,作为他的智囊,想出种种办法来巩固他的权力。这些门客中三教九流的人应有尽有,他们各人有各人的见解和心得,汇集起来,成了一部二十余万言的巨著,名为"吕氏春秋",包含了天地万物、古往今来的事理。当时吕氏把这书在秦国首都咸阳公布,悬了赏格,说有人能在书中增加一字或减少一字者,就赏赐千金。

逢人且说三分话,未可全抛一片心。有意栽花花不发,无心插柳柳成荫。画虎画皮难画骨,知人知面不知心。

【解读】

与人说话,话说三分就可以了,不能把内心的想法全部吐露给别人。有意栽花,花不一定开放,无意去插柳,柳树却有可能长得茂盛。老虎的外形好画,却难以画出它的骨骼。了解人的表面很容易,了解人的内心却十分困难。

钱财如粪土,仁义值千金。

【解读】

钱财像粪土一般,没有什么价值,仁义道德才价值千金。

流水下滩非有意,白云出岫本无心。当时若不登高望,谁识东流海样深?

【注释】

［1］滩:江河中水浅多石而水流很急的地方。　［2］岫:山,山洞。

【解读】

流水从滩头泻下来并非有意而为,白云从山峰间飘出来也是出于自然。若不登高望远,如何能够知道东流的河水最终汇聚成了深邃的大海?

路遥知马力,日久见人心。

【解读】

路途遥远才能知道马的力气的大小,事情经历多了,时间长了,才会明了一个人心地的好坏。

饶人不是痴汉,痴汉不会饶人。

【注释】

［1］饶:宽恕。　［2］痴汉:不通情理的人。

【解读】

能宽恕别人的人不是不通情理的痴人,不通情理的痴人是不会宽以待人的。

是亲不是亲,非亲却是亲。美不美,乡中水;亲不亲,故乡人。相逢不饮空归去,洞口桃花也笑人。

【解读】

有些人名义上是亲戚却不像亲戚,有些人虽然不是亲戚却比亲戚还亲近。不论甜美与否,家乡的水都好喝;不论是不是亲戚,故乡的人都最亲近。朋友相聚不饮酒,连洞口的桃花也会嘲笑你不懂得人情。

为人莫做亏心事,半夜敲门心不惊。

【注释】

[1] 亏心：负心，违背良心。

【解读】

不做对不起良心的事，半夜有人敲门心里也不会惊慌。

两人一般心，有钱堪买金。一人一般心，有钱难买针。

【注释】

[1] 一般：一样，同样。

【解读】

两个人一条心，能够得到购买黄金的钱。每个人都留着一个心眼，连买根针的钱也赚不到。

黄芩无假，阿魏无真。

【注释】

[1] 阿魏：阿魏是一种独特的药材，生于戈壁、荒滩之上。

【解读】

黄芩没有假的，阿魏这种药材却几乎没有真货。

客来主不顾，应恐是痴人。

【解读】

客人来了，主人不去招待，他可能是个不知事理的蠢笨之人。

闹里有钱，静处安身。

【解读】

热闹繁华的地方有钱可赚，偏僻幽静的地方宜于安居。

来如风雨，去似微尘。长江后浪推前浪，世上新人赶旧人。

【解读】

来势像暴风骤雨一样猛烈，退去像微尘飘落一样静悄悄。长江的后浪推涌着前浪，世上的新人赶超着旧人。

近水楼台先得月，向阳花木早逢春。古人不见今时月，今月曾经照古人。

【解读】

在近水的楼台最先看到水中的月亮，向阳的花木光照好，发芽就早。古代的人看不见今天的月亮,今天的月亮却曾经照耀过古代的人。

先到为君,后到为臣。莫道君行早,更有早行人。

■ 【解读】

抢先一步到达的人能当上君王,后到一步的人只能当臣子。别以为你走得早,还有比你走得更早的人。

莫信直中直,须防仁不仁。

■ 【解读】

不要轻信那些表面上特别正直的人,要防备那些标榜仁义却不仁义的人。

一年之计在于春,一日之计在于晨。一家之计在于和,一生之计在于勤。

■ 【注释】

[1]计:谋划,打算。

■ 【解读】

一年的计划应在春天里做好,一天的计划应在黎明时分做好。一个家庭最宝贵的是和睦,一个人一生要有所成就必须勤劳。

责人之心责己,恕己之心恕人。

■ 【解读】

应当拿责备别人的心来责备自己,拿宽恕自己的心去宽恕别人。

守口如瓶,防意如城。再三须慎意,第一莫欺心。虎身犹可近,人毒不堪亲。来说是非者,便是是非人。

■ 【注释】

[1]意:心思,指私欲。

■ 【解读】

要像瓶子那样不轻易开口,要像城防那样时时戒备。做事要三思而后行,首先不要违背自己的良心。老虎尚可以靠近,心地恶毒的人千万不能亲近。在你跟前说别人坏话的人,就是制造是非的小人。

远水难救近火,远亲不如近邻。

■ 【解读】

远处的水救不了近处的火,即使再好的远亲也不如近邻能够随时帮忙。

山中也有千年树,世上难逢百岁人。

【解读】
山林中有生长千年的树,世上却难遇到活上百岁的人。

力微休负重,言轻莫劝人。

【解读】
力气单薄就不要去背负重物,说话没分量就不要去规劝别人。

平生莫做皱眉事,世上应无切齿人。

【注释】
[1] 皱眉事:坏事。　[2] 切齿人:痛恨到极点的人。

【解读】
一辈子不做不应该做的事,世上就不会有痛恨自己的人了。

士者国之宝,儒为席上珍。

【解读】
读书人是国家的宝贝,儒生就像宴席上的美味一样珍贵。

若要断酒法,醒眼看醉人。

【注释】
[1] 断酒:戒酒。　[2] 醒眼:清醒的眼光。

【解读】
如果想得到戒酒的方法,只需用清醒的眼光看看喝醉酒的人的醉态。

求人须求大丈夫,济人须济急时无。渴时一滴如甘露,醉后添杯不如无。

【注释】
[1] 大丈夫:有志气、有节操、有作为的人。　[2] 济:对困苦的人加以帮助。

【解读】
请求人帮助就去求真正的大丈夫,救济别人就救济那些急需救济的人。口渴的时候一滴水也如同甘露一般甜美,喝醉酒后再添杯还不如不添。

酒中不语真君子,财上分明大丈夫。

【注释】
[1] 不语:不胡言乱语。

【解读】

喝酒时不胡言乱语才是真正的君子,在钱财上分得清清楚楚才是真正的大丈夫。

出家如初,成佛有余。积金千两,不如明解经书。养子不教如养驴,养女不教如养猪。

【注释】

[1]经书:经典著作。

【解读】

修行之人如果能够保持最初的那份虔诚之心,那么成为佛祖都绰绰有余。积蓄千两黄金,不如通晓经书。养儿子不教育和养驴没有区别,养女儿不教育和养猪没有两样。

有田不耕仓廪虚,有书不读子孙愚。仓廪虚兮岁月乏,子孙愚兮礼义疏。同君一席话,胜读十年书。人不通古今,马牛而襟裾。

【注释】

[1]仓廪:贮藏米谷的仓库。　　[2]乏:穷困。　　[3]马牛而襟裾:禽兽穿着人的衣服。

【解读】

有了田地不耕,粮仓也会空虚。有书籍不读,子孙就会愚笨。粮仓空虚,生活就没有保障,子孙愚笨,就会不讲礼义。同您长谈一次话,收益胜过读十年的书。人不知道古往今来的历史变迁,就如同牛马穿上人的衣服。

知古鉴今

我国自古就崇尚读书,勤奋好学是代代相传的优良传统。读书是提升自我的有效途径。"读万卷书,行万里路。"读书使人明智,使人奋进,然而,要想学有所成,唯有勤奋。"书山有路勤为径,学海无涯苦作舟。"爱学出勤奋,勤奋出天才。

茫茫四海人无数,哪个男儿是丈夫? 美酒酿成缘好客,黄金散尽为收书。

【解读】

茫茫四海,人不计其数,哪个人才是真正的大丈夫呢? 酿造美酒是因为热情好客,花掉金钱是由于收买书籍。

救人一命,胜造七级浮屠。城门失火,殃及池鱼。庭前生瑞草,好事不如无。

【注释】

[1]七级浮屠:七层塔。在佛教中,七层的佛塔是最高等级的佛塔。　　[2]殃及:连累。

【解读】

救人一命,胜过修建七层佛塔。城门口着了火,取水救火,就会让池中的鱼因无水而死。庭院中生长出吉祥的草,会招来人们纷纷观看,这样的好事不如没有好。

知识锦囊

殃及池鱼

其出自《吕氏春秋·必己》:"宋桓司马有宝珠,抵罪出亡,王使人问珠之所在,曰:'投之池中。'于是竭池而求之,无得,鱼死焉。此言祸福之相及也。"这比喻跟自己有关系的人有损失的话,就会连累到自己,如唇亡齿寒,无缘无故地遭受祸害。

欲求生富贵,须下死工夫。

【解读】

如果想得到荣华富贵,必须付出巨大努力。

百年成之不足,一旦败之有余。

【注释】

[1] 一旦:一天。

【解读】

多年努力做成一件事还不一定成功,但一朝不慎,毁坏起来却是绰绰有余。

人心似铁,官法如炉。善化不足,恶化有余。

【注释】

[1] 官法:国家的法律。　[2] 化:教化。

【解读】

如果把人心比做铁的话,国家的法律则像冶铁的熔炉。如果通过教育不能感化的话,就得通过法律来强制改造。

水至清则无鱼,人至察则无谋。知者减半,愚者全无。

【注释】

[1] 至:极,最。　[2] 察:明察,知晓。　[3] 知者:即"智者",聪明的人。

【解读】

水过分清澈就不会有鱼,人过于明察,就不会有人为你出主意。世上的聪明人若减少一半,愚笨的人也就没有了。

是非终日有,不听自然无。宁可正而不足,不可邪而有余。宁可信其有,不可信其无。

【解读】

是是非非每天都有,若不去听它自然就不存在了。宁可生活贫困,做一个正直的人,也不能生活富足,做一个奸邪的人。有些事宁可相信它有,也不要相信它没有。

知识锦囊

道听途说

艾子从楚国回到齐国,刚进都城便遇到了爱说空话的毛空。毛空极其神秘地告诉艾子说,有个人家中的一只鸭子,一次生了一百个蛋。

艾子不信,说:"不会有这样的事吧!"

毛空说:"那可能是两只鸭子。"

艾子摇摇头:"这也不可能。"

毛空改口说:"那大概是三只鸭子生的。"

艾子还是不信。

"那也可能是四只、八只、十只。"

艾子当然还是无法相信。

过了一会儿,毛空又对艾子说:"上个月,天上掉下一块肉来,有三十丈长、十丈宽。"

艾子不信,毛空急忙改口说:"那么是二十丈长。"

艾子还是不信。

毛空说:"那就算十丈吧!"

艾子实在忍不住了,反问道:"世界上哪有十丈长、十丈宽的肉,而且还会从天上掉下来? 你是亲眼所见吗? 刚才你说的鸭子是哪一家的? 现在你说的大肉又掉在什么地方?"

毛空被问得答不出话来,只好支支吾吾地说:"那都是我在路上听人家说的。"

艾子听后,转身对站在身后的学生们说:"你们可不要像他那样'道听途说'啊!"

"道听途说"这一成语,原指路上听来的话,后来泛指没有根据的传闻。

"道听而涂说,德之弃也。"道听途说是一种背离道德准则的行为,而这种行为自古以

来就存在。在现实生活中,有些人不仅道听途说,而且四处打听别人的是非,到处传说与己无关的是非,以此作为生活乐趣,实乃小人之作为。说话一定要言必有据,千万不能道听途说,更不要传播没有根据的是非之事。

竹篱茅舍风光好,道院僧房终不如。

【解读】

自家的茅屋竹院风光很好,就是道观、寺院也比不上。

道院迎仙客,书堂隐相儒。庭栽栖凤竹,池养化龙鱼。

【注释】

[1]仙客:仙人,对隐者或者道士的敬称。　[2]相儒:宰相、儒士。　[3]栖:居住,歇息。

【解读】

道观、寺院迎接贵客,学堂中隐藏着宰相、儒士。庭院中栽有落凤的竹子,池塘中养有化龙之鱼。

人情似水分高下,世事如云任卷舒。

【注释】

[1]卷舒:卷起与展开。

【解读】

人情像水一样有高下、厚薄之分,世事如同浮云一样变幻莫测。

会说说都是,不会说无理。

【注释】

[1]是:对,合理。

【解读】

会说话的,听他讲话会觉得很有道理;不会说话的,本来有理,说了半天,也变得没理了。

磨刀恨不利,刀利伤人指。求财恨不多,财多害自己。

【解读】

磨刀都嫌磨得不够锋利,但刀过于锋利则易伤人手指。追求钱财总嫌不够多,但钱财太多反而会害了自己。

知足常足,终身不辱;知止常止,终身不耻。

【解读】

明白知足常乐的道理就会经常感到满足,懂得任何事物都有止境就应适可而止,能做到这样,一生都不会因不恰当的行为蒙受羞耻。

差之毫厘,失之千里。

【注释】

[1]毫厘:两个很小的计量单位,极言数量之小。

【解读】

非常微小的差错会造成天大的错误。

若登高必自卑,若涉远必自迩。

【注释】

[1]卑:低处。　[2]迩:近。

【解读】

要想登上高山之巅,极目远眺,一览众山小,就必须从山脚起步;要想走很远的路,到达远大的目标,就必须从近处开始。

三思而行,再思可矣。

【解读】

凡事应三思而后行,但通常考虑两次也就差不多了。

使口不如亲为,求人不如求己。

【注释】

[1]使口:动嘴巴。

【解读】

动口说不如亲自去做,求人帮助不如靠自己努力。

小时是兄弟,长大各乡里。妒财莫妒食,怨生莫怨死。

【注释】

[1]各乡里:不同的居住地,这里指各奔东西。

【解读】

小时候在一起玩耍时是好兄弟,长大成人后就各奔东西了。妒忌别人的钱财可以,但不能妒忌别人的饮食;别人活着的时候你可以埋怨,死去之后就不要再埋怨了。

人见白头嗔，我见白头喜。多少少年亡，不到白头死。

【注释】

[1] 嗔：怒，生气。

【解读】

别人发现头发白了就很生气，我见了却很高兴。多少人年轻时就死去了，还没有活到有白头发的时候。

墙有缝，壁有耳。好事不出门，恶事传千里。

【解读】

再好的墙壁也有裂缝，隔着墙也会有人偷听，应该时时提防。好事情不易传出去，而坏事情则一日可传千里。

贼是小人，智过君子。君子固穷，小人穷斯滥矣。

【注释】

[1] 滥：肆意妄为，过度。

【解读】

贼虽然是卑鄙小人，但其智慧有时可以超过君子。君子虽然穷困，但能安分守己，小人穷困了则会胡作非为。

贫穷自在，富贵多忧。

【解读】

贫穷的人过得自在，富贵的人反而会面对很多忧愁烦心的事。

不以我为德，反以我为仇。宁可直中取，不向曲中求。

【解读】

不但不感激我，反而以怨报德，把我当作仇人。宁可用正当的方法去争取，也不可用旁门左道去谋求。

人无远虑，必有近忧。

【注释】

[1] 远虑：较长远的考虑。　[2] 近忧：近在眼前的忧患。

【解读】

人若没有长远的打算，以后一定会被眼前的难事所困扰。

知我者谓我心忧,不知我者谓我何求。

【注释】

[1] 谓:说。

【解读】

了解我的人能够说出我内心的困苦,不了解我的人还以为我在干什么呢!

晴天不肯去,直待雨淋头。成事莫说,覆水难收。

【解读】

天气好时不愿前去,直到大雨淋头时才开始行动,这时候已经晚了。事情办完了,不管好坏都不要再说了,因为泼出去的水终究是收不回来的。

是非只为多开口,烦恼皆因强出头。

【解读】

是非都是说话过多而引发的,烦恼都是争强好胜而招致的。

惧法朝朝乐,欺公日日忧。

【注释】

[1] 朝朝:天天,每天。

【解读】

严守法纪天天都会安乐,冒犯公法时时都有忧患。

人生一世,草生一春。黑发不知勤学早,转眼便是白头翁。月过十五光明少,人到中年万事休。

【解读】

人活一辈子,就像花草树木繁荣,一春一秋,非常短暂。年少时不知道勤学苦读,弹指间就会变成白发老翁。月亮过了十五后光明就会越来越少,人到中年还一事无成,也就不会有大的作为了。

知识锦囊

断齑划粥

范仲淹是北宋的政治家、军事家。他出生于贫苦人家,两岁丧父,母亲因为无法维持生活,不得不带着他改嫁别处。

范仲淹童年时读书就非常专心。十多岁时,他住在长山醴泉寺的僧房里,昼夜苦读。因为家庭贫困,他每天煮一锅稀粥,等它凝成冻子以后,用刀划成四块,早晚各取两块作为主食。副食则更简单,只要切几根咸菜,就算是一顿饭。有家境富裕的同学同情他,特意赠送饭菜给他吃,范仲淹却说:"感谢你的厚谊,但我多年吃粥,已成习惯,现在骤然吃起珍馐美味,恐怕日后吃不得苦了。"

范仲淹因为出身贫寒,深知民间疾苦,为官之后,提出了众多改革弊政的利民主张。

人生不满百,常怀千岁忧。

【解读】

人的一生连百岁都难以活到,却经常怀有千岁的忧患。

今朝有酒今朝醉,明日愁来明日忧。

【解读】

今天有酒今天就一醉方休,明天的忧愁等到明天再说。

路逢险处难回避,事到头来不自由。

【注释】

[1]回避:设法躲避。 [2]自由:由自己做主。

【解读】

行路遇到险峻的地方很难回避,困难的事情落到身上必须面对。

药能医假病,酒不解真愁。

【解读】

药可以治好假病,酒却解除不了真正的忧愁。

一家养女百家求,一马不行百马忧。有花方酌酒,无月不登楼。三杯通大道,一醉解千愁。

【注释】

［1］大道：正确的道理。

【解读】

一家生育了女儿，会有一百家来求亲；一匹马不走，一百匹马都跟着犯愁。有花可赏才可以喝酒，没有明月为伴，哪有登楼的雅兴？三杯酒下肚可以通晓道理，一醉可以解除各种烦恼忧愁。

知识锦囊

何以解忧，唯有杜康

杜康，传说中酒的发明者。后世将杜康尊为酒神，造酒业则奉杜康为祖师爷。宋人高承的《事物纪原》称："不知杜康何世人，而古今多言其始造酒也。"杜康即夏朝国君少康，一说是黄帝手下的一位大臣。杜康牧羊于空桑涧，史载"余粥弃于桑，郁积成香，竟有奇味，杜康尝而甘美，遂得酿酒之秘"。张华撰《博物志》一书认为杜康是汉朝酒泉太守。曹操的《短歌行》中有"慨当以慷，忧思难忘。何以解忧，唯有杜康"之句。后人以"杜康"作为美酒的代称。

深山毕竟藏猛虎，大海终须纳细流。

【解读】

深山必然会藏有猛虎，大海终究要容纳细流。

受恩深处宜先退，得意浓时便可休。莫待是非来入耳，从前恩爱反成仇。

【解读】

得到恩惠太多时应懂得退让，春风得意时要知道适可而止。千万不要等到是非来了，致使过去的恩爱变成仇怨。

留得五湖明月在，不愁无处下金钩。

【注释】

［1］五湖：洞庭湖、鄱阳湖、太湖、巢湖、洪泽湖的总称。　　［2］下金钩：钓鱼，喻指施展才能。

【解读】

只要五湖明月仍在，就不愁没有地方垂钓。

休别有鱼处，莫恋浅滩头。去时终须去，再三留不住。

【解读】

不要轻易地离开有鱼的地方，也不要过分地迷恋浅水滩头。该离去的终究要离去，想留也留它不住。

忍一句,息一怒;饶一着,退一步。

【解读】

你若忍住不说一句,就能平息别人的一次愤怒;你饶人一着,别人也会退让一步。

知识锦囊

退一步海阔天空

汉朝的胡常与翟方进在一起研究经书。后来胡常先做了官,名誉却不如翟方进好。胡常为此总是嫉妒翟方进的才能,当与别人议论时,总是不说翟方进的好话。翟方进听到这些事之后没有以牙还牙,而是想出了一个退让的方法。每当胡常召集门生、讲解经书时,翟方进就主动派自己的门生到胡常那里去请教疑难问题,并且诚心诚意、认认真真地做好笔记。时间长了,胡常明白这是翟方进有意推崇自己,遂与翟方进化敌为友。

知古鉴今

在非原则性的问题上,如果能以宽容之心对待他人之过,就能得到化干戈为玉帛的喜悦。对于别人的过失,虽然必要的指正无可厚非,但是若能以博大的胸怀去宽容别人,这不仅不是懦弱,反而是一种大忍之心的体现。

一寸光阴一寸金,寸金难买寸光阴。

【解读】

光阴要比黄金还宝贵,因为光阴一去就不会返回,这是无论多少黄金都难以买到的。

黄河尚有澄清日,岂可人无得运时?

【解读】

黄河尚且有澄清的时候,难道人就没有时来运转的那一天?

得宠思辱,居安思危。念念有如临敌日,心心常似过桥时。

【解读】

得宠的时候应考虑到将来可能遭受的耻辱,平安无事时要想到以后可能发生的危险。要如临大敌一样时刻警惕,像过独木桥一样小心谨慎。

知识锦囊

居安思危

春秋时期,有一次,宋、齐、晋、卫等十二国联合出兵攻打郑国。郑国国君慌了,急忙向十二国中最大的晋国求和,得到了晋国的同意,其余十一国也就停止了进攻。郑国为了表示感谢,给晋国送去了大批礼物。晋悼公见了这么多的礼物,非常高兴,将八个歌女赠给功臣魏绛,说:"你这几年为我出谋划策,事情办得都很顺利,我们好比奏乐一样和谐,真是太好了。现在让咱俩一同来享受吧!"可是,魏绛谢绝了晋悼公的分赠,并且劝告晋悼公说:"咱们国家的事情办得顺利,首先应归功于您的才能,其次是靠同僚们齐心协力,我个人有什么贡献可言呢?但愿您在享受安乐的同时,能想到国家还有许多事情要办。《尚书》上有句话说得好:'居安思危,思则有备,有备无患。'现谨以此话规劝主公!"魏绛这番有远见卓识而又语重心长的话,使晋悼公很受感动,高兴地接受了魏绛的意见,从此对他更加敬重。

人要有忧患意识。人无远虑,必有近忧。在顺境中发现危机,防患于未然,这样在积极审慎的心态下才能尽量避免犯错,消除隐患。"生于忧患,死于安乐""安危相易,福祸相生",这是自然界和历史发展的辩证法。

英雄行险道,富贵似花枝。人情莫道春光好,只怕秋来有冷时。

【解读】

英雄豪杰所走的道路充满艰险,荣华富贵如同花枝一样容易凋谢,成为过眼烟云。人情关系并不总是如同春光一样美好,只怕也有像秋天一样冷冷清清的时候。

送君千里,终须一别。

【解读】

朋友送得再远,最后还是得分别。

知识锦囊

十里长亭

秦汉时每十里设置一长亭,每五里设置一短亭,供行人歇息,亲友远行时常在此话别。宋代苏轼有诗《送孔郎中赴陕郊》云:"十里长亭闻鼓角,一川秀色明花柳。"经过文人的诗词吟咏,"十里长亭"逐渐演变成为送别地的代名词。

但将冷眼观螃蟹,看你横行到几时?

【注释】

[1]冷眼:冷静、客观的眼光。

【解读】

用冷静的眼光来看爬行的螃蟹,看它究竟能横行霸道到什么时候。

假缎染就真红色,也被旁人说是非。善事可作,恶事莫为。

【解读】

假的绸缎即使染上真的红色,也难免有人说三道四。好事要多做,坏事不可为。

许人一物,千金不移。

【注释】

[1] 许:答应。　　[2] 移:改变,变动。

【解读】

答应送给别人的东西,就是有人以千金相换也绝不能反悔。

龙生龙子,虎生虎儿。龙游浅水遭虾戏,虎落平阳被犬欺。

【注释】

[1] 平阳:平地。

【解读】

龙生龙,虎生虎。龙在浅水中连小虾也敢戏弄,老虎落入平川反被家犬所欺负。

一举首登龙虎榜,十年身到凤凰池。十载寒窗无人问,一举成名天下知。

【注释】

[1] 龙虎榜:《新唐书·欧阳詹传》:"举进士,与韩愈、李观、李绛、崔群、王涯、冯宿、庾承宣联第,皆天下选,时称'龙虎榜'。"　　[2] 凤凰池:唐代宰相称同中书门下平章事,故多以"凤凰池"指宰相的职位。

【解读】

一次科举考试就榜上有名,十年苦读,终于可以大展宏图了。寒窗下苦读十年无人问津,一下子成名后天下人都知道了。

酒债寻常行处有,人生七十古来稀。养儿防老,积谷防饥。

【注释】

[1] 行处:到处。

【解读】

喝酒欠债并非稀罕事,但能活到七十岁的人,古来是很少的。养儿是为了年老有所依靠,积储粮食是为了防备饥荒。

当家才知盐米贵,养子方知父母恩。

【解读】

当家后才能体会钱财来之不易,有了儿女才能理解父母的养育之恩。

常将有日思无日,莫把无时当有时。

【解读】
生活好了,要常想想以前贫困的时候,生活困顿时不要像以前富裕时那样铺张浪费。

时来风送滕王阁,运去雷轰荐福碑。

【注释】
［1］滕王阁:唐代王勃因在省亲途中乘船遇到风,赶上参加阎都督设在滕王阁上的宴会,写下了著名的《滕王阁序》。　［2］荐福碑:宋代范仲淹镇守鄱阳时,有一个贫困的书生,生计无着。那时荐福碑的拓片价值千钱。范仲淹准备拓制一千份来周济那个穷书生,不料一夜之间荐福碑被雷击碎。

【解读】
运气好时,即使坏的情况也能逢凶化吉;运气不佳时,好的局面也会变坏。

入门休问荣枯事,且看容颜便得知。

【注释】
［1］荣枯:喻人世的盛衰、穷达。

【解读】
进门时不必问主人近况如何,看看他的脸色、表情也就大致知道了。

息却雷霆之怒,罢却虎狼之威。

【注释】
［1］雷霆之怒:像霹雳一样的盛怒,形容愤怒到了极点。　［2］虎狼之威:像虎和狼那样的威风,形容威严凶猛的气派和声势。

【解读】
平息雷霆般的怒火,收敛虎狼般的威风。

知识锦囊

狐假虎威
狐假虎威,出自《战国策·楚策一》,比喻仰仗或倚仗别人的权势来欺压、恐吓人。

虎求百兽而食之,得狐。狐曰:"子无敢食我也。天帝使我长百兽,今子食我,是逆天帝命也。子以我为不信,吾为子先行,子随我后,观百兽之见我而敢不走乎?"虎以为然,故遂与之行。兽见之皆走。虎不知兽畏己而走也,以为畏狐也。

饶人算之本,输人算之机。

【解读】

得了理但饶了别人算是知道做人的根本,争斗中输给了别人算是明白未来的结果。

好言难得,恶语易施。一言既出,驷马难追。

【注释】

〔1〕既:已经。　〔2〕驷马:同拉一辆车的四匹马。

【解读】

获得别人的好评是很难的,说别人的坏话则很容易。说出口的话就要算数,就是四匹马拉的车也追不回来。

道吾好者是吾贼,道吾恶者是吾师。

【解读】

总是指出我的优点、长处的是我的敌人,能够直接说出我的缺点的才是我的老师。

路逢侠客须呈剑,不是才人莫献诗。

【注释】

〔1〕才人:有文学才能的人。

【解读】

在路上遇到了侠客应该呈上宝剑,如果对方不是才子就不该献上诗篇。

三人行,必有我师焉。择其善者而从之,其不善者而改之。

【解读】

三个人一起走路,其中必定有可以为我所学习的人。我选取那些优良的方面学习,对那些不良的方面则加以改正。

欲昌和顺须为善,要振家声在读书。

【注释】

〔1〕昌:兴盛,弘扬。

【解读】

若想家庭和睦,就要多做善事;要想振兴家门,就须刻苦读书。

少壮不努力,老大徒伤悲。人有善愿,天必佑之。

【注释】

〔1〕徒:白白地。

【解读】

年轻时不努力学习上进,年老时一事无成,只有独自悲伤了。一个人如果时时刻刻心怀善念,就必然能得到上天的护佑。

莫饮卯时酒,昏昏醉到酉。莫骂酉时妻,一夜受孤凄。

【注释】

[1] 卯时:太阳刚刚露脸,冉冉初升的那段时间(5 时至 7 时),为古时官署开始办公的时间。 [2] 酉:太阳落山的时候(17 时至 19 时)。

【解读】

不要在早晨喝酒,不然一天到晚都打不起精神。不要在晚上和妻子吵架,否则一夜都会孤单无人理会。

种麻得麻,种豆得豆。天网恢恢,疏而不漏。

【注释】

[1] 恢恢:宽阔广大。

【解读】

种麻就收获麻,种豆就收获豆。天网广阔无垠,虽然网孔稀疏,却不会有一点遗漏。

知识锦囊

天网恢恢,疏而不漏

其出自《老子》"天网恢恢,疏而不失",比喻作恶的人终究逃脱不了惩处。

老子认为人世上的一切都符合一种宇宙自然规律,这种规律控制着整个宇宙的演化,任何违背这种规律的人和事物都会遭受相应的惩罚。天道公平,它看起来似乎很不周密,但最终不会放过一个坏人。

见官莫向前,做客莫在后。

【解读】

面见当官的不要着急地往前凑,到别人家做客时不要往后退缩。

螳螂捕蝉,岂知黄雀在后。

【解读】

螳螂在捕捉蝉的时候,却未料到黄雀正在它后面想啄它。

知识锦囊

螳螂捕蝉,黄雀在后

春秋时期,吴王准备出兵攻打楚国,遭到了一些大臣的反对。大臣们认为,攻打楚国虽然取胜的希望很大,但如果其他诸侯国乘虚而入,后果将不堪设想。可是吴王固执地说:"谁敢来劝阻我,我就处死他!"

有一位侍奉吴王的少年,听了大臣们的议论,想去劝说吴王。可是吴王已经下了死命令,怎么办呢?

第二天清晨,他拿着一只弹弓,在王宫的花园里转来转去。露水沾湿了他的衣裳和鞋子,他也毫不介意,就这样,一连转了三个早晨。

第三天,少年终于被吴王发现了。吴王问道:"你早晨跑到花园里来干什么?看你的衣裳都被露水打湿啦!"

少年回答说:"禀报大王,我在打鸟。"

吴王问:"你打着鸟了吗?"

少年说:"我没有打着鸟,却见到一件挺有意思的事。"

吴王来了兴趣,问:"什么事啊?"

"花园里有一棵树,树上有一只蝉在高高的树上放声叫着,一边喝着露水,却不知道有只螳螂在它的身后。那螳螂弓着身子,举起前爪,要去捕蝉,却不知道有只黄雀在它的身后。"

吴王说:"那黄雀要捉螳螂吗?"

少年接着说:"是的,黄雀伸长脖子正要啄食螳螂,却不知道我拿着弹弓在瞄准它呢。蝉、螳螂、黄雀,这三者都想要得到眼前的利益,却没顾及自己身后的祸患。"

听了少年这番话,吴王恍然大悟,连声说:"对!对!你讲得太有道理了!"吴王于是打消了攻打楚国的念头。

不求金玉重重贵,但愿儿孙个个贤。

【解读】

不追求什么金玉满堂,只图子孙个个都有出息。

一日夫妻,百世姻缘。百世修来同船渡,千世修来共枕眠。

【解读】

一日结为夫妻,这是百世修成的姻缘。夫妻之间应当同舟共济,同床共枕,这是千世修来的福分,要倍加珍惜。

杀人一万,自损三千。伤人一语,利如刀割。

【解读】

杀人一万,自己也要损失三千。说一句伤害别人的话,就像用刀割别人的心一样。

枯木逢春犹再发,人无两度再少年。

【解读】

枯木到了春天还能再次发芽,人生却不会有两次少年时光。

未晚先投宿，鸡鸣早看天。

【解读】

出门在外，天没黑就应找旅店投宿，天明鸡叫了就要抓紧时间赶路。

将相顶头堪走马，公侯肚里好撑船。

【解读】

将相的头顶能跑马，公侯的肚里可行船。

击石原有火，不击乃无烟。人学始知道，不学亦枉然。

【解读】

石头相击就会迸出火星，如果不去碰击就不会冒出火来。人只有通过学习才会明白事理，不学就什么也不明白。

莫笑他人老，终须还到老。和得邻里好，犹如拾片宝。但能依本分，终须无烦恼。

【注释】

［1］终须：最终还得。　［2］但：只。

【解读】

不要笑话别人老，自己有一天也会变老。同邻里相处好，就像捡到宝贝一样可贵。只要安分守己做人，就不会有多余的烦恼。

大家做事寻常，小家做事慌张。大家礼义教子弟，小家凶恶训儿郎。

【解读】

大户人家把做事看得很平常，小户人家做起事来慌里慌张。大户人家用礼义教导子弟，小户人家只知用恶言训斥儿孙。

君子爱财，取之有道。贞妇爱色，纳之以礼。

【解读】

君子也喜爱钱财，但都是从正当途径得来的。守本分的妇女也喜欢打扮，但要符合礼仪规范。

万恶淫为首，百行孝当先。

【解读】

各种罪恶之中以淫乱为首，各种行为当中以孝道为先。

人而无信，不知其可也。

【解读】

一个人如果不讲信用，真不知道他还能干什么事情。

一人道虚，千人传实。

【注释】

[1]传：散布。

【解读】

一个人说出来的假话，经过很多人传来传去也就变成真事了。

知识锦囊

曾参杀人

《战国策·秦策二》云："人告曾子母曰：'曾参杀人。'曾子之母曰：'吾子不杀人。'织自若。……其母惧，投杼逾墙而走。夫以曾参之贤与母之信也，而三人疑之，则慈母不能信也。"

春秋时候，在孔子的学生曾参的家乡费邑，有一个与他同名同姓的人在外乡杀了人。有人向曾子的母亲报告"曾参杀了人"时，曾子的母亲说："我的儿子是不会去杀人的。"没隔多久，又有一个人跑到曾子的母亲面前说："曾参真的在外面杀了人。"曾子的母亲仍然不去理会，还是坐在那里不慌不忙地穿梭引线，照常织着自己的布。又过了一会儿，第三个报信的人跑来对曾母说："大家都说曾参的确杀了人。"曾母心里骤然紧张起来，急忙扔掉手中的梭子，端起梯子越墙逃走了。凭着曾参的贤德和他母亲对他的信任，有三个人怀疑他杀了人，就连慈爱的母亲都不相信他了。

知古鉴今

自古至今，流言可畏。流言蜚语给别人造成的伤害是不可估量的。轻则对人造成恶意中伤，使人产生消极的、强烈的情绪反应，影响人的正常工作、生活；重则引发社会震荡，影响公共安全。特别是在信息时代，随着互联网的快速发展，网络谣言的"毒瘤"也在滋生蔓延。我们应该不造谣，不信谣，不传谣，加强自我学习，增强辨别谣言、抵制谣言的能力，文明上网，自觉远离网络谣言，坚决做健康网络环境的维护者。

凡事要好，须问三老。若争小可，便失大道。

【注释】

[1]三老：古代负责教化的乡官。　　[2]小可：小事，不重要的事。

【解读】

要想办好一件事，必须向德高望重的人请教。在一些小事上斤斤计较，便会损害全局利益。

家中不和邻里欺，邻里不和说是非。

【解读】

家庭不和睦，连邻里都会欺负你，邻里之间不友好，就会经常发生口角。

年年防饥，夜夜防盗。

【注释】

［1］饥：饥荒。

【解读】

每年都要防备闹饥荒，每天夜里都要提防盗贼。

好学者如禾如稻，不好学者如蒿如草。

【注释】

［1］如禾如稻：如同禾苗、稻谷一样有价值。　［2］如蒿如草：像蒿草一样没有什么价值。

【解读】

爱好学习的人如同禾苗、稻谷一样是有用的，不爱学习的人则像蒿草一样没有什么用处，只配当柴禾来烧。

遇饮酒时须饮酒，得高歌处且高歌。

【解读】

碰到该饮酒的时候就喝酒，碰到该唱歌的时候就唱歌。

因风吹火，用力不多。不因渔父引，怎得见波涛？

【注释】

［1］因：依，顺着。

【解读】

借着风力吹火，无须用太大力气。没有渔翁引导，怎能经风浪、开眼界？

无求到处人情好，不饮任他酒价高。

【注释】

［1］求：恳请，乞助。　［2］人情：人与人之间的关系。

【解读】

无求于人，走到哪里人际关系都会好。不喝酒，任凭他酒价再高也无所谓。

知事少时烦恼少，识人多处是非多。

【解读】

知道的事情少烦恼自然也会少，认识的人多招惹的是非也会多。

世间好语书说尽，天下名山僧占多。

【注释】

［1］好语：仁义之言，善言。

【解读】

人世间的好话全让书本给说尽了，天下的名山大半被寺庙所占据了。

入山不怕伤人虎，只怕人情两面刀。

【注释】

［1］两面刀：两面三刀，比喻居心不良，当面一套，背后一套。

【解读】

上山不怕伤害人的老虎，就怕人际关系中那些两面三刀的阴险小人。

强中更有强中手，恶人终受恶人磨。

【解读】

强者上面还有更强的人，坏人自会有更坏的人来对付他。

会使不在家豪富，风流不在着衣多。

【注释】

［1］会使：善于使用。

【解读】

善于使用的人不在于家里有多少财富，有气度的人不在于穿很多华丽的衣服。

光阴似箭，日月如梭。天时不如地利，地利不如人和。黄金未为贵，安乐值钱多。

【解读】

时光就像箭和梭子那样快地流逝。有利的天气、时令不如有利的环境，有利的环境不如团结的关系。黄金算不上宝贵，只有平安快乐的生活才是最珍贵的。

为善最乐，为恶难逃。

【解读】

经常做好事使人快乐，一旦做坏事罪责难逃。

羊有跪乳之恩,鸦有反哺之义。孝顺还生孝顺子,忤逆还生忤逆儿。不信但看檐前水,点点滴滴旧窝池。

【注释】

[1]跪乳:跪着吃奶,表达感恩之心。　　[2]反哺:雏鸟长大后衔食喂老乌,比喻子女长大后奉养父母。

【解读】

小羊跪着吃奶以报答母亲的恩情,小乌鸦有对老乌鸦反哺的情义。孝顺的人生的孩子也孝顺,不孝顺的人生的孩子也是逆子。不信就看屋檐上流下的水,一点一滴都流在以前的坑里。

隐恶扬善,执其两端。

【注释】

[1]执:掌握。

【解读】

隐藏人家的坏处,宣扬人家的好处。两端的意见都要掌握。

妻贤夫祸少,子孝父心宽。

【解读】

妻子贤惠,丈夫的灾祸就少;儿子孝顺,父亲心情就舒畅。

人生知足何时足,到老偷闲且是闲。但有绿杨堪系马,处处有路透长安。

【解读】

人生没有满足的时候,何不在年老时忙里偷闲颐养天年?只要有绿树就能拴住马,到处有路可通往长安。

既坠釜甑,反顾何益?已覆之水,收之实难。

【注释】

[1]既:已经。　　[2]釜甑:古时的炊煮器。　　[3]反顾:回头看。

【解读】

瓦罐已经掉在地上打碎了,再回头看还有什么意义呢?已经泼在地上的水,再收起来实在太难。

见者易,学者难。莫将容易得,便作等闲看。

【注释】

[1]等闲:寻常,平常。

【解读】

在旁边看别人做觉得很容易，一旦真正学起来就感觉很难。不要把轻易得到的东西看得很平常。

用心计较般般错，退步思量事事宽。

【注释】

[1] 般般：样样，件件。

【解读】

用心计较反而时时出错，退一步考虑事情，路子就会很宽。

道路各别，养家一般。从俭入奢易，从奢入俭难。

【注释】

[1] 各别：各不相同。 [2] 一般：一样。

【解读】

每个人所走的道路虽不一样，但都是为了养家糊口。由俭朴到奢侈很容易，由奢侈再回到俭朴就难了。

知音说与知音听，不是知音莫与弹。

【解读】

知心的话说给知心人来听，不是知心人就不要和他谈。

点石化为金，人心犹未足。

【解读】

就是点石成金，人的欲望还是无法满足。

信了肚，卖了屋。

【解读】

整天吃香的、喝辣的，即便卖了房子也满足不了。

莫把真心空计较，儿孙自有儿孙福。

【注释】

[1] 空：白白地。

【解读】

不要一门心思空打算，子孙自会有他们自己的福分。

与人不和,劝人养鹅;与人不睦,劝人架屋。

【解读】

与人相处不和谐,要想想古人养鹅注意不扰邻居的佳话;与人相处不和睦,要想想古人用盖房子须通力合作的比方。

但行好事,莫问前程。

【解读】

只管多做好事就行了,不要计较前途如何。

河狭水激,人急计生。明知山有虎,莫向虎山行。

【解读】

河道窄了水流自然就急,人处在危急时刻自然会想出办法来。既然知道山中有猛虎,就不要再上山了。

路不铲不平,事不为不成;人不劝不善,钟不敲不鸣。

【解读】

道路不铲修就不会平坦,事情如果不去做就不会成功;人不劝导就不会学好,就像钟不敲打就不会响一样。

无钱方断酒,临老始看经。

【解读】

没钱的时候才想到戒酒,年老了才开始读书,这时候已经晚了。

点塔七层,不如暗处一灯。

【解读】

把七层宝塔的灯都点亮,不如在黑暗处点亮一盏灯。

但存方寸土,留与子孙耕。

【解读】

要留下适当的田地,供给子孙们耕种,以自食其力。

众星朗朗,不如孤月独明。兄弟相害,不如友生。

【解读】

众多的星星再耀眼,也比不上一个月亮明亮。兄弟间若互相残害,还不如朋友。

合理可作,小利莫争。

【解读】

合情合理的事可以做,蝇头小利就不要去争夺了。

牡丹花好空入目,枣花虽小结实成。

【解读】

牡丹花虽好但只能供观赏,枣花虽小却能结出果实。

随分耕锄收地利,他时饱暖谢苍天。

【注释】

[1]耕锄:耕田、除草,泛指农作。

【解读】

按照农时来种植、收获庄稼,吃饱穿暖时别忘了感谢苍天。

得忍且忍,得耐且耐;不忍不耐,小事成大。

【解读】

凡事都要冷静,能忍耐就忍耐;不能忍耐,有时就会把小事弄成大事。

相论逞英豪,家计渐渐消。

【注释】

[1]逞:炫耀,卖弄。   [2]消:损失,耗费。

【解读】

彼此间高谈阔论,相互逞能,家道也将逐渐衰落下去。

一人有庆,兆民咸赖。

【注释】

[1]兆民:古指天子之民,后泛指百姓。   [2]咸:全,都。

【解读】

一个人做出了善绩,许多人都会对他有所依赖。

人老心不老,人穷志不穷。

【解读】

人老了但雄心壮志不能老,人虽贫穷但志气不能少。

大器晚成

袁绍身边有一位门客名叫崔琰,他从小喜习武艺,到了 23 岁才开始读《论语》《韩诗》,求师学习。由于他刻苦努力,学问也逐渐大起来。当时袁绍的士兵非常残暴,常掘开坟墓将尸骨暴露出来。崔琰劝说袁绍不要这样做,袁绍认为他说得对,封他为骑都尉。后来,崔琰跟随曹操,为曹操出了不少主意。

在他做尚书时,曹操想立曹植为嗣子,而崔琰反对,他说:"自古以来的规矩是立长子,怎么能立曹植呢?"曹植是崔琰的侄女婿,他也不偏袒,曹操十分佩服他的公正。崔琰有个堂弟叫崔林,年轻时既无成就也无名望,亲戚朋友都看不起他,崔琰却很器重他,常对人说:"才能大的人需要很长时间才能成器,崔林将来一定会成大器。"后来,崔林果然当上了冀州主簿、御史中丞,还在魏文帝手下任过司空。

知古鉴今

历史上有很多名人并不是少年得志、一帆风顺的。他们大都经历了长期的拼搏、磨炼,一生坎坷,一生奋斗,才最终取得辉煌的成就,成为一代传奇。早成者未必有成,晚达者未必不达。不可以年少而自恃,不可以年老而自弃。

人无千日好,花无百日红。

【解读】

人不可能总是一帆风顺,花不可能常开不败。

杀人可恕,情理难容。

【解读】

杀了人有时可以宽恕,但在情理方面让人难以容忍。

乍富不知新受用,乍贫难改旧家风。座上客常满,杯中酒不空。

【注释】

[1] 乍:忽然。　[2] 受用:享用。

【解读】

一夜暴富起来,会不知道如何享用;一下子贫穷下来,过去优裕的生活方式也很难改变。家中经常宾朋满座,杯中的酒从没有空过。

屋漏更遭连夜雨,行船又遇打头风。

【注释】

[1] 打头风:逆风。

【解读】

屋子本来就漏，却又遭到连夜大雨；行船本就困难，偏又碰上迎头风。

笋因落箨方成竹，鱼为奔波始化龙。记得少年骑竹马，转眼又是白头翁。

【注释】

[1] 落箨：指细雨过后，春笋破土而出。

【解读】

笋因为不断掉皮才成为竹子，鱼只有长途奔波后才能变成龙。还记得小时候一起骑竹马的情景，现在相看都已成白发老翁。

礼义生于富足，盗贼出于赌博。

【解读】

生活富足了才会懂得礼义之道，赌博成风容易生出盗贼。

天上众星皆拱北，世间无水不朝东。

【注释】

[1] 拱：围绕，环绕。　　[2] 北：北极星。

【解读】

天上的星星都围绕着北极星而运转，世上没有江河不向东流入海的。

君子安贫，达人知命。

【注释】

[1] 达人：通达事理的人。

【解读】

君子能够安于贫穷，贤达的人知晓天命。

良药苦口利于病，忠言逆耳利于行。

【解读】

好药虽苦却有利于治病，忠言虽然不好听，却对人的行为大有益处。

夫妻相和好，琴瑟与笙簧。

【解读】

夫妻之间和睦相处，就像琴瑟与笙簧一样音韵和谐。

知识锦囊

琴瑟和鸣

其最早见于《诗经·小雅·常棣》"妻子好合,如鼓瑟琴",比喻夫妇情笃和好。

18岁那年,李清照嫁给了太学生赵明诚。赵明诚是位翩翩公子,读书极博,酷好书画,尤其擅长金石鉴赏。他的父亲官至宰相,家中也是官宦世家、书香门第。二人门当户对,意趣相投,时常诗词唱和,共同研究金石书画,有着说不尽的喜悦。

结婚时,赵明诚21岁,在太学读书,尚无俸禄。夫妇二人节衣缩食,经常典当质衣,到大相国寺搜罗金石书画。当时,大相国寺是京城最为繁华和热闹的所在,寺内可容万人贸易,有专门出售书籍、字画和古玩的地方。一旦发现难得的古物却囊中羞涩,赵明诚会毫不犹豫地脱下衣服作抵押。回到家中,夫妻二人灯前对坐,说说笑笑,摩挲展观,充满浪漫与温馨。他们赏花赋诗,倾心而谈,有时还会玩些智力游戏。他们斟上香茶,随意说出某个典故,猜它出自哪本书的第几卷、第几页、第几行。猜中者饮茶,不中者不得饮。每次比赛,李清照总是赢。当赵明诚抽书查证时,李清照已满怀自信地举杯在手,开怀大笑,笑得茶水溅出了杯子。

爽口食多偏作病,快心事过恐生殃。

【注释】

[1]爽口:可口。　[2]快心:感到畅快或满足,称心。

【解读】

美味佳肴吃得太多反而要生病,高兴的事做得过头了恐怕要生出祸患。

富贵定要依本分,贫穷不必再思量。

【注释】

[1]思量:放在心上,惦记,这里指非分之想。

【解读】

富贵后一定要安分守己,贫穷时不要产生非分之想。

画水无风空作浪，绣花虽好不闻香。

【解读】

画中之水空有滔天波浪，却听不见风声阵阵；布上绣出的花朵虽然好看，但闻不到半点花香。

贪他一斗米，失却半年粮；争他一脚豚，反失一肘羊。

【注释】

［1］豚：小猪，亦泛指猪。

【解读】

贪图他人一斗米，却失去了半年的口粮；拿了别人的一个猪蹄，反而失掉了一个羊肘子。

龙归晚洞云犹湿，麝过春山草木香。平生只会说人短，何不回头把己量？

【注释】

［1］麝：形状像鹿而小，无角。雄的脐部有香腺，能分泌麝香，通称"香獐子"。
［2］短：缺点。

【解读】

龙在夜晚归洞时云彩还是湿的，麝走过的山上连草木都带有香味。有的人平时只会挑别人的短处，为什么不找找自身的缺点呢？

见善如不及，见恶如探汤。

【解读】

看见好人好事，唯恐自己赶不上；看到坏人坏事，就像手碰到沸水一样，赶紧避开。

自家心里急，他人不知忙。贫无达士将金赠，病有高人说药方。

【注释】

［1］达士：见识高超、不同于流俗的人。

【解读】

自己的事情自己心里最着急，别人不知道，不会着忙的。人穷了不会有人仗义送你钱财，生病时倒是有人告诉治病的良方。

触来莫与竞，事过心清凉。秋至满山多秀色，春来无处不花香。

【注释】

［1］触：碰，撞。　［2］竞：争竞。　［3］清凉：清净，不烦扰。

【解读】

当别人触犯了你的时候,不要与他计较,事情过后心境自然会平静下来。秋天到了,漫山遍野都是秀丽的景色;春天来了,到处弥漫着醉人的花香。

凡人不可貌相,海水不可斗量。

【注释】

〔1〕相:察看,判断。

【解读】

衡量一个人不可凭相貌来判定,就像海水不能用斗来量一样。

清清之水,为土所防;济济之士,为酒所伤。

【注释】

〔1〕防:拦挡。　〔2〕济济:形容人多。

【解读】

多少洪水为沙土所阻,多少志士豪杰为酒所伤。

蒿草之下,或有兰香;茅茨之屋,或有侯王。

【注释】

〔1〕茅茨:茅草。　〔2〕或:也许,有可能。

【解读】

蒿草的下面可能生长着兰草,茅屋里边可能住着将来的王侯将相。

无限朱门生饿殍,几多白屋出公卿。

【注释】

〔1〕朱门:红漆大门,指贵族豪富之家。　〔2〕饿殍:饿死的人。　〔3〕白屋:茅屋,古代指平民的住屋。　〔4〕公卿:是"三公九卿"的简称,夏朝始设,周代沿袭,"公"是周代封爵之首,"卿"是古时对高级长官或爵位的称谓。

【解读】

许多豪门权贵之家生出无能之辈,多少贫穷之家却生出了达官贵人。

千里送鹅毛,礼轻仁义重。

【解读】

不远千里送一根鹅毛,礼物虽轻,情谊却很深重。

知识锦囊

千里送鹅毛

"千里送鹅毛"的故事发生在唐朝。当时,一少数民族的首领为表示对唐王朝的拥戴,派特使缅伯高向太宗贡献天鹅。路过沔阳河时,缅伯高把天鹅从笼子里放出来,想给它洗个澡。不料,天鹅展翅飞向高空。缅伯高忙伸手去捉,只扯得几根鹅毛。缅伯高急得顿足捶胸,号啕大哭。随从们劝他说:"天鹅已经飞走了,哭也没有用,还是想想补救的方法吧。"缅伯高一想,也只能如此了。

到了长安,缅伯高拜见唐太宗,并献上礼物。唐太宗见是一个精致的绸缎小包,便令人打开,一看,是几根鹅毛和一首小诗。诗曰:"天鹅贡唐朝,山高路途遥。沔阳河失宝,倒地哭号啕。上复圣天子,可饶缅伯高。礼轻情意重,千里送鹅毛。"唐太宗莫名其妙,缅伯高随即讲出事情的原委。太宗连声说:"难能可贵!难能可贵!千里送鹅毛,礼轻情意重!"

人生一世,如驹过隙。

【解读】

人生一世,就像白驹过隙,瞬间即逝。

良田万顷,日食一升;大厦千间,夜眠八尺。

【注释】

[1]八尺:古时有身高八尺之说。

【解读】

家有万顷良田,每天也只不过吃一升米;即使有千间广厦,夜里睡觉也只占去八尺长的一小块地方。

千经万典,孝义为先。

【注释】

[1]经:可以作为思想、行为标准的书籍。 [2]典:可以作为思想、行为标准的书籍。

【解读】

所有的经典,内容都以忠孝仁义为先。

富从升合起,贫因不算来。

【注释】

[1]升合:升、合都是古代量粮食的度量单位,相对较小。 [2]算:核计,打算。

【解读】

富贵是一点一滴积累起来的,贫穷都是不会精打细算而造成的。

家无读书子,官从何处来?

【解读】
家中人都不读书求学,怎么会有做官的人呢?

一毫之恶,劝人莫作;一毫之善,与人方便。欺人是祸,饶人是福。

【注释】
[1]毫:少,一点儿。

【解读】
即便最细小的坏事,也要劝人不要做;任何与人有利的好事,都要尽力去做。欺负别人会给自己带来灾祸,宽恕他人能给自己带来福分。

人各有心,心各有见。口说不如身逢,耳闻不如目见。

【注释】
[1]见:主见。

【解读】
每个人都有自己的心思,都有自己的主见。口里说出来不如亲身经历过,只是听说不如亲眼所见。

养兵千日,用在一时。

【解读】
长期供养、训练军队,就是为了防止一天爆发战争。

国清才子贵,家富小儿娇。

【解读】
国家清明,读书人才会得到重视;家境富裕,小孩子容易娇生惯养。

利刀割体疮犹合,恶语伤人恨不消。

【解读】
利刀伤了身体,伤口还容易愈合;一旦恶语伤人,怨恨就不易消除。

苗从地发,枝由树分。父子亲而家不退,兄弟和而家不分。

【注释】
[1]退:衰退。

【解读】
禾苗从地里长出来,树枝从树干上分出来,这是自然而然的事。父子和睦家道就不会

衰退,兄弟团结就不会闹分家。

官有公法,民有私约。

【解读】

国家有国家的法律,民间有民间的契约。

国乱思良将,家贫思贤妻。

【解读】

国家战乱就会祈求有良将来平息战火,家境贫困就希望有个贤妻来料理家事。

池塘积水须防旱,田土深耕足养家。

【解读】

池塘里蓄满水是为了防旱,对土地深耕细作是为了多打粮食来养家糊口。

根深不怕风摇动,树正何愁月影斜。

【解读】

树根扎得深就不怕大风摇动,树干长得直就不怕地上的影子斜。

学在一人之下,用在万人之上。一字为师,终身如父。

【注释】

[1] 用:运用,应用。

【解读】

从一个人那里学到的东西,可以应用在千万人身上。即使老师仅教会你点滴知识,也要终身像对待父亲那样尊敬他。

忘恩负义,禽兽之徒。

【解读】

忘恩负义之人,只能与禽兽为伍。

劝君莫将油炒菜,留与儿孙夜读书。

【解读】

奉劝家长们不要用大量的油炒菜,还是留给儿孙们夜间读书点灯用吧。

莫怨自己穷,穷要穷得干净;莫羡他人富,富要富得清高。

【解读】

不要埋怨自己贫穷,穷要穷得有气节;不要羡慕他人富贵,富要富得高尚。

别人骑马我骑驴,仔细思量我不如,等我回头看,还有挑脚汉。

【注释】

[1] 挑脚汉:挑夫。

【解读】

他人骑马,我骑毛驴,仔细想想,我不如他,回头看了一下,还有不如我而徒步肩挑的人呢。

路上有饥人,家中有剩饭。积德与儿孙,要广行方便。

【解读】

有讨饭者经过门前,家中如果有些剩饭,应当为子孙积德,行些方便,把食物送给他们吃。

积钱积谷不如积德,买田买地不如买书。

【解读】

积攒钱粮不如多积善德,买田买地不如多买书籍。

一日春工十日粮,十日春工半年粮。疏懒人没吃,勤俭粮满仓。

【解读】

只有抓紧时间进行春耕,才能收获到更多的粮食。懒散的人经常缺吃少穿,勤劳节俭的人则会吃穿不愁。

十分伶俐使七分,常留三分与儿孙;若要十分都使尽,远在儿孙近在身。

【注释】

[1] 伶俐:聪明,灵活。

【解读】

有十分的聪明用上七分就行了,留三分给儿孙吧,如果十分聪明都用尽了,那就会聪明反被聪明误,近处讲会误了自己,远处讲会殃及子孙后代。

君子乐得做君子,小人枉自做小人。

【解读】

做君子的人很乐于继续做君子,越做越开心;做小人的人不喜欢做小人,越做越不开心。

惜钱莫教子，护短莫从师。

【注释】

[1] 从师：跟随老师学习。

【解读】

爱惜钱财，就不会教育好自己的子女；一味袒护子女，就不要让他们向老师学习。

记得旧文章，便是新举子。

【解读】

能背诵并弄懂圣贤们的文章的人，就能成为新的举人。

人在家中坐，祸从天上落。

【解读】

人在家里坐着，灾祸从天上落下。

但求心无愧，不怕有后灾。

【解读】

如果凡事都做到问心无愧，就不怕日后有灾难来临。

只有和气去迎人，哪有相打得太平？

【解读】

只有和和气气地去对待周围的人，才能过上安稳日子，经常打打骂骂，哪有太平日子可过呢？

忠厚自有忠厚报，豪强一定受官刑。

【解读】

忠厚老实的人自然会有好的回报，巧取豪夺的人日后必定会受到法律的严惩。

人到公门正好修，留些阴德在后头。

【解读】

人进了官府后正好可以修身养德，为自己的后代积一些德。

为人何必争高下，一旦无命万事休。

【解读】

做人何必非要争出谁高谁低呢？一旦失去性命就什么都完了。

山高不算高，人心比天高。白水变酒卖，还嫌猪无糟。

【注释】

［1］糟：酒糟，酿酒后剩余的残渣。

【解读】

山再高也没有天高，人心有时却比天还高。把白水当酒卖给别人，还埋怨自家的猪没酒糟吃。

贫寒休要怨，富贵不须骄。善恶随人作，祸福自己招。

【解读】

家里贫寒不要怨天尤人，家里富贵切勿骄傲自满。好事、坏事都是自己做出的，是祸是福都是自己招来的。

奉劝君子，各宜守己；只此呈示，万无一失。

【解读】

奉劝天下的君子，做事要安分守己，要是能做到上面所说的一切，就可以保证万无一失。

综合实践

一、活动主题

走进经典——《增广贤文》学习、诵读活动。

二、指导思想

《增广贤文》作为古代著名的格言集，其中有很多传世佳句，它们内涵深刻，言简义丰，包含丰富的人生哲理。诵读经典佳句，既有利于弘扬中华优秀传统文化，培养民族自信心和自豪感，又能以最便捷的方式提升文学基本素养，受到中华优秀传统文化的熏陶，开阔视野，丰富知识。

三、活动目标

1. 了解中华优秀传统文化，提高文学鉴赏水平，陶冶高雅情操。

2. 通过潜移默化的熏陶，大力营造校园文化，充分发挥环境育人的作用。

3. 读书明理，汲取中华传统文化的智慧，懂得做人的道理和生活艺术，培养持之以恒、百折不挠的意志和毅力。

4. 学习读书方法，培养读书的兴趣和习惯，积累语言素材，提高表达能力。

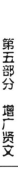

四、活动安排

1. 诵《增广贤文》

将诵读《增广贤文》活动列入日常学习计划,地点可灵活选择,教室、户外、舞台、线上均可;组织形式可多样,集体诵读、自由朗读、评读或角色表演等均可。定期组织活动,让同学们唤醒诵读潜能,调动诵读情感,激发诵读兴趣,提升诵读理解,增进诵读体验,感悟诵读快乐,进而感受经典之美。

2. 享人生智慧

在诵读《增广贤文》的基础上,开展经典分享会,加深对《增广贤文》的理解与领悟,并结合自身生活和学习经验,通过交流分享,汲取智慧,培养良好品格,提高自身文化修养,增强文化自信。

主要参考文献

［1］东篱子.蒙学经典全鉴:典藏诵读版［M］.北京:中国纺织出版社,2019.

［2］秦泉.中华蒙学经典大全集［M］.北京:外文出版社,2012.

［3］刘树屏.澄衷蒙学堂字课图说［M］.北京:北京理工大学出版社,2014.

［4］陈君慧.蒙学大全［M］.哈尔滨:北方文艺出版社,2014.

［5］中国书籍国学馆委员会.中华蒙学全书［M］.北京:中国书籍出版社,2018.

［6］吕晓庄.蒙学六种［M］.太原:三晋出版社,2008.

［7］张圣洁.蒙学五经［M］.北京:东方出版社,2016.

［8］蔡践.蒙学经典全鉴［M］.北京:中国纺织出版社,2018.

［9］徐梓.中华蒙学读物通论［M］.北京:中华书局,2014.

［10］陈才俊.中华蒙学精粹［M］.北京:海潮出版社,2007.

高等教育出版社

教学资源索取单

仅限教师索取

尊敬的老师：

您好！

感谢您使用**董玉梅、蒋华、阚晶晶**主编的《蒙学悦读》。为便于教学，本书另配有课程相关教学资源。如贵校已选用了本书，您只要加入高职人文素质教师论坛 QQ 群，或者添加服务 QQ 号 800078148，或者把下表中的相关信息以电子邮件方式发至我社即可免费获得。

我们的联系方式：

联系电话：(021)56961310/56718921 　高职人文素质教师论坛 QQ 群：167361230

电子邮箱：800078148@b.qq.com 　服务 QQ：800078148（教学资源）

地址：上海市虹口区宝山路 848 号 　邮编：200081

姓 名		性 别		出生年月		专 业	
学 校			学院、系			教研室	
学校地址						邮 编	
职 务			职 称			办公电话	
E-mail						手 机	
通信地址						邮 编	
本书使用情况	用于_____学时教学，每学年使用_____册。						

您对本书有什么意见和建议？

您还希望从我社获得哪些服务？

☐ 教师培训　　☐ 教学研讨活动

☐ 寄送样书　　☐ 相关图书出版信息

☐ 其他_____